Die Straße der Gebirgsjäger

Lisa Frei

© Englische Originalausgabe:
The Road of the Mountaineers, Lisa Frei, September 2014

© Deutsche Übersetzung:
Die Straße der Gebirgsjäger, Lisa Frei
Lektorat: Hannelore Schatz
April 2016

https://lisafrei.wordpress.com/

Alle Rechte vorbehalten

Kein Teil dieser Veröffentlichung darf ohne schriftliche Einwilligung des Verlages in irgendeiner Form oder durch irgendwelche Mittel, sei es elektronisch oder mechanisch, einschließlich Fotokopieren, Aufzeichnung oder jeglicher Systeme zur Datenspeicherung und -abfrage, vervielfältigt, gespeichert oder verbreitet werden.

Titelbild: Fritz Reinmüller

ISBN: 978-1-910853-15-3

Verlegt von:

Lioness Publishing
LionessPublishing.com

Danksagungen

Es hat lange Zeit gedauert, bis dieses Buch endlich geschrieben wurde. Meine Kinder Michael und Angela haben mich bereits 1977 auf die Idee gebracht, dieses Buch zu schreiben. Michael war gerade 13 und Angela 10 Jahre alt.

Ich war gerade dabei, unser Abendessen in der Küche unseres Hauses in Norfolk zuzubereiten. Beide haben mir geholfen, als Michael anfing, mich über den 2. Weltkrieg zu befragen, da er wusste, dass ich in Ismaning, einem Dorf in der Nähe von München, geboren wurde und gelebt hatte. Dieses Thema wurde gerade in seiner Klasse durchgenommen. Ich beantwortete alle seine Fragen und beide hörten sehr aufmerksam zu. Ich war sehr überrascht wie interessiert beide waren. Und als ich dann ganz zufällig erwähnte:

„Und als euer Onkel Toni aus Frankreich, wo er Kriegsgefangener war, nach Hause kam ...," fragte mich Michael verwundert: „Willst du mir sagen, dass mein Onkel ein Kriegsgefangener war? Wow!"
Nun war es an mir überrascht zu sein: „Ja, hast du das nicht gewusst?"

„Nein", sagte er, „das kam nie zur Sprache, auch nicht, wenn ich bei ihnen in den Ferien war. Ich wusste, dass Onkel Toni und Onkel Schorsch beide Soldaten im 2. Weltkrieg waren und ich wusste, dass Onkel Toni in Finnland war und Onkel Schorsch in Russland, aber das ist alles."

Angela fragte mich: „Mama, warst du damals ein kleines Mädchen?" Sie fand es schwer zu verstehen, dass ihre Mutter einmal ein kleines Mädchen war.

Durch diese Unterhaltung mit meinen Kindern wurde mir klar, dass ich dieses Buch schreiben musste. Wie konnten sie sonst etwas über meine Vergangenheit und somit auch ihre Vergangenheit erfahren?

Die Straße der Gebirgsjäger

Ich möchte allen Leuten, die mir so großzügig Informationen und Adressen gaben, herzlich danken.

Insbesondere möchte ich meinem Sohn Michael und meiner Tochter Angela danken. Während ich an diesem Buch schrieb, unterstützten Sie mich und gaben mir den Rat, dieses Buch chronologisch zusammenzustellen. Als ich dann mit dem Schreiben fertig war, halfen sie mir die Fotos auszusuchen. Wie viele Stunden sie auch mit meinem Buch zubrachten, sie waren bereit, bei Bedarf noch mehr von ihrer Zeit zu geben.

Angela sagte öfters, was für ein Glück es für sie beide sei, dass ich ein Buch über meine Vergangenheit geschrieben hatte. Sie sagte: „Sonst hätten wir von diesen Ereignissen nie etwas gewusst."

Mein besonderer Dank geht an meine Cousinen Maria und Therese Risinger, die beide 35 Jahre lang Lehrerinnen waren. Therese war die Autorin des Buches „Ismaning – Geschichte eines Dorfes". Ich hatte das Glück, ein Exemplar von einigen meiner Schulfreundinnen zu bekommen. Als ich Therese und ihre Schwester Maria um Erlaubnis bat, einiges von ihren Recherchen für mein Buch zu verwenden, war ich wirklich von ihrer Begeisterung und Herzlichkeit überrascht. Beide haben sofort zugestimmt, sie sagten: „Es ist für uns eine Ehre, wenn du etwas von unseren Recherchen für dein Buch in England verwendest."

Ich bin sehr traurig, dass Therese mein Buch nie lesen wird, da sie im Jahr 2011 im Alter von 83 Jahren starb. Als ich ihrer Schwester Maria gegenüber mein Bedauern ausdrückte, sagte sie: „Mach' dir keine Gedanken, Resi weiß das und sie wird dir ihren Segen schicken. Da bin ich ganz sicher."

Mein besonderer Dank gilt auch Schwester M. Consolata Neumann des Mutterklosters Unterer Anger in München. Schwester Consolata ist die Archivarin des Mutterklosters, die mir freundlicherweise die notwendigen Dokumente zur Verfügung stellte.

Die Straße der Gebirgsjäger

Im Jahr 2010 verbrachte ich einen Nachmittag in der Bibliothek des Mutterklosters und schaute alle Dokumente durch, die sich auf das Kloster in Ismaning bezogen. Dabei konnte ich den Blick auf den hübschen Garten genießen. Nach einer Stunde, als ich meine Recherche erfolgreich beendet hatte, führte Schwester Consolata mich und meine Freundin Heidi, die mich begleitet hatte, durch den Garten. Ich musste Schwester Consolata versprechen, ihr ein Exemplar meines Buches zu schicken.

Ich möchte auch meiner Schwägerin Regina, der Frau meines Bruders Toni, ganz besonders danken. Sie gab mir freundlicherweise alle Dokumente und viele Fotos, die sie noch von Toni hatte. Als ich sie fragte, ob sie mir vielleicht ein paar der Fotos schenken würde, schenkte sie mir nicht nur ein paar, sondern alle! Dafür bin ich unendlich dankbar!

Mein besonderer Dank gilt auch Lilian Diehm, der Tochter unseres Cousins Sepp und dessen Enkel Thomas Diehm. Beiden schulde ich meinen Dank für ihre unendliche Geduld, wenn ich sie immer wieder anrief, und für die Beantwortung meiner vielen E-Mails. Bedanken möchte ich mich auch für die Fotos, die mir Thomas ohne zu zögern schickte. Danke!

Meiner Nichte Christl gebührt ebenfalls besonderer Dank. Sie beantwortete immer sofort alle meine Fragen und schickte mir Fotos von Schorsch, ihrem Vater.

Mein besonderer Dank geht auch an meine entfernte Cousine Leni Gutjahr, die mir erlaubte, über ihre Erfahrungen nach dem 2. Weltkrieg zu schreiben.

Ebenso möchte ich ganz besonders Irmgard Hubauer (geb. Wäsler), der Nichte von Benedikt Off, danken. Benedikt Off war es, der Schorsch 60 km vor Moskau das Leben gerettet hatte. Ich fragte sie, ob sie vielleicht ein Foto für mich beschaffen könnte, da ich es in meinem Buch zeigen wollte.

Sofort telefonierte sie mit Benis Schwiegertochter und bat sie um ein Foto von Beni. Nach nur fünf Tagen fand ich 3 Fotos in der Post.

Ich danke auch allen Menschen, die mir über die Vertriebenen aus dem Sudetenland berichtet haben. Besonderer Dank gilt auch meiner Freundin Hanne.

Ich möchte auch meiner Freundin Margaret Barker, die selbst eine Schriftstellerin ist, ganz besonders danken, da sie mir den Mut machte, den ich wirklich brauchte, um dieses Projekt durchzuführen. Sie ermutigte mich freundlich und ließ mich an ihrem Fachwissen teilhaben. Nachdem ich ihr einige Kapitel zum Lesen gegeben hatte, sagte sie: „Lisa, du musst dieses Buch schreiben, es ist sehr wichtig, dass du das tust." Ich werde ihr für diese ermutigenden Worte immer dankbar sein.

Auch Jillian Hinds-Williams, meiner Verlegerin, möchte ich für ihre Geduld und unermüdliche Unterstützung danken.

Last but not least danke ich Hannelore Schatz, die die deutsche Ausgabe meines Buches lektoriert hat.

Die Straße der Gebirgsjäger

Vorwort

Ich hoffe sehr, dass Sie – lieber Leser – dieses Buch interessant, und vielleicht informativ finden werden.

Ich bin keine Historikerin, aber ich kann Ihnen versichern, dass alle Daten und Ereignisse in diesem Buch nach bestem Wissen und Gewissen korrekt sind. Ich habe die Informationen über die Klöster und Nonnen persönlich recherchiert. Dazu durfte ich die historischen Berichte im Archiv des Mutterklosters Unterer Anger, München benutzen.

Glücklicherweise habe ich die Wehrpässe von Schorsch und Toni, in denen alle Kämpfe und militärischen Manöver verzeichnet sind. So oft wie möglich habe ich die heutigen Namen der Orte und Kriegsschauplätze verwendet.

Die Interviews mit den Vertriebenen aus dem Sudetenland wurden zum Teil von mir selbst während meiner Forschungen in Ismaning durchgeführt, einige habe ich jedoch, ebenso wie einige andere Zitate, dem Buch „Ismaning - Geschichte eines Dorfes" von Therese Risinger mit freundlicher Genehmigung der Gemeinde Ismaning als Herausgeber des Buches entnommen.

Außerdem danke ich der Gemeinde Ismaning für die großzügige finanzielle Unterstützung bei der Herstellung der vorliegenden deutschen Ausgabe.

Sofern möglich habe ich versucht, alle meine Erinnerungen mit meiner Familie, Freunden und den Bewohnern von Ismaning, mit denen ich die beschriebenen Ereignisse gemeinsam erlebt habe, zu überprüfen.

Ich bin keine Schriftstellerin, aber ich habe mich nach Kräften bemüht. Ich hoffe, Sie berücksichtigen dies wohlwollend, auch wenn meine Ausführungen nicht dem gewohnten Standard entsprechen, und bedenken, wie viele Arbeitsstunden ich diesem Buch gewidmet habe.

Die Straße der Gebirgsjäger

Mögen wir lernen zu leben, zu lieben, zu tolerieren und zu verstehen, dann wird Gott zufrieden sein, dass er den Menschen erschaffen hat.

Lisa Frei, 1998

Die Straße der Gebirgsjäger

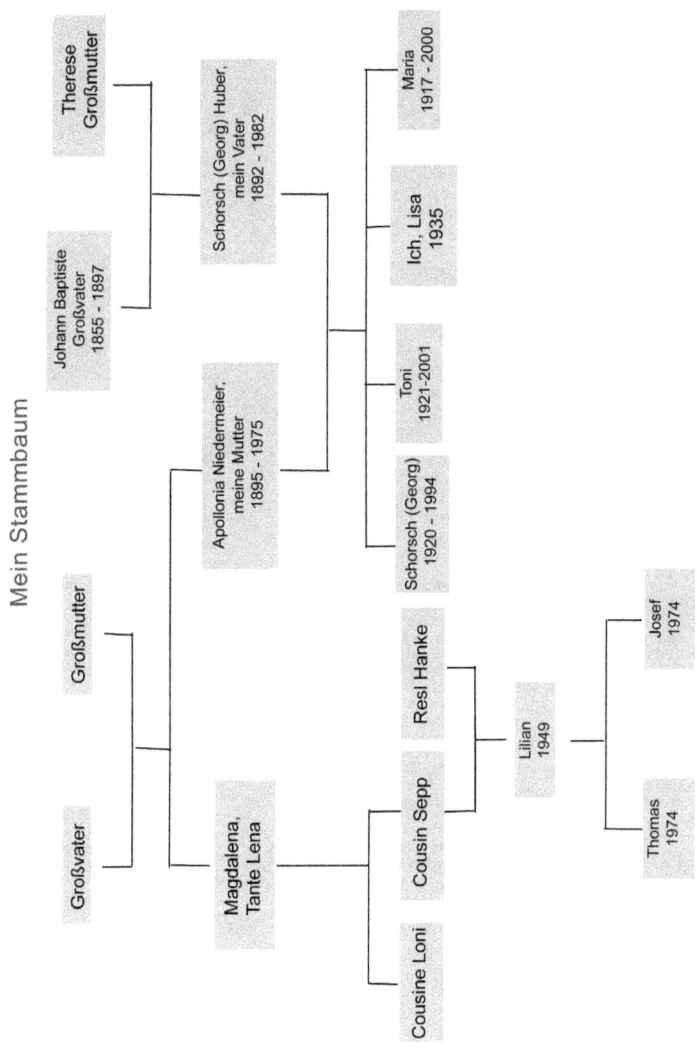

Die Straße der Gebirgsjäger

Erstes Kapitel

Eine kurze Geschichte des Dorfes Ismaning.
Die Geburt meines Vaters und seiner Geschwister.
Der tragische Tod meines Großvaters.
Schule und Arbeit für Vater und seinen Bruder.
Weihnachten am Bauernhof.
Vaters späte Ausbildung.

Meine Eltern wurden im ausgehenden 19. Jahrhundert geboren. Vater Georg Huber kam am 14. April 1892 in Ismaning zur Welt. Ismaning war damals ein kleines Bauerndorf, 12 km nördlich von München, der Hauptstadt von Bayern. Er wurde Schorsch genannt. Diese Aussprache geht auf die Zeit zurück, als Bayern noch ein Königreich war und es modern war, am Königshof Französisch zu sprechen.

    Zu dieser Zeit gab es wenig Industrie in Bayern. Die Bewohner verdienten ihren Lebensunterhalt vor allem in der Landwirtschaft. Mein Großvater, Johann Baptist Huber, verdiente sich jedoch seinen Lebensunterhalt als Schuster. Mein Vater war das jüngste von sechs Kindern. Der älteste, Johann (Hans), wurde 1883 geboren, 1884 kam Therese (Resl), nach Therese folgte mit einem kleinen Abstand Anna im Jahr 1887, dann kam Katharina (Kathi) im Jahr 1889, danach folgten die beiden jüngsten Buben: Anton (Toni) wurde 1890 und mein Vater Georg (Schorsch) 1892 geboren.

    Es gab ungefähr 2000 Einwohner in Ismaning, was Ende des 19. Jahrhunderts als ein großes Dorf angesehen wurde. Das Dorf bestand aus einer Kirche, einer Schule, einem Kloster, einigen Wirtschaften und kleinen Geschäften. Die Gemeinde war im Großen und Ganzen autark. Der Seebach schlängelt sich nach wie vor durch das Dorf. Er fließt auch heute noch an der Schule und dem Pfarrhaus sowie der Mühle, wo sich heute ein Restaurant befindet, vorbei. Dieses Restaurant ist immer noch im Besitz der gleichen Familie, heute schon in der dritten Generation. Der Bach fließt dann durch den Park, den Hain mit der alten Turnhalle, dann in nördlicher Richtung durch das Dorf, wo er in nordwestlicher Richtung abbiegt und in die Isar mündet; gemeinsam fließen sie zur Donau. Die Isar wird oft „die grüne Isar" genannt, da das Wasser tatsächlich grün aussieht. Jemand hat mir gesagt, das käme daher, dass das Ufer der Isar mit Wäldern bewachsen ist, die sich dann im Wasser der Isar widerspiegeln.

Die Isar entspringt im Karwendelgebirge, östlich von Scharnitz, in Tirol. Von dort fließt sie nach Norden in Richtung München, dann nach Ismaning und Freising, einem bekannten Erzbistum in Bayern. Bei Deggendorf endet ihre lange Reise und mündet dort in die Donau.

Der Eisweiher wird nach wie vor im Winter von den Eisstockschützen genutzt, die ihren Sport sehr ernst nehmen. Für diesen Sport ist er ideal, da sehr wenig Bewegung im Wasser ist, so dass das Eis manchmal schon im Dezember oder Januar dick genug ist. Dieser kleine See ist dann zuweilen überfüllt, wenn Jung und Alt dem Eissport frönen oder ganz einfach die schöne Natur im Winter genießen.

Aber dieser kleine See bereitet den Menschen in Ismaning und Umgebung das ganze Jahr hindurch Freude. Durch das angrenzende Wäldchen, den Taxet, wirkt er besonders malerisch. Aber in früheren Jahren, bevor es Kühlschränke gab, erfüllte der See noch einen anderen wichtigen Zweck. Die Besitzer von Wirtschaften schnitten Blöcke aus dem Eis, die sie in ihrem Keller in Holzkisten legten, um Bier und sonstige Lebensmittel kalt und frisch zu halten.

Auch der Seebach hatte seinen Nutzen. Ein Tag pro Woche war Waschtag. Normalerweise war das ein Montag. Die wöchentliche Wäsche wurde mit der Hand gewaschen und nachdem die harte Arbeit vollbracht war, wurde die Wäsche von Hand ausgewrungen und in Zinnwannen auf kleinen Heuwägelchen von den Hausfrauen zum Seebach gezogen. Zu diesem Zweck waren extra Stege über dem Bach angebracht, auf denen die Frauen knien und die Wäsche im sauberen Wasser des Bachs spülen konnten. Dadurch wurde Wasser und folglich Geld gespart. Frisches Wasser vom Bach war umsonst, wogegen Wasser aus der Leitung bezahlt werden musste.

Im Osten des Dorfes gab es große Weizen- und Roggenfelder und vor allem große Krautfelder. Am Horizont dieser Felder konnten wir an einem klaren Tag die Alpen in der Ferne sehen. Die Ismaninger sagten dann: „Wir können die Berge sehen, es wird bald regnen". Sie hatten immer Recht. Die Erde in der Gegend um Ismaning eignet sich besonders für den Krautanbau, das hier reichlich wächst. Es ist weißes, festes Kraut, das gehobelt und dann für Sauerkraut verwendet wird. Ismaning ist in Bayern und in ganz Deutschland wegen der ausgezeichneten Qualität des Krauts sehr bekannt. Das ist der Grund, warum die deutschen Soldaten im 2. Weltkrieg den Spitznamen „Krauts" bekommen haben.

Vor vielen Jahren, als ich in King's Lynn, in der englischen Grafschaft Norfolk wohnte, kaufte ich in einem großen Supermarkt eine Dose Sauerkraut, und zu meiner Überraschung stand auf der Dose „Ismaninger Sauerkraut". Sogar heute, im Jahr 2015, kaufe ich in Nottingham in einem Supermarkt der gleichen Kette Sauerkraut in einem Glas, auf dem in Blau und Weiß „Bavarian Sauerkraut" steht.

Mein Vater wurde in eine Familie geboren, in der es herzlich und liebevoll zuging. Er erzählte mir immer wieder davon, wie glücklich er war und wie aufregend und wundervoll das Leben zu dieser Zeit war. Jetzt wundert es mich gar nicht, dass das Leben für ihn damals sehr idyllisch schien, da diese glückliche Zeit so tragisch endete. Wie oft habe ich gehört, dass er sagte: „Ich wollte nicht irgend woanders oder in eine andere Familie geboren sein, das Einzige, das ich mir wünschte", sagte er gewöhnlich, „ist, dass mein Vater länger gelebt hätte." Und seine blauen Augen schauten dabei unglaublich traurig aus. Ich konnte

Die Straße der Gebirgsjäger

ihn so gut verstehen, da ich wusste, auf welche tragische Weise der Vater ihm und der ganzen Familie genommen wurde.

Die Familie wohnte in einem Haus, das nicht nur nach den heutigen Maßstäben, sondern damals schon als klein galt. Ich konnte mir nie vorstellen, wie eine Familie mit sechs Kindern bequem in einem Haus mit einem Zimmer oben und einem Zimmer unten leben konnte. Ich konnte mir nicht vorstellen, dass sie tatsächlich glücklich sein konnten. Aber ich hatte mich sehr getäuscht. Mit großem Vergnügen erklärte er mir die Aufteilung des Hauses.

„Ja, das Haus war klein. Vater und Mutter haben unten, wir Kinder oben geschlafen. Wir hatten zwei Doppelbetten, die sich gegenüber an der Wand standen. Es waren natürlich keine richtigen Doppelbetten, es waren nur zwei zusammengeschobene Einzelbetten. In einem Doppelbett haben die Buben geschlafen und im anderen die Mädels. Wir Buben haben nicht alle nebeneinander geschlafen. Ein paar mussten mit dem Kopf am Fußende schlafen, so dass meine Brüder meine Füße und ich ihre Füße fühlen konnte. Wir hatten natürlich großen Spaß, wenn wir uns gegenseitig an den Füßen kitzelten." Nach all den Jahren musste er noch lachen, wenn er mir das erzählte.

„Zwischen den Betten stand ein großer Kleiderschrank, der die Kleidung der ganzen Familie enthielt. Die zwei Doppelbetten und der Kleiderschrank waren die ganze Möbelausstattung unseres Zimmers."

„Weißt du", erzählte er weiter, „da war noch genug Platz zwischen den Betten, wo wir Kinder spielen konnten, wenn das Wetter im Winter draußen zu kalt war oder es im Sommer regnete. Und ich wette mit dir, dass du nicht glaubst, dass wir Zentralheizung hatten." Da lachte ich und sagte: „Natürlich glaube ich das nicht, im 19. Jahrhundert gab es keine Zentralheizung." Für ihn war es immer ein Vergnügen, Protest in mir zu wecken.

Die Straße der Gebirgsjäger

„Ah", sagte er dann, „wenn man in einem kleinen Haus wohnte, hatte man Zentralheizung. Also, wenn Mutter ein gutes Feuer im Ofen hatte und die Küchentüre offen ließ, stieg die Hitze nach oben und wärmte unser Schlafzimmer auch. Nun, ist das nicht Zentralheizung?"

Ich musste ihm Recht geben, man konnte das fast als Zentralheizung bezeichnen. Das Haus passte gerade in das Dreieck, wo sich die Straße gabelte. Rechts führte die Straße aus dem Dorf hinaus nach Osten, am Friedhof vorbei und über ein Eisenbahngleis zu einem kleinen Ort namens Aschheim. Links führte die Straße an Feldern vorbei zu Bauernhöfen.

Mein Vater hatte das Haus stets als ein freundliches und liebevolles Heim in Erinnerung, in dem viel gelacht wurde und die ganze Familie glücklich war. Vater hat das ansteckende Lachen nie verloren. Da war immer ein kleines Lächeln in seinen blauen Augen versteckt. Es ist gar kein Wunder, dass er nur glückliche Erinnerungen an diese Zeit hatte, da er nur 5 Jahre alt war, als sein Vater umgebracht wurde und das Leben eine so tragische Wendung nahm. Wie ich schon erwähnte, mein Großvater war ein Schuster und hatte einen ungewöhnlichen Namen. Sein Name war Johann Baptist.

Das kleine Haus wurde für gewöhnlich das „Schusterhäusl" genannt. Ich kann mir nicht vorstellen, dass es für meine Großmutter sehr leicht war, mit sechs Kindern im Schusterhäusl zu wohnen, in dem ihr Mann seine Schuster-Werkstatt in der Küche eingerichtet hatte. Und das Wasser musste sie aus dem Brunnen vor der Tür holen. Es muss für sie ein Alptraum gewesen sein. Aber natürlich ich bin den Luxus des 20. Jahrhunderts mit Zentralheizung, Waschmaschine und allen anderen Annehmlichkeiten gewöhnt.

Einmal, als Vater über alte Erinnerungen sprach, schaute er mich zweifelnd an. Er hatte meine Gedanken erraten und hatte eine logische Antwort. „Ich weiß, was du denkst, aber du irrst dich. Das Leben war für meine Eltern nicht so hart wie du denkst.

Die Straße der Gebirgsjäger

Die Leute waren damals nicht sehr anspruchsvoll. Wir hatten genug zu essen und genug Kleidung, um im Winter die Kälte zu ertragen. Vater konnte sogar samstags in die Wirtschaft gehen, um eine oder zwei Maß Bier zu trinken. Er trank nicht viel und kam nie betrunken nach Hause. Unsere Mutter blieb natürlich zu Hause bei uns Kindern." Frauen sind in jenen Tagen nicht in die Wirtschaft gegangen.

Dann kam der tragische Tag – der 17. Juni 1897 – mein Großvater war gerade 42 Jahre alt. Es war Samstag, und wie gewöhnlich ging er in seine Stammwirtschaft auf eine oder zwei Maß. Aber kaum hatte er eine Maß getrunken, begann er, sich über Bauchschmerzen zu beklagen. Daraufhin kugelte sich ein bekannter Witzbold vor Lachen und erzählte meinem Großvater unter lautem Lachen, dass er Rattengift in sein Bier getan habe. Dieser Mann stammte aus einer Familie von Witzbolden, die besonders viel Spaß mit derartigen Streichen hatten. Aber noch nie hatten ihre Streiche so schreckliche Folgen gehabt. Mein Großvater ging sofort nach Hause. Meine Großmutter war sehr überrascht, denn ihr Mann war kaum eine halbe Stunde fort gewesen. Aber als er ihr erzählte, was sich zugetragen hatte, holte sie schnellstens den Arzt, der sofort mit ihr zurückkam. Was der Arzt genau getan hat, weiß ich nicht, da mein Vater es auch nicht wusste. Aber er wusste, dass der Arzt immer wieder fragte, wer diese schreckliche Tat begangen hatte. Großvater hat dem Arzt nicht den Namen verraten. Er hatte natürlich nicht geglaubt, dass er sterben würde. Im Verlauf des Abends verschlechterte sich der Zustand meines Großvaters beträchtlich. Er hat schrecklich unter Bauchkrämpfen gelitten. Sein ganzer Körper wurde von diesen Krämpfen geschüttelt, und der Arzt konnte ihm nicht helfen. Um 4 Uhr morgens des 18. Juni 1897 ist er schließlich gestorben und hinterließ eine Witwe mit sechs Kindern. Der jüngste war mein Vater, der erst fünf Jahre alt war.

Ich weiß, dass Vater wegen des tragischen Todes seines Vaters nicht erlaubte, dass jemand aus der Familie jemandem einen Streich spielte. Sein Motto war: „Wenn du wirklich komisch bist, dann brauchst du nicht andere dazu." Die Ironie des Schicksals war jedoch, dass seine Nichte einen Familienangehörigen der Familie, aus der der Mörder seines Vaters stammte, geheiratet hatte. Ich bin sicher, dass seine Nichte das niemals erfuhr, da Vater niemals darüber gesprochen hatte. Ich habe jedoch bemerkt, dass Vater das Zimmer verließ, wenn uns ihre Kinder besuchten. Er konnte es nicht ertragen, im gleichen Zimmer mit Mitgliedern dieser Familie zu sein. Weil Großvater den Namen seines Mörders nicht verraten hat, geriet sein Tod in Vergessenheit. So war das im 19. Jahrhundert.

Ohne Ehemann konnte meine Großmutter auf gar keinen Fall fünf Kinder erziehen. Hans, der älteste Sohn, war 16 Jahre alt und nicht mehr zu Hause, da er auf einem Bauernhof arbeitete und auch dort wohnte, was damals so üblich war.

1897 gab es keine Sozialversicherung und folglich auch keine Sozialhilfe. Daher konnte meine Großmutter unter keinen Umständen fünf Kinder bei sich behalten. Sie fand ihnen Unterkunft bei Bauern im Dorf und auch den umliegenden Dörfern. Ein reicher Bauer, der auch ein entfernter Verwandter war, nahm sich der beiden jüngsten Buben, meines Vaters Schorsch und Toni, der zwei Jahre älter war, an. Der Bauernhof war nicht weit entfernt vom Schusterhäusl. Obwohl der Bauer ein Verwandter der Buben war, mussten sie für ihren Unterhalt arbeiten, sogar Vater in seinem zarten Alter von fünf Jahren. Sie mussten vor und nach der Schule arbeiten. Sie wurden nicht dazu angehalten, ihre Hausaufgaben zu machen. Lernen war vollkommen unwichtig, körperliche Arbeit zählte dafür umso mehr. Lernen wurde nicht als Arbeit angesehen. Es wurde die Ansicht vertreten, dass Menschen, die studieren, „zwei linke Hände haben". Die Kinder sollten so früh wie möglich das Arbeiten lernen. Und da die Buben ohne Eltern aufwuchsen, mussten sie genau das tun.

Im Sommer mussten die beiden um 4 Uhr aufstehen, um mit allen anderen Arbeitern auf die Felder zu gehen. Die beiden Buben mussten das Heu rechen, so dass es nicht faulte und im Winter als Futter für das Vieh verwendet werden konnte. Das war eine Arbeit, die man von einem Kind verlangte. Um 7 Uhr ging es zurück, um zu frühstücken. Dann eine Katzenwäsche mit kaltem Wasser aus einem Kübel, der von allen benutzt wurde. Meistens wurden nur Gesicht und Hände gewaschen. Dann gingen alle in die Küche zum Frühstücken. Vater war der Meinung, dass es ein gutes Frühstück war. Eine große Tasse Kaffee mit Zucker und Brot so viel sie wollten. Die Buben fanden den Zucker im Kaffee ganz wunderbar. Das Brot wurde eingebrockt und ausgelöffelt. Vater hat mich immer wieder mit seiner Genügsamkeit und seiner Logik erstaunt. Im Winter konnten sie bis 5 Uhr schlafen. „Manchmal durften wir bis 6 Uhr schlafen, das war ein bisschen angenehmer für uns Buben."

Nachdem sie in den Ställen mit dem Füttern der Tiere geholfen hatten, war es Zeit in die Schule zu gehen. Schnell wurden Hände und Gesicht gewaschen, der Schulranzen genommen und in die Schule gegangen. Im Sommer barfuß und in kurzen Lederhosen, aber ohne Unterhosen.

„Oh, manchmal haben die Lederhosen unsere Schenkel wund gerieben, besonders im Sommer, wenn es sehr heiß war. Im Winter trugen wir lange Hosen und Stiefel."

Wenn Vater von seiner Kindheit erzählte, sagte er einfach wie es war, ohne verbittert zu klingen. Er dachte nie, dass das Leben besonders hart war. Er hatte eine wundervolle Logik. „So war das Leben eben in jenen Tagen."

Dies war seine Denkweise und vielleicht seine Art zu überleben. Die Tatsache, dass die Buben mit dem Bauern verwandt waren, machte keinen Unterschied. Sie wurden trotzdem wie Arbeiter behandelt. Sie waren zusätzliche Hände, wenn es auch kleine Hände waren, aber immerhin ein paar Hände mehr. Für Toni, Vaters Bruder, der zwei Jahre älter war als er, war es ein

Die Straße der Gebirgsjäger

bisschen leichter, sich an die Routine der Arbeit zu gewöhnen. Aber man kann sich gut vorstellen, dass es für beide Buben zu schwer war.

Im Sommer fing die Schule um 7.30 Uhr und im Winter um 8 Uhr an. Da sie unterschiedlichen Alters waren, gingen die beiden in verschiedene Klassen. Toni kam mit der Schule gut zurecht, aber Vater war zu jung, um Schule und Arbeit zu schaffen, und es fiel ihm schwer, während des Unterrichts wach zu bleiben. Einige Lehrer hatten Mitgefühl und ließen ihn schlafen, da sie doch wussten, dass er schon ein paar Stunden am Bauernhof gearbeitet hatte. Aber es gibt immer einen, der kein Mitleid hat. Es passierte, dass Vater im Unterricht eingeschlafen war, als er plötzlich ganz benommen aufwachte und nicht wusste, was los war. Dieser brutale Kerl von einem Lehrer bombardierte ihn mit Fragen, die mein Vater um nichts in der Welt beantworten konnte. Vaters Schweigen brachte diesen Lehrer so sehr in Rage, dass er ihm eine so kräftige Ohrfeige gab, dass sein Trommelfell platzte. Dadurch war Vater auf seinem linken Ohr für den Rest seines Lebens taub. Auf dem Bauernhof bemerkte man zwar, dass Schorsch nicht so gut hörte, aber man kümmerte sich nicht darum. Erst Jahre später, als Vater erwachsen war und einen Arzt besuchte, erfuhr er, dass sein Trommelfell geplatzt war und es keine Hilfe gab. Erst da wurde Vater klar, was vor all diesen Jahren geschehen war.

Wenn die Buben von der Schule nach Hause kamen, wartete eine herzhafte Mahlzeit auf sie. Es gab meistens Fleisch und Knödel. Vielleicht Suppenfleisch, manchmal auch Braten und immer Kartoffelsalat. Es wartete auch immer Arbeit auf sie, die sofort nach dem Essen getan werden musste. Im Sommer mussten sie bei der Getreideernte helfen, im Herbst bei der Kartoffelernte. Die Kartoffeln wurden mit der Egge zur Oberfläche gebracht und von Hand in großen Körben gesammelt, die dann in die von Pferden gezogenen Wagen geleert wurden. Das ging bis abends, und alle Knechte hatten dann eine kleine Rast auf den Wagen, wenn sie von den Pferden zurück auf den Bauernhof gezogen wurden. Doch damit war die Arbeit noch nicht getan. Der Stall musste gekehrt werden, und Stroh wurde vom Heuboden geholt und zwischen die Tiere gestreut, die noch gefüttert wurden. Man sagte auf dem Hof: „Die Tiere werden vor den Menschen gefüttert, da sie sich nicht selber helfen können!" (Was für ein Glück für die Tiere, habe ich mir immer gedacht.) Erst dann war es Zeit für das Abendessen, so um 19.30 Uhr. Meistens gab es dicke Suppe mit Brot, und das so viel sie wollten. Vater schien sich immer so gefreut zu haben, dass sie so viel Brot essen konnten wie sie wollten.

Manchmal wurden ihre Augenlider während des Abendessens schwer und sie nickten ein. Dann sagte die Bäuerin: „Ihr beide geht am besten gleich zu Bett." Sie musste das nicht zweimal sagen. Es dauerte keine zwei Minuten, bis sie beide eingeschlafen waren.

Waschen, bevor sie ins Bett gingen, war unwichtig, da sie es sehr eilig hatten ins Bett zu kommen. Sie zogen schnell ihre Hosen aus, die Hemden ließen sie aber an. Sie hatten beide ihr eigenes Bett, jedoch war ein Schlafanzug ein Luxus, ohne den sie auskommen mussten. Sie hatten keine andere Wahl.

Am Samstagnachmittag brauchten die Buben nicht im Stall zu arbeiten, stattdessen mussten sie den Hof aufräumen und mit einem Besen kehren. Es musste sonntags immer gepflegt aussehen, da der Bauer und die Bäuerin gewöhnlich Besuch hatten. Nachdem das alles getan war, durften sich die Buben baden. Eine Zinnbadewanne wurde mit warmem Wasser gefüllt, und beide hatten frisches Wasser. Im Sommer hatten sie ihr Bad im Hof und im Winter im Stall, da war es schön warm. Aber sie mussten das gleiche Handtuch benutzen. Das hat ihnen nichts ausgemacht, da es ein Vergnügen war, ein warmes Bad zu haben.

Sonntag war ein Tag, den die beiden Buben so richtig genossen. Vor allem, weil sie nicht so früh aufstehen mussten wie während der Woche. Um 5.30 Uhr rief sie die Bäuerin, um wie immer im Stall zu arbeiten. Die Tiere mussten gefüttert und die Kühe gemolken werden, was die Mägde machten. Dann haben sich alle schnell die Hände und das Gesicht gewaschen. Mehr war nicht notwendig, hatten sie doch alle am Tag zuvor gebadet. Dann schnell in den Sonntagsanzug, bevor sich alle zum Frühstück setzten. Es war wie gewöhnlich Kaffee und Brot, da hatte sich nichts geändert. Um 8.30 Uhr war es Zeit, in die Kirche zu gehen. Es war die römisch-katholische Dorfkirche. Nach dem Gottesdienst hatten die beiden Buben keine Eile nach Hause zu gehen. Sie wussten ja, dass zu Hause nur Arbeit wartete – langweilige, uninteressante Arbeit. Doch direkt bei der Kirche gab es eine große Versuchung – der Seebach mit seinen Brücken. Hier konnte man nach Fischen Ausschau halten, und es machte Spaß, ganz einfach herumzuplanschen. Sie spielten mit kleinen Zweigen, welche sie von der Brücke in das Wasser warfen. Dann liefen sie schnell auf die andere Seite der Brücke, um zu sehen, ob der Zweig kommen wurde.

Wenn Vater mir viele Jahre später von diesen Eskapaden erzählte, tat er es mit großem Vergnügen. Er freute sich immer, wenn er den kleinen Zweig schwimmen sah. Ich konnte das nachempfinden.

Vater war ein geborener Erzähler. Ich konnte nie genug von seinen Geschichten bekommen. Jede Geschichte war ein Abenteuer, in das er mich führte. Ich vergaß alles um mich herum. Ich war genau dort mit ihm und konnte jeden Moment genießen. Es war natürlich viele Jahre später, als Vater mir diese Geschichten erzählte, nachdem die Zeit die großen Entbehrungen etwas weniger schlimm erscheinen ließ.

Aber jetzt war er noch ein kleiner Bub, und er hatte nur seinen Bruder Toni, mit dem er eine enge Verbindung hatte.

Wenn dann die beiden Buben endlich von der Kirche nach Hause kamen, bekamen sie mächtig Ärger. Die Bäuerin schimpfte sie, weil die Hosenbeine nass waren, obwohl die Buben vorsichtig waren und die Hosenbeine umgekrempelt hatten.

Dennoch wurden sie oft nass. Die Knechte waren böse, weil sie ihre Arbeit so spät verrichteten, die inzwischen niemand getan hatte. Sie mussten wirklich fleißig arbeiten, um vor dem Mittagessen fertig zu sein, das es um 12 Uhr gab. Die Buben haben immer gedacht, dass es das alles wert war, um wenigstens ein bisschen Freiheit zu haben.

An Sonntagen gab es immer etwas Besonderes zum Mittagessen. Alle Knechte bekamen ein gutes Stück Braten mit viel Soße, dazu Kartoffel- oder Semmelknödel, Kartoffelsalat und grünen Salat.

Sobald das Mittagessen beendet war, ging es wieder zurück in die Kirche. Es war eine Art Sonntagsschule. Sie mussten gehen, ob sie wollten oder nicht. Sie wurden geschickt, genauso wie sie in die Schule geschickt wurden – widerwillig. Es wurde als Zeitverschwendung betrachtet, Zeit, in der sie am Bauernhof hätten arbeiten können. Sie bekamen aber die Erlaubnis, nach der Kirche ihre Mutter im Schusterhäusl zu besuchen. Um 17 Uhr mussten sie jedoch wieder am Bauernhof zurück sein, wo ihre übliche Arbeit auf sie wartete.

Aber Weihnachten war eine ganz besondere Zeit. Sie gingen sogar gern in die Kirche. Dies überrascht mich in keiner Weise, da Kirchen in Bayern zu Weihnachten geradezu zauberhaft sind. Sogar am Bauernhof hat man sich besondere Mühe zu Weihnachten gemacht. Es wurde nicht nur ein Christbaum aufgestellt, es gab auch etwas Besonderes zu essen. Zu Mittag gab es Gänsebraten mit Kartoffelknödel und immer zwei Salate. Meistens grünen und Kartoffelsalat. Im Erdgeschoss waren kleine Tische gedeckt, auf denen Schalen mit verschiedenen Plätzchen und Stollen standen, die schon einige Wochen vor Weihnachten von den Frauen am Bauernhof gebacken wurden. Der Duft vom Backen sorgte immer für eine wunderschöne Vorfreude auf Weihnachten. Die Buben konnten so viel essen wie sie wollten. „Es war immer ein wirkliches Fest", sagte Vater mit dem ihm eigenen Enthusiasmus.

Die Straße der Gebirgsjäger

Ich fand es sehr komisch, dass er immer nur vom Essen erzählte und nie von Spielsachen. Obwohl ich wusste wie wichtig Nahrungsmittel waren, da es schon ab 1940 immer schwieriger für Hausfrauen wurde, alles zu kaufen, was sie wollten. Aber auf einem Bauernhof im 19. Jahrhundert war dies doch sicher nicht der Fall. Daher fragte ich: „Habt ihr nie Spielsachen bekommen?" Er schaute mich ganz überrascht an. „Weißt du", sagte er, „das ist mir nie in den Sinn gekommen, nein wir hatten keine Spielsachen."

„Niemals?" fragte ich völlig perplex.

„Nein, niemals." Und ich konnte sehen, wie überrascht er selbst war. Er hatte nie an Spielsachen gedacht.

„Aber was hätten wir mit Spielsachen getan?" fragte er. „Wir hätten nicht mit ihnen spielen können; wir hätten keine Zeit gehabt."

Dann schaute er sehr nachdenklich und sprach mehr zu sich selbst als zu mir:

„Ich denke, wir müssen einmal Spielsachen gehabt haben, vielleicht als wir noch mit unseren Eltern zusammenwohnten, aber ganz ehrlich, ich kann mich nicht mehr erinnern."

Ich, mit meinen Ellbogen auf dem Tisch und meinem Kinn in meiner linken Hand, sagte: „Dann habt ihr wahrscheinlich keine gehabt." Da musste er lachen. Ich, immer noch mit meinem Kinn in meiner linken Hand, fragte ihn: „Warum lachst du?" „Über deine Logik", antwortete er immer noch lachend. Dann musste er mir natürlich die Bedeutung des Wortes Logik erklären. Auch heute noch überrascht es mich, dass die beiden das Schreiben, Lesen und Rechnen lernten. Vater erlangte seine Ausbildung erst später als Erwachsener, sein Bruder genauso. Sie liebten Bücher und haben eifrig gelesen. Von Vater habe ich die Liebe für Bücher geerbt. Als ich erst 10 Jahre alt war, kannte ich die Gedichte von Goethe und Schiller genauso gut wie die Märchen der Gebrüder Grimm. Ich kannte und liebte *Erlkönig* und *Zauberlehrling* von Goethe und die *Bürgschaft* (auch noch heute mein Lieblingsgedicht) und die *Glocke* von Schiller. Mir vorlesen war für mich und auch für Vater die liebste Freizeitbeschäftigung.

Obwohl ihr Leben jedes Luxus entbehrte, hatten sie genug zu essen, warme Kleidung im Winter und ein warmes Bett. Vater dachte immer, dass allein dies ein Luxus war. Das Bett hatte keine Matratze, sondern einen Strohsack. Das war ein Sack so lang und so weit wie das Bett, der mit Stroh gefüllt war. Darauf kam eine dicke Decke und ein dickes Federbett zum Zudecken. Er fand, dass dies wunderbar warm war. Und ich glaubte ihm.

Er hatte eine wundervolle Lebenseinstellung und war immer darauf gespannt, was das Leben für ihn bereithielt. Er war romantisch veranlagt und hatte Frohsinn, was ihm immer half. Nicht nur als er am Bauernhof aufwuchs, sondern auch im Erwachsenenleben. Diese Lebenseinstellung hatte ihn nie verlassen.

Die Straße der Gebirgsjäger

*Das Schusterhäusl, das kleine Haus, in dem mein Vater geboren wurde und mit seinen Eltern und Geschwistern bis zu seinem fünften Lebensjahr wohnte
(Foto aus den 1950er Jahren)*

Zweites Kapitel

Die Geburt meiner Mutter und ihrer Geschwister.
Der frühe Tod ihrer Mutter.
Die Ehe ihres Vaters.
Ihre Stiefmutter.
Der Tod ihres Vaters.
Die Wiederverheiratung ihrer Stiefmutter.

Wenn es auch mein Vater schwer im Leben hatte, weil er seinen Vater in jungen Jahren verloren hatte und folglich schon im zarten Alter von fünf Jahren auf einem Bauernhof arbeiten musste, so hatte er Liebe erfahren, und er erinnerte sich sein Leben lang an die Wärme und Liebe, die er in den wenigen Jahren im Schusterhäusl erlebt hatte. Er dachte an jene Jahre sein ganzes Leben lang in Dankbarkeit zurück.

Das Leben meiner Mutter kann man dagegen nur als grausam bezeichnen. Sie wurde am 5. August 1895 in Erding geboren, was damals eine kleine Stadt 15 km östlich von Ismaning war. Sie hieß Apollonia (Loni) und war nur 2 Jahre alt, als ihre Mutter drei Tage nach der Geburt des jüngsten Kindes starb. Es war ein Junge, der Michael getauft wurde. Er war das sechste Kind in der Familie und wurde ganz schnell adoptiert. Die anderen fünf Kinder blieben jedoch bei ihrem Vater. Meine Mutter war die jüngste. Magdalena (Lena) war ein Jahr älter, dann kam Maria (auch Marie genannt), dann die beiden Buben Ludwig und Georg (Schorsch).

Ihr Vater besaß eine Kiesgrube, die er selber bearbeitete. Er verdiente damit genug, um seiner Familie ein angenehmes Leben zu bereiten. Sie wohnten in einem großen, geräumigen Haus. Nachdem seine Frau gestorben war, hatte er schnell wieder geheiratet. Seine neue Frau brachte einen kleinen Buben in die Familie. Fünf Kinder anzunehmen entsprach nicht gerade ihrer Idealvorstellung von der Ehe, aber sie wollte das Stigma, ein lediges Kind zu haben, loswerden.

Die Straße der Gebirgsjäger

Die Kinder hatten gerade ihre eigene Mutter verloren und mussten sich nun mit einer Stiefmutter anfreunden. Meine Mutter wurde öfters von ihr geschlagen, aber überraschenderweise dachte sie, dass dies nicht so entsetzlich war, da ihre beiden älteren Schwestern Lena und Marie schlechter behandelt wurden als sie. Besonders Marie erfuhr eine unglaublich grausame Behandlung. Meine Tante Lena erzählte mir, dass die Stiefmutter Marie im Alter von sechs Jahren in eine Zinnwanne gestellt und eiskaltes Wasser über sie geschüttet hatte – dies tat sie sehr oft.

Auch mein Onkel Ludwig erzählte mir, wie grausam sein älterer Bruder Schorsch behandelt wurde. Zur Strafe wurde er mit Weidengerten geschlagen, und mit jedem Schlag flogen die Knospen weg. Dies schien ihn selbst noch in hohem Alter zu beschäftigen.

Ich fand es merkwürdig, dass weder Tante Lena noch Onkel Ludwig selbst darüber sprachen, wie sie behandelt wurden. Ich erfuhr es nur von ihren Geschwistern.

Einmal sagte meine Mutter: „Wenigstens hat sie uns nicht getötet, das hätte sie tun können, und niemand hätte sich darüber Gedanken gemacht."

Onkel Ludwig erwiderte darauf: „Ja, das ist wahr, aber bei Marie hat sie es recht weit getrieben." Tante Marie ist mit 28 Jahren an Lungentuberkulose gestorben.

1905 starb dann völlig unerwartet ihr Vater. Obwohl ich nicht denke, dass es wirklich sehr plötzlich war. Meine Mutter konnte sich erinnern, dass er sehr oft unter Magenschmerzen gelitten hatte. Doch keines der Kinder wusste, woran ihr Vater gestorben war.

Nun hatte die Stiefmutter freie Hand. Die zwei älteren Buben arbeiteten schon bei Bauern. Jetzt dachte sie, dass es auch für die drei Mädchen an der Zeit war, das Haus zu verlassen. Bald fand sie ihnen Arbeitsplätze bei umliegenden Bauernhöfen. Dort mussten sie ungeheuer schwer arbeiten, um ihren Lebensunterhalt zu verdienen.

Die Straße der Gebirgsjäger

Mutter, die jüngste der Mädchen, fiel es unsagbar schwer, ihr Zuhause zu verlassen. Obwohl es kein glückliches Heim war, so war es doch ein vertrautes Heim. Sie hatte Heimweh und wollte in dem vertrauten Heim sein, so dass sie manchmal ihre Stiefmutter besuchte. Doch diese war ganz und gar nicht an der kleinen Loni interessiert und war darauf bedacht, dass sie sich nicht zu wohl fühlte. Sie bot ihr nichts an, noch nicht einmal ein Stück Brot oder sonst etwas. Mutter stand gewöhnlich in der Küche an einen Schrank angelehnt, und wenn die Stiefmutter kurz die Küche verließ, um etwas in einem anderen Zimmer zu tun, nahm Mutter ganz schnell einen Schluck schwarzen Kaffee von dem Topf, der gewöhnlich auf dem Herd stand.

Bald heiratete die Stiefmutter erneut, so dass die Kinder alles verloren – Heim, Haus, Kiesgrube und alles, was noch dazu gehörte. Da beide Eltern tot waren, gab es niemanden, der sich um die Kinder gekümmert oder für sie gekämpft hätte.

Die Arbeit auf dem Bauernhof, der meine Mutter angenommen hatte, war für sie unvorstellbar schwer. Im Alter von 10 Jahren war sie nichts als eine Landarbeiterin und die Jüngste am Bauernhof. Sie musste für ihren Unterhalt arbeiten, Kleidung war nicht eingeschlossen. Sie musste sich daher mit der abgelegten Kleidung der älteren Frauen, die auf dem Hof arbeiteten, begnügen. Kleider, die die Frauen als zu alt oder zu abgetragen betrachteten, waren natürlich zu groß für Loni. Sie kürzte sie mit Sicherheitsnadeln, auch jeder Riss wurde mit Sicherheitsnadeln geflickt. Sie war vollkommen auf sich selbst gestellt. Sie musste ihre Kleider waschen und reparieren – und das alles neben der landwirtschaftlichen Arbeit. Persönliche Körperpflege war unwichtig. Sie fand es zu schwierig, ihr langes, dickes schwarzes Haar, das sie in Zöpfen trug, zu waschen. Das Haar auf dem Kopf strich sie mit der nassen Hand glatt. Sie dachte, dass es ordentlich aussah. Doch durch die Arbeit im Stall, mit den Tieren und dem Stroh bekam sie schließlich unweigerlich

Kopfläuse. Um dieses Problem zu beheben, schnitten ihr die älteren Frauen ganz einfach die Haare ab.

Aber wenigstens durfte sie in die Schule gehen, obwohl die Schule ihr hauptsächlich die Gelegenheit bot zu schlafen. Sie hatte Lehrkräfte, die Mitgefühl hatten, denn sie wussten, dass sie schon seit 4 Uhr im Sommer und 5 Uhr im Winter am Bauernhof gearbeitet hatte. Daher durfte sie ungestört schlafen. Ich kann mir kaum vorstellen, wie sie es fertig brachte, Lesen und Schreiben und sogar einfaches Rechnen zu lernen. Manchmal nahm sie ein Stück Brot mit ins Bett, wenn sie abends zu Bett ging. Aber sie schlief oft ein, bevor sie es essen konnte und fand es im Bett, wenn sie am Morgen erwachte.

Für sie gab es kein Weihnachten und keinen Geburtstag. Nie neue Kleider oder neue Schuhe, nur weggeworfene Kleidung und Schuhe. Geld wurde für sie nie ausgegeben. Sie arbeitete jeden Tag sehr hart für ihr Essen und ein Bett zum Schlafen. Wie mein Vater schlief auch sie auf einem Strohsack und dachte, ihr Bett sei wundervoll. In ihrer Lage war es jedoch überall, wo sie auch ihren Kopf hinlegte, wundervoll. Die Frauen am Bauernhof waren nicht gerade die nettesten Wesen, die man sich vorstellen konnte. Sie gaben ihr immer schnell eine Ohrfeige, wenn sie zu langsam arbeitete.

Als sie 17 Jahre alt war, verließ sie diesen Bauernhof und ging nach Notzing, wo auch ihre Schwester Lena arbeitete. Notzing war ein hauptsächlich von der Landwirtschaft geprägtes Dorf, unweit ihrer Geburtsstadt Erding. Mutter bekam eine Stellung auf einem großen Bauernhof mit einer Wirtschaft namens „Kandlerwirt". Hier arbeitete sie in der Küche, und wenn notwendig half sie auch im Stall. Sie fing dort im Alter von 17 Jahren zu arbeiten an, und zum ersten Mal hatte sie eine richtige Stellung, für die sie einen Lohn erhielt. Der Lohn betrug 3 Mark im Jahr. Auch in jenen Jahren waren 3 Mark nicht gerade ein Vermögen, aber wenn man bis dahin nur für Essen und Schlafen gearbeitet hatte, dann waren 3 Mark ein Luxus. Sie arbeitete hauptsächlich in der Küche, es war nur selten notwendig, im Stall mit dem Füttern der Tiere zu helfen. Mutter war jetzt sehr hübsch. Sie hatte gelernt, sich zu pflegen. Ihr schwarzes Haar trug sie in einem Knoten im Nacken. Ihre schöne Haut betonte ihre dunklen Augen. Sie arbeitete sehr hart und versuchte, ihren Kolleginnen immer zu helfen. Jedoch nicht alle Frauen, mit denen sie zusammenarbeitete, waren besonders nett zu ihr. Eine ältere Frau, die normalerweise im Stall arbeitete, war eifersüchtig auf das hübsche Mädchen, das bei den meisten auf dem Bauernhof beliebt war. Es war für sie ein Vergnügen, Mutter mit Ohrfeigen im Stall zu empfangen. Das war für Mutter nichts Neues, sie wurde ihr ganzes Leben geschlagen und hatte nie gelernt, sich zu verteidigen. Aber sie versuchte manchmal, nicht im Stall helfen zu müssen. Das wunderte die Wirtin, da Mutter immer so hilfsbereit war. Da beobachtete sie, was im Stall vor sich ging. Eines Nachmittags, als es Zeit war, im Stall die Tiere zu füttern, bat sie Mutter, in ihre Wohnstube zu kommen. Da gab ihr die Wirtin einen Besen und sagte: „Hier Loni, nimm den Besen und gehe in den Stall, um die Tiere zu füttern. Und wenn diese Frau wieder versucht, dir eine Ohrfeige zu geben, dann hole aus und gib ihr einen richtigen Schlag mit dem Besen. Hab' keine Angst, sollte sie zu mir kommen, um sich über dich zu beschweren, dann bekommt sie von mir eine Ohrfeige, so dass sie weiß, wie es ist geschlagen zu werden. Und lass dich nur von keinem Menschen mehr schlagen."

Das machte Mutter Mut, aber trotzdem war sie etwas ängstlich, als sie mit dem Besen bewaffnet in den Stall ging. Sobald sie durch die Stalltüre ging, kam dieses Frauenzimmer auf sie zu. Als sie in Reichweite war, holte meine Mutter mit dem Besen aus und gab ihr einen richtigen Schlag. Das kam für die Frau so unerwartet, dass sie den Schlag mit voller Wucht abbekam. Mutter verstärkte die Wirkung noch mit den folgenden Worten: „Wenn du mich noch einmal schlägst, dann bring ich dich um". Ab diesem Tag wurde meine Mutter nie wieder geschlagen.

Meine Mutter (links) und ihre Schwester, meine Tante Lena

Drittes Kapitel

Meine Eltern lernen sich in Notzing kennen.
Vater wurde Fuhrknecht.
Vater musste ins Gefängnis.
Verlobung meiner Eltern.
Mutter bekommt eine Stellung in Ismaning und Vater macht ihr einen Heiratsantrag.

Notzing war auch ein Dorf, das hauptsächlich auf Landwirtschaft angewiesen war, da dies in Bayern Anfang des 20. Jahrhunderts der größte Wirtschaftssektor war. Vater war zwanzig Jahre alt und ging öfters zum Kandlerwirt in Notzing. Dies war die Wirtschaft, in der Mutter beschäftigt war, wo sie manchmal im Ausschank aushelfen musste. Vater verlor keine Zeit und fragte sie, ob sie mit ihm ausgehen wolle. Er war nicht der einzige, aber er war der einzige, der erfolgreich war. Darauf war er ungeheuer stolz, und wenn sich die Gelegenheit bot, erzählte er es mir. Aber der Kandlerwirt war auch die Wirtschaft, die Oswald häufig besuchte. Er war der Bauer und auch Verwandte, der meinen Vater und seinen Bruder als Kinder angenommen hatte. Oswald und seine Frau hatten keine Kinder, und daher hat er den beiden Buben in all den Jahren, in denen sie für ihn gearbeitet hatten, versprochen, dass sie seine Erben sein würden. Dies war seine Rechtfertigung dafür, dass er ihnen keinen anständigen Lohn zahlte. Sie bekamen nur ab und zu einen Lohn. Oswald und seine Frau besuchten den Kandlerwirt hauptsächlich an Sonntagen. Sie waren mit dem Kandlerwirt und seiner Frau gut befreundet, aber gewiss nicht mit dem Küchenpersonal. Wenn Herr und Frau Oswald kamen, musste alles perfekt sein. Sie nahmen ihr Mahl in der Privatwohnung mit der Wirtin und dem Wirt ein, und das Mahl musste ausgezeichnet sein. Der Tisch war mit dem besten Leinen und Silber gedeckt, und die Bediensteten mussten katzenbuckeln, was sie natürlich bei den Bediensteten sehr unbeliebt machte.

Die Straße der Gebirgsjäger

An den wenigen Sonntagen, an denen meine Mutter frei hatte, fuhr sie nach Ismaning und traf sich mit Vater, was nicht sehr oft vorkam, da regelmäßige Arbeitszeiten noch nicht erfunden waren. Aber an einem dieser raren Sonntage, als sie Vater besuchte, machten sie einen erholsamen Spaziergang im Schlosspark. Dort sahen sie schon von weitem keinen anderen als Herrn Oswald. Meine Mutter hat ihn als Erste gesehen, und sie fragte Vater: „Weißt du wer das ist?" Vater war etwas schüchtern und sagte: „Nein, den kenne ich nicht." Dann hat ihn Mutter aufgeklärt, indem sie sagte: „Das ist He-e-e-e-rr Oswald!" Damit betonte sie ihre Verachtung, indem sie das „Herr" in die Länge zog.

Als Vater 18 Jahre alt war, wurde er zum Fuhrknecht befördert. Er war für die Pferde und Wagen verantwortlich. Mit dieser Verantwortung kamen auch Verpflichtungen. Besonders im Sommer waren diese Verpflichtungen nicht immer ein Vergnügen. Es musste beispielsweise sehr oft mit Pferd und Wagen schon um 2 Uhr morgens nach München fahren. Er brachte landwirtschaftliche Produkte nach München und nahm Drewan mit zurück, womit das Vieh gefüttert wurde. Drewan ist ein bayerischer Ausdruck. Es ist das Abfallprodukt, das in einer Brauerei entsteht. Ein Weg dauerte mit dem Fuhrwerk drei Stunden. Vater hat sich da meistens auf dem Wagen auf einer Decke zusammengerollt und geschlafen, was eigentlich die meisten Fuhrknechte taten. Die Pferde haben diesen Weg so oft gemacht, dass sie ihn ohne Führung wussten. Allerdings war es strengstens verboten, auf dem Wagen zu schlafen, wenn man für beides, Wagen und Pferde, verantwortlich war. Es war auch verboten, mit der Peitsche zu knallen, besonders in der Nacht. Die jungen Männer aber haben auch dieses Gesetz, wenn möglich nicht beachtet und zeigten gern ihr Geschick. Unglücklicherweise sah ein Polizist Vater, wie er auf seiner Decke zusammengerollt tief und fest schlief. Er musste zur Strafe drei Tage ins Münchener Gefängnis Stadelheim. Dem jungen Fuhrknecht, der gern auf dem

Wagen schläft, kam dies gerade recht. Da Vater ohnehin drei Tage Gefängnis bekommen hatte, sah keinen Grund, warum er den Rest der Strecke nicht genießen sollte. Daher knallte er auf dem letzten Stück bis München mit der Peitsche. Die Ruhestörung war sicher nicht zu groß, da auf beiden Seiten der Straße meistens nur Felder lagen.

Er war drei Tage lang allein in einer Zelle und war entsetzlich gelangweilt. Einmal fragte er den Aufseher, ob er nichts für ihn zu tun hätte, da es sterbenslangweilig sei. Der Aufseher lachte und sagte: „Warum legst du dich nicht hin und schläfst, du schläfst immer auf dem Wagen, wenn du deine Pflicht erfüllen solltest. Jetzt kannst du schlafen, so schlafe!"

Als meine Eltern eine ernsthafte Beziehung eingingen, gelang es meinem Vater, meiner Mutter eine Stellung in Ismaning zu verschaffen. Es war wieder ein Bauernhof mit einer Wirtschaft namens Angermeier. Die Wirtschaft war nicht so großartig wie der Kandlerwirt in Notzing, aber die Arbeit war ihr vertraut und die Wirtin arbeitete selber in der Küche. Mutter war in dieser Stellung sehr glücklich. Vielleicht hatte Vater etwas damit zu tun. Vater hat nicht lang gewartet, bis er um ihre Hand anhielt. Mutter sagte ja, und beide dachten, dass es eine gute Idee sei ein Jahr zu warten, um genug Geld zu sparen, damit sie sich ein Heim einrichten konnten. Sie waren sehr glücklich und voller Hoffnung für die Zukunft. Aber kann man sich je auf Fortuna verlassen? 1914 brach der Erste Weltkrieg aus. 1916 wurde Mutter schwanger, und Vater wurde in die Deutsche Wehrmacht eingezogen. Sie waren beide untröstlich! Mutter musste arbeiten und wenn das Baby zur Welt käme, hätte sie niemanden, der ihr helfen würde.

Die Straße der Gebirgsjäger

*Vater in seiner
Ausgehuniform
aus dem
1. Weltkrieg*

*Vater in seiner
Uniform aus dem
1. Weltkrieg*

Viertes Kapitel

Stiefmutter und deren Ehemann kommen zur Rettung.
Am 14. April wird ein Mädchen geboren.
Mutter vergibt ihrer Stiefmutter.
Vater in einem belgischen Lazarett im Jahr 1918.
Vater bietet seine Taschenuhr für Zivilkleidung an.

Dann ergaben sich die eigenartigsten Umstände. Aus Verzweiflung, und nachdem sie viele Stunden gebetet hatte, nahm Mutter all ihren Mut zusammen und besuchte ihre Stiefmutter und deren Mann. Einen Mann, den sie nie gesehen hatte. Zu ihrer unglaublichen Überraschung wurde sie herzlich und freudig willkommen geheißen. Der Ehemann ihrer Stiefmutter war der netteste und gütigste Mann neben ihrem Vater, den sie je getroffen hatte und ihre Stiefmutter hatte sich vollkommen verändert. Sobald Mutter in das Haus trat, wurden ihr Essen und Kaffee angeboten, und das von der Frau, die der 10 Jahre alten Loni nicht einmal ein Stück Brot zu essen gegeben hatte. Die kleine Loni musste damals einen Schluck Kaffee stehlen, wenn sie einen Moment allein in der Küche war.

Als Mutter ihnen dann erzählte, dass sie ein Kind erwartete, boten sie ohne zu zögern an, das Baby zu betreuen. Mutter war hilflos, und da sich die beiden Leute so aufrichtig darauf zu freuen schienen, das Baby zu betreuen, bis sein Vater aus dem Krieg zurückkehrte und Vater und Mutter dann heiraten konnten, haben sie sich darauf geeinigt.

Meine Mutter und ihre Schwester Lena heirateten beide zufällig Männer aus Ismaning, die denselben Nachnamen, nämlich Huber, hatten. Aber die beiden Männer waren nicht verwandt.

Die Straße der Gebirgsjäger

Am 14. April 1917 gebar meine Mutter ein kleines Mädchen. Sie nannte sie Maria (Marie genannt) in Gedenken an ihre älteste Schwester, die so jung gestorben war.

Wie versprochen nahmen Mutters Stiefmutter und deren Mann die kleine Marie auf, um sie zu betreuen. Mutter sah, wie sehr die beiden sich freuten. Sie hatte das Gefühl, dass sie sich sehr gut um ihr Baby kümmern würden. Andererseits hatte sie überhaupt keine Wahl.

Mutter hatte dann allen Grund, ihrer Stiefmutter für all die Grausamkeiten, die sie als Kinder erdulden mussten, zu vergeben. Die beiden Leute liebten die kleine Marie, als wären sie ihre Großeltern. Mutter war sehr erleichtert, dass sie keinen Grund zur Sorge haben musste.

Vater war bis zur deutschen Kapitulation im Jahr 1918 in der Wehrmacht. Er war in Belgien in einem Lazarett. Er war aber nur leicht verwundet, und am Tag der Kapitulation hörten die Soldaten, die mit Vater im Zimmer waren, draußen auf der Straße einen ziemlichen Tumult. Vater ging zum Fenster und sah eine Menge Leute auf der Straße herumrennen. Der Lärm war ohrenbetäubend, Schüsse wurden gefeuert. Das alles fanden die Soldaten sehr beunruhigend. Die Türen und Fenster waren verschlossen. Da versuchte Vater mit Hilfe einiger Soldaten die Fensterrahmen auszuheben, was ihnen aber nicht gelang. Plötzlich wurde die Tür geöffnet und der diensthabende Offizier erschien, um vor Freude strahlend bekanntzugeben: „Der Krieg ist zu Ende, ihr könnt alle gehen." „Gehen, aber wohin?" fragte mein Vater. „Nach Hause, wo ihr hergekommen seid", antwortete der Offizier. Vater zeigte auf seine Uniform und fragte: „In dieser Uniform?" Der Offizier sagte ganz einfach: „Ach, hab' keine Angst, dir passiert nichts, sie sind alle glücklich. Wir sind jetzt alle Freunde."

Aber Vater war davon nicht vollkommen überzeugt und machte dem Offizier ein Angebot. „Wenn Sie mir Zivilkleidung bringen, dann gebe ich ihnen meine Uhr." Er zeigte ihm seine

Die Straße der Gebirgsjäger

silberne Taschenuhr. Das war alles, was Vater besaß. Der Offizier konnte nicht widerstehen und brachte ihm alte Kleidungsstücke, und Vater hatte ihm gern seine Uhr gegeben. Er wusste genau, dass die Bevölkerung in Belgien genau so arm war wie die Bevölkerung in Deutschland.

Nun, da er Zivilkleidung trug, konnte er loswandern, und genau das tat er. Es dauerte sechs Wochen, bis er in Ismaning eintraf. Er lief während des Tages, wenn es ging. Aber er half auch öfters bei Bauern aus, um etwas zu essen und einen Platz zum Schlafen zu bekommen. Er bekam immer etwas zu essen, und schlafen konnte er im Stall oder auf dem Heuboden. Er durfte jedoch nie das Haus betreten; soweit hat man den Deutschen dann doch nicht getraut. Morgens bekam er einen Kübel mit Wasser, damit er sich waschen konnte. Das war ihm sehr vertraut, er hatte das oft auf dem Bauernhof in Ismaning getan.

Fünftes Kapitel

Vater kommt in Ismaning an.
Vater kündigt seine Stellung am Bauernhof und arbeitet in der Papierfabrik.
Zu dieser Arbeit bekommt er eine Wohnung im Höglhaus.
Meine Eltern heiraten im Jahr 1919.
Meine zwei Brüder werden geboren.

Als er schließlich in Ismaning ankam, schaute er aus wie ein Vagabund, mit seinem sechs Wochen alten Bart war er kaum zu erkennen. Mutter war überglücklich. Vater hat den Bauernhof sofort verlassen, da er Arbeit in der hiesigen Papierfabrik bekam, und glücklicherweise war mit dieser Arbeit eine Wohnung im Höglhaus verbunden. Der Fabrikbesitzer war auch der Besitzer vom Höglhaus, das sich ganz in der Nähe der Papierfabrik befand. Für meine Eltern war das ein wahres Glück. Es war das Beste, das sie sich wünschen konnten. Es war das erste Mal in ihrem Leben, dass sie etwas ihr Eigen nennen konnten. Die Wohnung bestand aus zwei Zimmern im zweiten Stock. Kein Badezimmer, aber kaltes Wasser. Eine Toilette für das ganze Haus. Einen Herd zum Kochen und um die Wohnung zu heizen. Samstag war Badetag, gebadet wurde in der Wohnküche. Aus praktischen Gründen wurde das Wasser nicht für jede Person gewechselt, da Vater die Zinnwanne mit Wasser die Treppe hinunter tragen musste, um sie im Hof auszuschütten. Dadurch war frisches Wasser für jedes Familienmitglied ein Luxus, ohne den man auskommen musste. Die Wohnung war gut mit Möbelstücken ausgestattet, die sie von Freunden und Nachbarn geschenkt bekommen hatten. Sie heirateten im Jahr 1919, und dann war es ihnen möglich, ihrer kleinen Tochter ein Heim zu bieten. Es fiel ihren Großeltern schwer, die kleine Enkelin ihren Eltern zurückzugeben. Ihr Großvater ging sogar einmal von Erding zu Fuß nach Ismaning, um die kleine Marie zu sehen. Meine Mutter konnte es sehr gut verstehen, wie schwer es für die beiden Leute war, die Kleine aufzugeben. Daher waren meine Eltern darauf bedacht, dass sie die kleine Marie so oft wie möglich beherbergen konnten. Und als Marie in die Schule ging, verbrachte sie alle Ferien mit ihren Großeltern. (Für sie waren sie die richtigen Großeltern.)

Am 2. April 1920 wurde mein Bruder Schorsch geboren, und es wurde recht eng in der Wohnung, besonders als am 15. Dezember 1921 mein Bruder Toni geboren wurde. Aber meine Eltern waren glücklich. Es fiel ihnen nicht schwer, jeden Pfennig zu sparen. Sie träumten davon, ein Stück Grund zu kaufen und ein Haus für sich und ihre Kinder zu bauen.

Sechstes Kapitel

Das Haus An der Isarau 13, und wieder sparen!
Toni fällt im Alter von zwei Jahren in den Seebach.
Der Hausbesitzer droht meiner Mutter mit Pfändung.
Marie wirft den Fisch weg.
Eine besondere Freundschaft zwischen zwei Frauen.

Meine Mutter hielt an dem Traum fest, ein eigenes Haus zu bauen. Sie hat immer gesagt: „Wir bauen ein Haus, und wenn uns kein Ziegelstein gehört." Sie hielt an diesem Entschluss mit großer Entschlossenheit fest. Es gelang ihnen tatsächlich, genug Geld zu sparen, um von der Gemeinde einen Bauplatz an der Isarau, ganz nahe am Wald und nur ein paar Minuten von der Isar, zu kaufen. Die Adresse war An der Isarau 13.

An einem herrlichen Sommertag, es war Mutters Waschtag, spielten Schorsch und Toni im Hof, oder wenigstens dachte das Mutter. Aber die beiden wurden vom Seebach angelockt, der direkt gegenüber vom Höglhaus so langsam und ruhig in Richtung Isar floss. Es war ein wirkliches Vergnügen, im Wasser zu plätschern. Doch als Anni Finkenzeller gerade am Bach vorbeikam, sah sie Schorsch am Ufer entlanglaufen und rufen: „Toni komm raus, Toni komm raus." Momentan dachte sie, es sei ein Ferkel im Seebach, denn sie sah nur etwas Blondes. Als sie dann Schorsch hörte, wusste sie sofort was geschehen war. Toni ist in den Seebach gefallen! Sie ist so wie sie war mit ihren Hausschuhen in den Seebach gesprungen und hat Toni gerettet. Anni hat dabei natürlich ihre Hausschuhe verloren. Schorsch hat nie vergessen wie komisch es aussah, als die beiden Hausschuhe nebeneinander den Bach hinunterschwammen.

Nach diesem Vorfall waren meine Eltern sogar noch fester entschlossen, in ein Haus „An der Isarau 13" zu ziehen. Sie konnten sich sehr gut vorstellen, wie sicher es für ihre Kinder sein würde, mit Häusern an einer Seite und Wiesen und Feldern auf der anderen zu wohnen. Obwohl sie jeden Pfennig sparten, ging es doch langsam vorwärts, da sie ja die monatliche Miete für die Wohnung bezahlen mussten. Das bedeutete, dass sie lange warten mussten, bis genug angespart war, um eine Hypothek zu bekommen. Die Mietzahlungen waren eine zusätzliche Bürde für sie. Daher wurde die Miete nicht immer pünktlich bezahlt. So bekamen sie eines Tages Besuch vom Hausbesitzer, Herrn Kurz. Es war kein besonders günstiger Tag für meine Mutter. Sie war müde und abgespannt. Dann kam auch noch der Hausbesitzer und sagte, dass er den Gerichtsvollzieher kommen lassen würde, wenn sie die Miete nicht immer pünktlich bezahlten. Da riss Mutter der Geduldsfaden und sie sagte: „Und genau was wollen sie pfänden, schauen Sie sich doch um". Damit nahm sie Toni auf ihren Arm und fragte: „Wollen sie ihn pfänden, oder einen der anderen beiden? Sie können ja sehen, ich habe sonst nichts." Der Hausbesitzer, Herr Kurz, dem auch die Papierfabrik gehörte, kannte meine Eltern und hatte einen höflicheren Empfang erwartet. Er machte kehrt und verließ die Wohnung.

Als er die Treppe hinunterging, traf er Anni Finkenzeller, die gerade ein paar Tage zuvor Toni aus dem Seebach gerettet hatte, und sagte zu ihr: „Ich habe gerade Frau Huber gesehen, es ist unmöglich mit dieser Frau zu sprechen. Sie hat mir gerade ihren Sohn als Bezahlung für die Miete angeboten." Damit schüttelte er den Kopf und verließ das Haus. Anni dachte natürlich, dass dies ungeheuer komisch war, was auch alle anderen im Haus taten.

Herr Kurz kam nie wieder zurück, aber meine Eltern haben es immer fertig gebracht, die Miete zu bezahlen. Nicht immer pünktlich, aber sie haben immer bezahlt.

Mutter fand es ungeheuer schwer, mit drei Kindern in einer Zwei-Zimmer-Wohnung zu leben. Vater war ein Optimist! Er sagte immer: „Du wirst sehen, eines Tages werden wir unser Haus haben, wir müssen nur noch ein bisschen warten."

Die Straße der Gebirgsjäger

Vater war nicht blind, auch für ihn war es schwierig in der kleinen Wohnung mit drei Kindern. Aber er konnte sehen, was sie schon erreicht hatten, und er war davon überzeugt, dass sie noch mehr erreichen konnten. Verständlicherweise fand Mutter es schwer genug zu sparen, um endlich eine Hypothek von der Bank zu bekommen, so dass sie endlich anfangen konnten ihr Haus zu bauen. Das Warten war oft der Grund für ihre Gereiztheit. Sie war auch mal wieder gereizt, als sie meine Schwester Marie bat, Fisch beim Gröbmeier zu kaufen. Gröbmeier war der Name eines Geschäftsinhabers in der Nähe des Höglhauses. Es war ein Lebensmittelgeschäft, das damals auch Fisch verkaufte.

Meine Schwester fürchtete sich sehr vor Spinnen und Hunden. Sah sie eine Spinne oder einen Hund, schrie sie. Als Mutter sie bat, einen Fisch bei Gröbmeier zu kaufen, fragte sie sofort: „Was soll ich tun, wenn ich einen Hund sehe?" „Dann wirf den Teller weg", antwortete Mutter gereizt. Aber natürlich meinte sie es nicht wirklich. Als also Marie zurückkam, erwartete sie einen Fisch. Jedoch Marie hatte keinen Fisch! Mutter war überrascht und fragte: „Wo ist der Fisch?" Worauf Marie ganz unschuldig antwortete: „Ich habe einen Hund gesehen." „Und du hast den Teller weggeworfen", beantwortete sich Mutter ihre Frage selbst.

Sie war zu erschöpft, um böse zu sein. Sie konnte doch nichts sagen, denn sie hatte ja gesagt: „Wirf den Teller weg." Nun musste sie den Teller suchen, da sie es sich nicht leisten konnte, auch diesen zu verlieren. Glücklicherweise fand sie ihn auch, aber nicht den Fisch. Wahrscheinlich hatte der Hund ihn gefressen. Schlimmer war jedoch, dass sie nun noch einen Fisch kaufen musste. Marie fürchtete sich ihr ganzes Leben lang vor Spinnen und Hunden. Meine Eltern haben nie herausgefunden, warum das so war.

Wenn meine Mutter etwas Zeit hatte, half sie bei einem Bauern, der unter dem Namen Fischerbauer bekannt war, obwohl er eigentlich Lupperger hieß. Die Bäuerin und meine Mutter verband eine besondere Freundschaft. Ihre beiden Söhne waren am gleichen Tag und zur gleichen Stunde im Abstand von nur zwei Minuten Unterschied geboren. Mein Bruder Schorsch und Johann (Hans) Lupperger wurden am 2. April 1920 geboren. Die beiden Frauen verband ihr ganzes Leben lang eine enge Freundschaft. Auch die beiden jungen Männer waren ihr Leben lang befreundet. Mutter half auf dem Bauernhof, wann immer es ging. Im Sommer bei der Ernte und im Herbst mit dem Kraut. Die Ismaninger Bauern gründeten damals eine Genossenschaft und bauten eine Sauerkrautfabrik an der Münchner Straße. Nun konnten die Bauern ihr Kraut an die Fabrik verkaufen und machten damit ein ausgesprochen gutes Geschäft.

Jahre später baute ein reicher Industrieller eine weitere Sauerkrautfabrik, ebenfalls an der Münchner Straße, direkt gegenüber des Wasserturms, am Dorfrand.

Es kam meinen Eltern wie eine Ewigkeit vor, aber endlich wurde ihnen eine Hypothek gewährt. Nun konnten sie anfangen zu bauen. Sie konnten gerade den Architekt bezahlen, aber die Arbeit mussten sie selber verrichten. Vater begann, den Keller auszugraben, was wie alles andere mit der Hand gemacht wurde. Schaufel und Pickel waren damals die Werkzeuge. Abends und sonntags wurde am Bauplatz gearbeitet. Als dann endlich der Keller ausgehoben war, wurde Mutter als Hilfskraft angestellt. Vater machte eine rechteckige Traufe aus dicken, stabilen Brettern. Darin wurden Zement, Sand, Kies und Wasser mit einem langstieligen Werkzeug gemischt. Diese Mischung aus Zement, Sand, Wasser und Kies war unglaublich schwer, und diese Arbeit konnte einem das Kreuz brechen.

Meine Eltern waren das erste Ehepaar, das einen Bauplatz in der Straße An der Isarau gekauft hatten. Aber bald waren alle Bauplätze An der Isarau an Leute verkauft, die in der gleichen Lage wie meine Eltern waren. Die Männer halfen sich dann gegenseitig aus.

Die Straße der Gebirgsjäger

Durch harte Arbeit und Hilfe von Freunden, denen auch mein Vater etliche Male geholfen hatte, war das Haus fast fertig gebaut, als meine Eltern die nächste Rate der Hypothek nicht bezahlen konnten. Dies bedeutete, dass das Haus versteigert werden sollte. Im letzten Augenblick kamen Lena, Mutters Schwester, und ihr Mann zu Hilfe und liehen meinen Eltern die 400 Mark, um die nächste Rate der Hypothek zu bezahlen. Am Tag der geplanten Versteigerung ging meine Mutter zum Bankdirektor und bezahlte die fällige Rate. Er sagte: „Ich weiß nicht, wie Sie das geschafft haben. Wenn Sie das Geld gestohlen haben, sagen Sie es mir besser nicht, denn ich nehme das Geld so oder so."
 Mutter lachte und versicherte ihm, dass weder sie noch ihr Mann es gestohlen hätten.
 Alle Leute an der Isarau freuten sich für meine Eltern, und am 29. Dezember 1924 konnten sie einziehen. Das Haus war mehr oder weniger bewohnbar. Es hatte keinen Holzfußboden, der Zementboden musste zunächst reichen, ebenso gab es nur Öllampen statt Elektrizität. Aber es war ihr Heim, und niemand war glücklicher als die Kinder. Die beiden Buben und Vater tanzten den Schuhplattler und Vater spielte die Mundharmonika. Sie konnten so viel Lärm machen wie sie wollten, und niemand ermahnte sie ruhig zu sein.
 Es ist nicht verwunderlich, dass Mutter manchmal die Nerven verlor, wenn sie drei lebhafte Kinder ständig ermahnen musste, wegen der Nachbarn ruhig zu sein.
 Meine Eltern wussten, dass sie sich irgendwann einen Holzfußboden und Elektrizität leisten können würden. In nur einem Jahr brachten sie es fertig, die 400 Mark Schulden an Lena zurückzuzahlen und in einem weiteren Jahr für den Holzfußboden zu sparen. Elektrizität war im Moment nicht so wichtig, da die Öllampen sehr gut und ausreichend waren.
 Es war das erste Mal, dass meine Eltern mit Zuversicht in die Zukunft schauen konnten.

Siebtes Kapitel

Schule für die Kinder. Der Kindergarten. Unser Kloster.
Die Arbeit der Frauen in der Ziegelei.
Die Kinder gingen in die Dorfschule.
Buben und Mädchen gingen in verschiedene Gebäude.

Die Mädchen gingen in die Klosterschule, direkt gegenüber des Klosters. Und links von der Mädchenschule war die Schule für Buben, die von Lehrern unterrichtet wurden, wogegen die Mädchen von Nonnen unterrichtet wurden.

Der Kindergarten nahm neben der Küche und den Toiletten das ganze Erdgeschoss ein. Die Wohnungen der acht Nonnen befanden sich im ersten Stock. Sie gehörten zum Orden „Die Armen Schulschwestern". Die Schwestern spielten eine große Rolle im Leben des Dorfes.

Und so sollte es auch bleiben. Das Kloster stand in der Mitte des Dorfes und die Kirche nebenan. Sechs Schwestern unterrichteten. Eine Schwester, Schwester Festa, war für den Kindergarten zuständig und eine Schwester war die Köchin. Sie hatten alle Hände voll zu tun, da praktisch alle Kinder des Dorfes in den Kindergarten gingen, bis sie das Schulalter erreichten.

Die Kinder gingen schon mit zwei Jahren in den Kindergarten. Sie bekamen ihr Mittagessen im Kloster, und die Jüngeren machten noch einen Mittagsschlaf. Um fünf Uhr nachmittags gingen sie nach Hause.

Vater arbeitete immer noch in der Papierfabrik, und Mutter bekam Arbeit in der Ziegelei, die sich auf der linken Seite der Landstraße auf dem Weg nach Unterföhring befand. Viele Frauen arbeiteten dort und halfen den Männern, Ziegelsteine herzustellen. Die Männer vollbrachten die Arbeit, die für Frauen zu schwer war. Eigentlich waren alle Arbeiten für Frauen zu schwer, und ihr Lohn war viel niedriger als der Lohn der Männer. Die Frauen schätzen sich jedoch glücklich, überhaupt Arbeit zu bekommen, da die Hypothek bezahlt werden musste und die Kinder Essen und Kleidung brauchten. Solange sie sich das alles leisten konnten, beschwerte sich niemand. Die Frauen halfen sich gegenseitig. Da sie alle in derselben Lage waren, waren sie davon überzeugt, dass das Leben noch viel schwerer sein könnte. So arbeiteten sie zusammen und fanden sogar manchmal einen Grund zum Lachen.

Als Transportmittel dienten ihnen oft alte rostige Fahrräder. Eines Tages, auf dem Heimweg, fuhren drei Frauen nebeneinander und waren sehr ins Gespräch vertieft, so dass sie einen großen Heuwagen, dem sie immer näher kamen, vollkommen übersahen. Als sie ihn schließlich sahen, waren sie fast bei ihm. Die beiden Frauen an den Außenseiten konnten gerade noch eine nach links und eine nach rechts abbiegen, doch die in der Mitte hatte keine Chance und fuhr direkt in den Heuwagen. Das sorgte für großes Gelächter. Der Fuhrknecht kam wegen dieses Lärms herbei und sah die zwei Frauen, die ihr Fahrrad vor Lachen kaum halten konnten und eine Frau, die am Boden neben ihrem Fahrrad saß und auch lachte.

Lachen und Heiterkeit waren jedoch seltene Begleiter für diese Frauen; stattdessen waren sie auf dem Heimweg meistens sehr müde und erschöpft. Als sie endlich zu Hause ankamen, mussten sie kochen. Es wurde kein besonderer Aufwand getrieben. Normalerweise gab es ein halbes Pfund Rindfleisch mit Lauch oder Kraut und Knödel. Anschließend vielleicht eine Tasse Kaffee vom Kaffeetopf, der immer auf dem Herd stand. Der Kaffee wurde nicht immer aus echten Kaffeebohnen, sondern sehr oft aus geröstetem Roggen zubereitet.

Obwohl sie arm und müde waren, dachten meine Eltern, dass das Leben für sie besser war als je zuvor. Sie waren glücklich in ihrem gemütlichen Haus, und es war nicht zu schwer, die Hypothek zu bezahlen, da sie beide Arbeit hatten.

Wenn man von der Straße in den Hof ging, kam man zuerst zu vier Betonstufen, die zu einer schweren grünen Holztüre

Die Straße der Gebirgsjäger

führten, die oben eine Reihe von vier kleinen Fenstern hatte, um etwas Licht in den engen Gang zu bekommen. Der Besucher erreichte über einen Gang eine braune Tür an der rechten Seite, die in die Wohnküche führte. Hier stand an der linken Seite ein Herd, der mit Holz und Kohlen geheizt wurde. Der Herd hatte auf der rechten Seite einen Wasserbehälter mit einem Kupferdeckel, der immer blitzblank war. Meine Mutter nannte diesen Wasserbehälter Grandl. Das Grandl bereitete heißes Wasser für die ganze Familie. Rechts vom Herd stand ein kleines Regal, in dem die Schuhe der Kinder warm gehalten wurden. Es hatte einen Vorhang, so dass das Regal ordentlich aussah. Dieses kleine Regal war im Winter besonders nützlich, da es Platz zum Trocknen der Schuhe und Socken bot. Denn die Kinder kamen im Winter immer mit nassen Schuhen und Socken ins Haus, nachdem sie im Schnee gespielt hatten. Neben diesem Regal führte eine braune Tür zum Schlafzimmer meiner Eltern.

    Neben der Tür stand auf einem kleinen Tisch ein Volksempfänger und direkt davor eine große Couch. Genau gesagt war es keine Couch, nur eine große Matratze auf vier hölzernen Beinen, die Vater angefertigt hatte. Mutter hat sie mit einer Decke zugedeckt und mit Kissen geschmückt. So hatten wir eine schöne und bequeme Couch. In der rechten Ecke, gegenüber der Couch, stand eine Eckbank, die mit Mohnblumen und Weizenähren bemalt war. Vor der Bank stand ein Holztisch mit Holzstühlen an zwei Seiten. Diese Eckbank gibt es auch heute noch in diesem Haus. Neben der Eckbank stand ein grüner Küchenschrank, rechts von der Küchentür. Im Gang war ein Wasserhahn, aber nur kaltes Wasser. Der Gang endete mit dem Schlafzimmer von Schorsch und Toni, und an der linken Seite vom Gang gab es eine Tür, die hinunter in den Keller führte. Links von der Haustür befand sich auf der linken Seite die Treppe, die in den ersten Stock führte, wo es zwei Schlafzimmer gab. Ein Zimmer war das Schlafzimmer meiner Schwester.

Die Straße der Gebirgsjäger

Das Haus hatte kein Badezimmer, das gab es in keinem der Häuser An der Isarau. Die Toilette oder Abort, wie wir ihn genannt haben, war hinter dem Haus. Es war ein kleines Holzhaus, das einen Holzsitz über einem Loch hatte. Das musste öfters geleert werden. Als Toilettenpapier wurde Zeitungspapier genommen, das meine Mutter in kleine Vierecke geschnitten hatte. Diese Vierecke hingen an einem Nagel im Abort. Mein Vater baute ein Waschhaus im Hof. Hier wurde die wöchentliche Wäsche erledigt, auch das wöchentliche Baden fand hier statt. Im Waschhaus gab es einen großen Kessel, der von unten geheizt wurde. Da konnte man so viel heißes Wasser bekommen wie man wollte. Am Montag zum Waschen und am Samstag zum Baden.

Das übrige Grundstück bestand aus einem recht großen Hof und Garten.

Achtes Kapitel

Die Weltwirtschaftskrise.
Vater wird arbeitslos. Mutters Lohn reichte gerade für die Hypothek.
Vater versucht, Gemüse aus seinem Garten zu verkaufen.
Vater bekommt Arbeit, wird aber bald wieder arbeitslos.
Vater fängt an zu betteln.
Vater hat eine ausgezeichnete Idee – wir brauchen eine Wirtschaft.

Das Leben war hart. Die Leute sahen den Lohn ihrer harten Arbeit und dachten für gewöhnlich, dass es nur besser werden konnte. Solange sie die Hypothek bezahlen konnten, war das Leben nicht so schlecht. Wie sehr sie sich getäuscht hatten! Sie hatten keine Ahnung, was für ein kleiner Schritt es sein konnte, wenn man wenig hatte, und dann das Wenige verlor. Mein Vater und meine Mutter hatten das schon einmal erlebt und wollten das nie wieder erleben.

Aber 1929 kam mit großen Schritten. Vater verlor wieder seine Arbeit. Es ging ihm nicht allein so, viele Männer verloren ihre Arbeit und einige sogar ihr Haus. Vater begann, Lauch, Salat und gelbe Rüben zu pflanzen und an eine Marktfrau in München zu verkaufen. Anfangs ging es ganz gut, aber dann hatten immer mehr Männer die gleiche Idee und die Marktfrauen wurden mit Gemüse überschwemmt, so dass die Preise drastisch fielen. Das Gemüse verlor an Wert, man konnte es nicht mehr verkaufen. Die Zukunft schaute für die Bevölkerung düster aus. Mutters Verdienst reichte gerade, um die Hypothek zu bezahlen. Für Lebensmittel blieb jedoch nichts übrig. Die Bauern im Dorf hatten mehr Hilfe als sie brauchten. Mutter versuchte manchmal, ihren Freundinnen auf dem Bauernhof zu helfen und erhielt Milch und Brot als Bezahlung. Dann hatte Vater das Glück, bei der Hydrauliktechnikfirma Moll Arbeit zu bekommen. Diese Firma baute eine Brücke über die Isar, ungefähr 5 km stromaufwärts. Er arbeitete in der Lehmgrube im Akkord. Der Boden in Ismaning

Die Straße der Gebirgsjäger

besteht ja hauptsächlich aus Lehm. Da alles mit der Hand gemacht werden musste, haben die Ismaninger Männer die Fundamente für die Ingenieure von Hand gegraben. Vater hat sich selbst ein Fahrrad aus den Teilen gebaut, die er von Freunden und Nachbarn bekommen hatte, sonst hätte er den langen Weg jeden Tag zu Fuß zurücklegen müssen. Die Brücke heißt Mollbrücke und wird auch heute noch benützt. Vater hatte sein Fahrrad gelb gestrichen, und sogar ich kann mich noch an dieses Fahrrad erinnern.

Aber leider war auch diese Arbeit irgendwann erledigt, so dass mein Vater wieder arbeitslos war. Er wusste, dass die Chancen wieder Arbeit zu bekommen sehr schlecht waren. Mutters Arbeit reichte kaum für die Hypothek. Vater bekam gelegentlich Arbeit bei Bauern, beispielsweise als Erntehelfer. Aber auch die Bauern konnten nicht allen Männern Arbeit geben. Mutters Freundinnen, die Bäuerinnen, halfen so gut sie konnten. Am Ende wurde es so schwer, etwas zu essen auf den Tisch zu bringen, dass Vater sich entschloss zu betteln.

In Ismaning wollte er nicht betteln, da er ja bekannt war. Aber in Garching, ein Dorf auf der anderen Seite der Isar, war er nicht bekannt. Dort war es nicht so peinlich für ihn, da ihn niemand kannte. Er nahm einen Rucksack mit und fuhr auf seinem vertrauten Fahrrad los. Er hatte natürlich gewusst, dass Betteln gesetzlich verboten war Daher bot er seine Arbeitskraft für Brot an, da er genau wusste, dass kein Bauer ihn mit Geld bezahlen konnte. Auch die Bauern hatten es schwer in dieser Wirtschaftskrise. Öfters bat ihn eine Bäuerin, Holz zu hacken oder eine Bank oder einen Wagen zu reparieren. Dafür wurde er mit Brot oder einem Stück Rauchfleisch oder manchmal sogar mit einigen Eiern bezahlt. Wenn er abends mit einem Rucksack voll Brot und anderen Dingen nach Hause kam, war die Familie überglücklich, da sie alle zu essen hatten.

Viele Jahre später fragte ich ihn, ob er es schwer fand zu betteln. Damals hatte ich natürlich keine Ahnung, dass ich nur wenige Jahre später genau das Gleiche tun würde, und zwar in Ismaning. Aber mehr davon später.

Jetzt war mein Leben noch behaglich. Jetzt war ich noch das kleine neugierige Mädchen. Ich schmiegte mich an ihn und fragte, was er genau sagte, wenn er zu einem Bauernhof ging.

„Am Anfang war es schwer", sagte er. „Ich fühlte mich ungefähr zwei Zentimeter groß, als ich zu dem ersten Bauernhof ging und sagte: ‚Bäuerin, meine Kinder haben Hunger, könnten Sie mir ein Stück Brot geben? Ich mache jede Arbeit, die Sie für mich haben und Sie können mich mit Brot bezahlen.'"

Er war erfolgreich, reparierte zwei Holzbänke und bekam dafür einen halben Laib Brot. Er fand, dass es ein wirkliches Glück war, dass er so freundlich und mit Respekt behandelt wurde. Das gab ihm Mut, einen anderen Bauernhof zu versuchen. Wäre er anders behandelt worden, hätte er es nicht so leicht gefunden, zum nächsten Bauern zu gehen.

„Und es war nicht immer schwer und bedrückend", sagte er lächelnd und zwinkerte mir zu. „Bitte, Papa, erzähle mir mehr", bettelte ich, während ich näher zu ihm auf der Küchenbank rückte.

„Ja", sagte er, „da gab es eine seltsame Begebenheit. Du weißt doch, dass Betteln verboten ist. Das bedeutet, dass man nicht zu einem Bauern gehen darf, um zu betteln. Genau genommen ich habe nicht gebettelt, denn ich habe meine Arbeitskraft angeboten, aber die Polizei hat das nicht akzeptiert. Nun, an einem Tag fuhr ich wie gewöhnlich mit meinem Fahrrad über die Isar nach Garching und fuhr zu einem Bauernhof. Ich lehnte das Fahrrad direkt unter dem Küchenfenster an die Wand, ging in die Küche und sagte: ‚Grüß Gott, Bäuerin.' Sie schaute mich nur an, als ob sie sagen wollte: ‚Und was willst Du?' Ich habe sofort bemerkt, dass sie nicht besonders gut gelaunt war. Daher machte ich mir keine Mühe und sagte nur: ‚Kann ich ein Stück Brot haben?' Ohne ein Wort zu sagen ging sie zum Küchenschrank, öffnete eine Tür, nahm einen Laib Brot heraus und hielt ihn mit einer Hand gegen ihre Brust und fing an, mit der anderen eine Scheibe Brot abzuschneiden. Dabei schaute sie aus dem Küchenfenster. Plötzlich fing sie an zu lachen. Ich fragte sie, was so komisch sei. Während sie weiter lachte, sagte sie: ‚Schau da hinaus' und fragte mich, was ich nun tun würde. Ich folgte ihren Augen und sah einen beleibten Polizisten mittleren Alters durch das Tor kommen, dass er ganz vorsichtig hinter sich zumachte. Ich nahm das Stück Brot, bedankte mich und sagte: ‚Schau her.'"

„Ich verließ die Küche, lief am Polizisten vorbei, sprang über das Tor und lief die Straße entlang. Ich drehte mich um und sah den Polizisten auf der Straße stehen. Dann winkte ich ihm zu und er schüttelte seine Faust. Natürlich hatte er nicht die geringste Chance mich einzuholen. Ich war ja damals ein junger Mann. Aber nun pass auf: Ich hatte mein treues Fahrrad vergessen, das immer noch im Bauernhof unter dem Küchenfenster lehnte. Was sollte ich jetzt tun? Der Polizist hatte es sicherlich genommen. Aber ich hatte ausgesprochenes Glück. Der Polizist muss es in seinem Ärger auch vergessen haben, weil ich nach ungefähr einer Stunde zurückging, nicht entlang der Straße – so mutig war ich nicht –, sondern entlang der Felder. In der Nähe des Bauernhofs kam ich an einem kleinen Gehölz vorbei und da war mein Fahrrad an einen Baum gelehnt. Siehst du, der erste Eindruck kann manchmal täuschen. Die Bäuerin schaute nicht sehr freundlich aus. Ich dachte, dass sie wirklich schlecht gelaunt und nicht besonders freundlich war. Aber sie war sogar sehr freundlich! Sie hatte mir ein Stück Brot gegeben, und als ich Hilfe brauchte, hat sie mir auch noch geholfen, obwohl sie mich nicht einmal gekannt hatte."

Ohne sein wertvolles Fahrrad wäre es ein langer Weg für ihn nach Hause gewesen. Diese Geschichten und Gespräche mit meinem Vater sind für mich meine kostbarsten Erinnerungen.

Betteln war jedoch keine Beschäftigung, die Vater besonders viel Spaß machte, um es milde auszudrücken. Daher hatte er eines Tages eine ausgezeichnete Idee. Das dachte er jedenfalls! Es gab keine Wirtschaft in unmittelbarer Nähe. Die nächste Wirtschaft lag an der Hauptstraße Richtung München. Als er seine ausgezeichnete Idee, eine Wirtschaft zu eröffnen, meiner Mutter unterbreitete, war sie entsetzt. „Und wo in aller Welt sollen die Leute sitzen?" Was bedeutete, wo sollen die Männer sitzen, denn Frauen gingen damals nicht in die Wirtschaft.

„Sie können hier in diesem Zimmer sitzen. Da ist genug Platz für mindestens acht Männer. Und mit all den Männern, die an ihren Häusern arbeiten, sollten wir ein gutes Geschäft machen."

Mutter wurde daraufhin sehr sarkastisch und antwortete: „Und wenn es um Bier geht, ist da natürlich genügend Platz für die ganze Straße."

Mutter war nicht sehr erbaut von Vaters ausgezeichneter Idee, aber als er sagte: „Glaube mir, es ist leichter als Betteln", wurde sie sehr ruhig. Sie hatte im Eifer des Gefechts die tägliche Reise ihres Mannes auf seinem Fahrrad über die Isar vergessen. Nun verstand sie, dass ihr Mann dringend etwas anderes versuchen wollte, um Geld zu verdienen. Mutter wurde sich jetzt bewusst, dass sie kein gutes Gegenargument hatte. Daher war der Entschluss gefasst: Sie würden eine Wirtschaft aufmachen.

Eine Münchner Brauerei, die Spatenbrauerei, willigte ein, Bier in Flaschen zu liefern. Das war alles, was man damals brauchte. Jeden Abend kamen Männer, die entweder Bier mit nach Hause nahmen oder eine Weile blieben, um eine oder zwei Flaschen Bier zu trinken. Einige blieben und spielten Karten, manchmal bis tief in die Nacht. Es war oft sehr laut in der Wirtschaft, und Mutter hasste es. Aber jetzt hatten sie genug Geld, um Essen kaufen zu können. Mutters Verdienst ging für die Hypothek drauf. Es war keine ideale Situation, aber Vater musste sich entscheiden. Entweder musste er betteln oder die Wirtschaft betreiben. Verständlicherweise gab er der Wirtschaft den Vorzug.

1929 arbeitete ein junges Ehepaar am nächsten Haus, und sie waren auf der Suche nach einer Wohnung. Meine Eltern boten ihnen das eine Zimmer an, das noch im ersten Stock leer stand. Das junge Ehepaar nahm es mit Freude. Sie dachten, dass es ein wahres Glück sei, denn sie konnten jede freie Minute an ihrem Haus arbeiten, und die Miete war billig. Es war zwar billig, aber die Mieteinnahme half meinen Eltern. Es ermöglichte meiner Mutter, die Arbeit in der Ziegelei aufzugeben. Nach einem Jahr war auch ihr Haus mehr oder weniger fertig. Wie das Haus meiner Eltern, nur Zementboden und keine Elektrizität, aber auch sie waren froh, in ihr Haus einzuziehen.

Als das junge Ehepaar auszog, fragte ein junger Postbote, Sebastian Widmann, ob er das freie Zimmer für kurze Zeit mieten konnte. Nach einem halben Jahr heiratete er und zog aus.

Neuntes Kapitel

Meine Schwester Marie beendet die Schule und arbeitet auf einem Bauernhof.
Marie kommt nach Hause.
Neue Mieter, Ludwig und Resi Zott.
1933: Mein Bruder Schorsch versucht in die Hitlerjugend einzutreten.
Vater erklärt Schorsch den Unterschied zwischen der NSDAP (Nationalsozialistische Deutsche Arbeiterpartei) und der Kommunistischen Partei.

1931 war meine Schwester 14 Jahre alt und beendete die Schule. Die Volksschule endete damals mit der achten Klasse. Ihr erster Arbeitsplatz war ein Bauernhof in Fürholzen, circa 25 km nördlich von Ismaning. Es war unmöglich für sie, in Ismaning Arbeit zu finden. Und trotz der Wirtschaft reichte das Einkommen nicht, um Lebensmittel für die ganze Familie zu kaufen. Als meine Eltern sie nach Fürholzen zum Bauern brachten, der ihr Arbeit versprochen hatte, und sie dort zurücklassen mussten, waren meine Eltern untröstlich. Mutter weinte auf dem ganzen Heimweg.

Als sie Marie nach zwei Wochen besuchten, fanden sie ein sehr unglückliches Mädchen vor. Als dann der Bauer von seiner Arbeit in die Küche kam, wusch er seine Hände im Wasserbehälter neben dem Kochherd, nahm ein Stück Rindfleisch, welches er wahrscheinlich gerade auf dem Heimweg gekauft hatte, und legte es in einen großen Topf, der auf dem Kochherd stand. Die Bäuerin benutzte dann das Wasser, in dem sich ihr Mann gerade die Hände gewaschen hatte, um das Rindfleisch zu kochen! Meine Eltern waren entsetzt und haben den Bauernhof sofort mit Marie verlassen.

Sie war nicht lang zu Hause, als die Besitzerin der Molkerei Kraus ein Mädchen als Haushaltshilfe suchte. Marie bekam die Arbeitsstelle, worüber meine Eltern und Marie überglücklich waren. Sie konnte zu Hause wohnen und ging jeden Morgen zur Arbeit. An jedem Zahltag kaufte sie auf ihrem Heimweg einen großen Laib Brot. Dann erhielt Marie durch gut situierte Freunde ihrer Chefin die wunderbare Gelegenheit, mit einigen Mädchen zusammen eine Lehrstelle als Kellnerin in einem großen Hotel in Wiesbaden zu bekommen. Meine Mutter fand es schwer, dass nun ihr Mädchen wieder von zu Hause weggehen würde. Marie war sehr begeistert, Mutter war traurig und Vater dachte, dass dies eine großartige Chance für seine Tochter sein würde.

Nun waren wieder zwei Zimmer im Haus zu vermieten. Es dauerte nicht lang, bis ein junges Ehepaar, Ludwig und Resi Zott, diese zwei Zimmer mieteten. Meine Eltern und Brüder wurden gute Freunde mit Resi und Ludwig. Eine besondere Freundschaft verband Ludwig und meine Brüder. Ludwig hatte etwas Besonderes zu bieten: Er hatte Zeit. Er hatte immer Zeit, um mit den beiden Buben etwas anzustellen.

Samstag war nicht nur der Badetag, sondern auch der Tag, an dem meine Mutter Kiachl machte. Vater nannte sie Ausgezogene. Die gab es aber nur am Sonntag. An so einem Samstagnachmittag stellte meine Mutter eine Schüssel an das offene Schlafzimmerfenster, um die Kiachl abzukühlen. Aber als sie die Kiachl wenden wollte, bemerkte sie, dass einige davon fehlten. Sie dachte, dass das komisch sei, da das noch nie vorgekommen war. Sie war überzeugt, dass es ein großer Vogel gewesen sein musste, der sich ihre Kiachl schmecken ließ. Sie wartete hinter der offenen Tür, um den Vogel zu verscheuchen. Überraschenderweise war es kein Vogel. Um die Ecke vom Haus standen Ludwig und die beiden Buben, die sich die Kiachl mit einer selbst gebastelten Angel angelten. Von da an hat Mutter samstags das Fenster immer zugemacht.

Die Miete von Resi und Ludwig leistete einen großen Beitrag zum Familienbudget meiner Eltern.

Die Straße der Gebirgsjäger

Man spürte schon die politische Unruhe, aber bis dato hatte sie sich nicht auf ihr Familienleben ausgewirkt. Vater hatte kein Interesse an Politik, aber er war sehr an seiner Familie interessiert. Er war darauf bedacht, so gut wie möglich darauf zu achten, dass seine Familie das bestmögliche Leben hatte. Das war ihm auch gelungen, auch wenn es manchmal schier unmöglich schien.

Es gab schon Ende der 1920er Jahre eine Bewegung für Buben, das sogenannte Jungvolk, die später Hitlerjugend genannt wurde. Die Hitlerjugend war nur für Buben. Für Mädchen wurde später der Bund Deutscher Mädchen (B.D.M.) ins Leben gerufen. Die NSDAP fand im Allgemeinen großen Anklang. Vater hielt nicht viel von dieser Partei. Aber bis dahin hatten sie ihn in Ruhe gelassen, was auf Gegenseitigkeit beruhte.

1933 konnten Buben nur mit der Unterschrift des Vaters in die Hitlerjugend eintreten. Kleine Jungen, aber auch Jugendliche, versuchten scharenweise in die Hitlerjugend einzutreten. Dies überraschte nicht, da jeder ein Paar schwarze Lederstiefel, ein braunes Hemd und eine Jacke erhielt. Mein Bruder Schorsch wollte unbedingt ein paar schwarze Stiefel. Er hatte noch nie in seinem Leben ein paar neue Stiefel besessen. Eines Tages kam er zu Vater mit einem Aufnahmeantrag für die Hitlerjugend und bat Vater, den Antrag zu unterschreiben. Schweren Herzens versuchte Vater Schorsch zu erklären, warum er ihm die Bewilligung nicht geben konnte. „Schau", sagte er, „ich bin nicht sehr klug, aber was ich über die Partei erfahren habe, gefällt mir nicht besonders. Die kommandieren uns zu sehr herum. Ich hoffe, dass die Leute zur Vernunft kommen. Diese Partei ist zu radikal." Aber Schorsch konnte nur an die schönen schwarzen Stiefel denken, die er so gern wollte. Vater bemühte sich nach Kräften, Schorsch seine Entscheidung verständlich zu erklären und sagte: „Schau, da ist etwas grundliegend verkehrt, wenn die Parteimitglieder Buben bestechen müssen, damit sie in die Partei eintreten."

Die Straße der Gebirgsjäger

Was Vater auch sagte, Schorsch konnte nicht verstehen, warum er nicht auch ein paar neue Stiefel haben sollte, wie so viele andere Buben in seinem Alter. Daher fälschte er Vaters Unterschrift, worauf er stolz war, da er dachte, dass er gute Arbeit geleistet hätte. Mit diesem Formular ging er zum nächsten Treffen der Hitlerjugend. Er war vom Jugendleiter mit einem lauten „Heil Hitler" begrüßt worden. Schorsch antwortete mit einem ebenso lauten „Heil Hitler" und wollte ihm das Formular geben. Der Leiter schaute Schorsch jedoch nur an und sagte: „Dich wollen wir nicht. Geh nach Haus, dein Vater ist ein Kommunist."

Schorsch war 13 Jahre alt und hatte keine Ahnung, was ein Kommunist war. Er war verärgert und verlegen. Auf dem Heimweg zerriss er das Formular und warf die Stücke in den Seebach. Zu Hause fragte er Vater, ob er ein Kommunist sei. Da musste Vater lachen und er sagte: „Nein, natürlich nicht, ich bin kein Kommunist und auch kein Nazi. Warum fragst du mich das?"

Da musste Schorsch ihm sagen, was er getan hatte und dachte, Vater würde nun wirklich böse mit ihm sein. Doch Vater war nicht böse. Er wusste, warum Schorsch in die Hitlerjugend eintreten wollte und das machte sein Herz schwer. Er hatte nicht genug Geld, um ein paar neue Stiefel für seinen Sohn zu kaufen. Aber er ärgerte sich sehr über den Jugendleiter der Hitlerjugend. Er gab einem 13 Jahre alten Buben das Formular, um es auszufüllen, lehnte ihn dann aber ab, als er es zurückbrachte. Das war für Vater doppelt hart. Nicht nur, dass sein Sohn wegen ihm keine neuen Stiefel bekommen hatte, aber sein Sohn wurde auch wegen ihm erniedrigt. Die Parteimitglieder wussten genau, dass er kein Kommunist war. Aber weil er sich weigerte, in die Partei einzutreten, schimpften sie ihn einen Kommunisten. Vater bemühte sich nach Kräften, Schorsch die Politik der NSDAP zu erklären.

„Schorsch, sieh mal, das ist keine Politik, die mir gefällt. Dieser Leiter der Hitlerjugend weiß, dass ich kein Kommunist bin. Aber er wollte dich erniedrigen, und dadurch konnte er auch mich erniedrigen. Das sind Manieren, die verachtenswert sind. Jetzt siehst du, dass ich einen sehr guten Grund habe, mich nicht auf diese Partei einzulassen. Aber ich bin auch kein Bewunderer der Kommunistischen Partei. Ich kann wirklich keinen großen Unterschied zwischen den beiden Parteien feststellen. Eine Partei ist wie die andere. Die Leute werden sehen, dass beide Parteien zu radikal sind und sich nicht um den einfachen Arbeiter kümmern. Ich bin nicht der einzige, der nichts mit diesen Parteien zu tun haben will. Die versprechen zu viel. Wir sollen so viel Arbeit bekommen und Geld verdienen wie wir wollen, damit sich unsere Familien alle Wünsche erfüllen können. Aber wie soll das funktionieren?"

Die NSDAP gewann jedoch die nächste Wahl.

Dennoch war das Leben nicht so schlecht, obwohl Vater ein Kommunist geschimpft wurde.

1934 wurde Schorsch 14 Jahre alt und hatte das Ende der Volksschule erreicht. Er wollte unbedingt ein Zimmermann werden. Es war jedoch nahezu unmöglich, eine Lehrstelle zu bekommen. Daher nahm er eine Stelle bei einem Bauern in Oberding, ungefähr 15 km nordöstlich von Ismaning, an. Glücklicherweise hatte Schorsch ein Fahrrad. Es war alt und verrostet, aber er konnte damit an seinen freien Tagen nach Hause fahren. Als er das erste Mal nach Oberding fuhr, stand meine Mutter auf der Straße, bis sie ihn nicht mehr sehen konnte und weinte bitterlich. Da sagte Toni: „Ich gehe nie von zu Hause weg, und wenn ich nichts zu essen habe außer Brot und Kaffee."

Doch es sollte alles anders kommen. Zu diesem Zeitpunkt wusste er noch nicht, dass die Zeit kommen würde, wo er weiter und länger von zu Hause weg sein würde als sonst jemand aus der Familie.

Schorsch arbeitete bei einem Bauern namens Schreiber. Der Bauer und Bäuerin hießen ihn auf ihrem Hof herzlich willkommen und waren darauf bedacht, dass er gern auf ihrem

Die Straße der Gebirgsjäger

Hof arbeitete. Obwohl er gern auf dem Bauernhof arbeitete, hatte er nie aufgehört, eine Lehrstelle als Zimmermann zu suchen. Während er auf dem Bauernhof arbeitete, passierte eine sehr komische Geschichte, die mir Schorsch Jahre später erzählte. Es war die Zeit, in der es die ersten Radios gab, und viele Leute kauften diese neue Kästen, aus denen man alles Mögliche hören konnte. Auch Herr Schreiber kaufte ein Radio. An einem Morgen, Schorsch war gerade im Hof beschäftigt, kam die Mutter des Nachbarn, eine etwas betagte Dame, auf den Hof und grüßte Schorsch freundlich. Schorsch grüßte sie ebenso freundlich und sagte: „Morgen wird das Wetter sehr schön sein, ich habe es gerade im Radio gehört." Zu Schorsches Überraschung antwortete die betagte Dame: „Erzähle keine Lügen. Das hat das Radio in unserem Haus gesagt." Und damit ging sie ins Haus. Schorsch musste lachen. Hat sie wirklich gedacht, dass das Radio in jedem Haus etwas anderes sagen würde?

Nach einem Jahr auf dem Bauernhof fand Schorsch eine Lehrstelle als Zimmermann in Markt Schwaben, ein Dorf in der Nähe von Oberding. Er verdiente 2 Reichsmark pro Woche und erhielt Kost und Logis. Er war überglücklich, da sehr viele Lehrlinge oftmals keinen Lohn bekamen.

Von links nach rechts: meine Cousine Loni, ich im Alter von 8 Jahren, Tusnelda in ihrem BDM-Jacket

Die Straße der Gebirgsjäger

Zehntes Kapitel

Franz Mösl, ein junger Mann, mietet zwei Zimmer in unserem Haus.
Franz tanzt den Schuhplattler mit schrecklichen Folgen.
Etwas ganz Unerwartetes überrascht die Familie.
Toni freundet sich mit einem Berufssoldaten an.
Meine erste Erinnerung.

Bald nachdem Schorsch 1934 nach Oberding gegangen war, fragte ein junger Mann namens Franz Mösl meine Eltern, ob er nicht die beiden Zimmer im ersten Stock mieten könne. Meine Eltern waren hocherfreut. Er war 25 Jahre alt und arbeitete in München als Handwerker in der SS-Kaserne. Alle Kasernen wurden nach Politikern benannt.

Zu jener Zeit gab es keine Versicherung. Daher zahlten alle Arbeiter an jedem Zahltag einen kleinen Betrag in eine sogenannte Schlechtwetterkasse ein, aus der sie bezahlt wurden, falls es regnete und sie nicht im Freien arbeiten konnten.

Es war gerade so ein Nachmittag, als es einen Wolkenbruch gab. Alle Arbeiter gingen in eine kleine Wirtschaft ganz in der Nähe und tranken ein Glas Bier. Ein Arbeiter hatte ein Akkordeon und fing an zu spielen. Franz war schon seit jungen Jahren im Trachtenverein und war ein ausgezeichneter Tänzer. Im Trachtenverein war er ein Vortänzer. Um sich die Zeit zu vertreiben, stand Franz an diesem Nachmittag auf und tanzte den Schuhplattler. Alle Arbeiter hatten Spaß und klatschten den Rhythmus. In einer Ecke saßen zwei Nazis in Uniform mit Gewehren – Nazis hatten ja immer ihre Gewehre bei sich. Die Arbeiter nahmen keine Notiz von den beiden. Sie hatten ganz einfach Spaß. Als Franz tanzte, standen die beiden plötzlich auf und schlugen Franz mit ihren Gewehrkolben zu Boden. Sie beschuldigten Franz, den kommunistischen Salut gemacht zu haben, während Franz den Schuhplattler getanzt hatte. Beim kommunistischen Salut wird der rechte Arm mit der geballten

Die Straße der Gebirgsjäger

Faust nach oben gestreckt. Dies hatte Franz auf keinen Fall getan, und schon gar nicht, während er tanzte. Die beiden zogen dann Franz aus der Wirtschaft, warfen ihn in ein Auto und fuhren in die Türkenstraße in München. Dort hatten die Nazis eine Folterkammer im Keller. Sie prügelten ihn fast zu Tode. Meine Eltern wunderten sich, warum er nicht nach Hause kam, denn er kam immer direkt nach der Arbeit nach Hause. Sie hofften, dass ihn eine Freundin aufgehalten hatte. Trotzdem machten sie sich Sorgen, denn sie hatten zu viel Furchtbares gehört, das um München herum vor sich ging.

Am dritten Tag hörte Mutter mitten in der Nacht, wie er nach Hause kam. Sie dachte, dass er sehr komisch die Treppe hoch ging und weckte Vater. Sie fanden Franz blutüberströmt am Ende der Treppe auf dem Boden liegend. Als sie seine Jacke auszogen, war Blut in seinen Jackentaschen. Sie haben ihn ins Bett gelegt und so gut sie konnten gewaschen. Sie sahen, dass sein ganzer Körper mit Blutergüssen bedeckt war.

Franz überlebte diese brutale Behandlung, konnte aber drei Wochen lang nicht in die Arbeit gehen. Niemand fragte nach ihm, und als er endlich wieder in die Arbeit ging, fragte ihn niemand, wo er war oder warum er nicht in die Arbeit gekommen war. Franz ging nicht zur Polizei oder irgendeine andere Behörde, um sich zu beschweren. Das wäre nicht sehr klug gewesen, dessen war er sich sicher. So etwas hätte ihn sein Leben kosten können.

Dann kam etwas ganz Unerwartetes in meine Familie. Ich kam spät und unerwartet. Meine Mutter war 39 Jahre alt, kurz vor ihrem vierzigsten Geburtstag, und mein Vater 43 Jahre. Sie hatten schon drei Kinder, meine Schwester war schon erwachsen und meine beiden Brüder waren Teenager. Und nun war noch ein Baby unterwegs. Was für eine gewisse Zeit bedeutete, dass das Leben nicht ganz so einfach sein würde. Aber nun war Toni noch als einziger zu Hause. Schorsch war noch am Bauernhof in Oberding und kam jeden Sonntagnachmittag, um seine Eltern und seinen Bruder zu besuchen. Um 5 Uhr musste er wieder zurück am Bauernhof sein, um im Stall zu helfen. Es dauerte eine Stunde mit dem Fahrrad hin und wieder zurück. So hatte er zwei Stunden zu Hause. Die beiden, Schorsch und Toni, wollten eine kleine Schwester. Schorsch kam regelmäßig nach Hause, aber als sich der Winter bemerkbar machte, wurden seine Besuche unregelmäßiger. Der Bauer wusste sehr gut, dass meine Eltern jeden Sonntag auf Schorsch warteten. So sagte er einmal zu Schorsch: „Ich habe von deiner Mutter gehört, dass du eine kleine Schwester hast." Schorsch fuhr trotz des schlechten Wetters nach Hause. Aber zu Weihnachten konnte er nicht nach Hause kommen, da der Schnee zu tief war. Ich wurde am 10. Januar 1935 geboren.

In diesem Jahr verkaufte mein Vater die Wirtschaft an seinen Freund, Hans Blum, der Am Isarberg wohnte. Es ist eine Straße, die parallel zur Straße An der Isarau verläuft, wo meine Eltern wohnten. Im Frühling 1935 erhielten mein Vater und ein Freund aus dem Dorf, der bezüglich der NSDAP der gleichen Meinung wie mein Vater war, das Angebot, in Neustadt an der Donau als Hilfsarbeiter an einer Autobahn zu arbeiten. Sie kamen nur an den Wochenenden nach Hause. Sie hatten keine Wahl. Wenn man 1935 ein Arbeitsangebot erhielt, ganz gleich wo es war, akzeptierte man es lächelnd, besonders da beide Männer einen etwas zweifelhaften Ruf hatten, da keiner von den beiden in die NSDAP eingetreten war. Vater sprach von seinem Freund nur als Schwegler, das war sein Nachname, auch im Dorf war er als Schwegler bekannt. Seinen Vornamen konnte ich nicht ausfindig machen.

1937 war Toni, der damals 16 Jahre alt war, mit Off Beni, einem Soldaten, der in unserer Straße wohnte, gut befreundet. Off war sein Nachname und Benedikt sein Vorname. Aber er wurde immer Off Beni genannt. Toni fand Off Beni sehr faszinierend, seine Uniform war geradezu großartig und dann auch noch das Gewehr! Wenn Beni zu Hause war, besuchte ihn Toni so oft wie möglich. Das Beste war, als Beni eines Tages Toni ein Flobert-

Die Straße der Gebirgsjäger

Gewehr (Kleinkalibergewehr) mit etwas Munition gab und ihm das Schießen beibrachte. Toni war überglücklich! Aber wie man so sagt: Buben sind nun mal Buben. Bezogen auf Toni konnte man sagen: Toni ist nun mal Toni. Für ihn war Schießen nicht genug. Er wollte einen größeren Knall. Daher stopfte er den Lauf voller Zeitungspapier, half mit einem Stock nach und dachte nun, dass es einen gewaltigen Krach geben würde. Er sollte Recht behalten. Er drückte ab – es gab einen entsetzlichen Krach und das Flobert-Gewehr war verschwunden, es war explodiert. Mutter lief in den Garten und fand Toni völlig bleich im Gesicht. Er hatte nichts mehr in der Hand. Die ganze Nachbarschaft kam gelaufen, um zu sehen was passiert war. Mutter wusste nicht, ob sie böse sein oder froh sein sollte, dass er noch am Leben war. Toni hatte ungeheures Glück gehabt, noch am Leben zu sein. Er war nicht einmal verletzt. Er hatte nur kleine Splitter in seinen Händen und Armen.

Im darauffolgenden Frühling, als Vater im Garten grub, fand er den Lauf des Flobert-Gewehrs. Das war alles, das je davon gesehen wurde. Wie man sich denken kann, schenkte Off Beni Toni nie wieder etwas. Er sagte zu Vater: „Dieser Junge ist gefährlich! Ich habe ihm das Schießen beigebracht. Er war sehr gut, aber er ist unglaublich."

Off Beni hat einige Jahre später im 2. Weltkrieg meinem Bruder Schorsch das Leben gerettet. Aber mehr davon später.

Heiliger Abend 1935, gut zwei Wochen vor meinem ersten Geburtstag, waren die Weihnachtsvorbereitungen schon im Gange. An diesem besonderen Heiligen Abend des Jahres 1935 stand ich neben der Couch und stützte mich auf, so wie es alle Babys tun, wenn sie laufen lernen. Direkt vor mir kniete Toni auf einem Knie mit ausgestreckten Armen. Er versuchte mich zu überreden, von der Couch loszulassen und in seine Arme zu laufen. Er hatte das eine Weile getan, während ich ihn genau anschaute. Die ganze Familie schaute zu. Dann ließ ich plötzlich die Couch los und lief in Tonis ausgestreckte Arme und warf meine Arme um seinen Nacken. Die ganze Familie schrie vor Vergnügen. Es ist kein Wunder, dass ich das nie vergessen habe. Von diesem Tag an konnte ich laufen.

Toni hatte in diesem Jahr die Schule abgeschlossen. Er hatte in München eine Lehrstelle als Schreiner. Der Schreinermeister war der Sohn von Vaters Schwester. Nach einem Jahr beendete Toni diese Lehre, da seine Freunde in der Maurerlehre mehr verdienten als er. Unser Cousin, bei dem Toni lernte, war sehr enttäuscht. Er war ein sehr bekannter Schreinermeister und hieß auch Toni, Toni Haberl. Auch Vater war enttäuscht, aber er konnte verstehen, dass Toni bei seinen Freunden sein wollte. 1936 begann er seine dreijährige Lehre als Maurer. Es war eine Baufirma, Habereder, in Unterföhring, ein Dorf ungefähr 5 km südlich von Ismaning.

Vater und sein Freund Schwegler arbeiteten jetzt in München an den Kasernen. Es war wirklich Ironie des Schicksals, dass die beiden Männer, die man Kommunisten geheißen hatte, jetzt halfen, die Adolf-Hitler-Kaserne zu bauen.

1936: Mein Vater in Heufeld beim Autobahnbau
(Vater, rechts im Bild, sein Freund Schwegler links)

Elftes Kapitel

Schorsch bekommt seine Stiefel und eine Zimmermannslehre.
Sein Meister vergisst, wöchentlich das Geld abzuziehen.
Schorsch besteht sein Examen.
Franz heiratet.
Meine Schwester hat ein Baby. Es ist ein Junge.
Emil, der kleine Junge meiner Schwester, bekommt Milchschorf.

1936 verließ Schorsch den Bauern in Oberding, für den er fast zwei Jahre gearbeitet hatte. Er konnte glücklicherweise eine Lehrstelle als Zimmermann in Markt Schwaben bekommen. Das ist nicht sehr weit weg von Oberding. Schorsch war überglücklich. Auch meine Eltern freuten sich sehr, da sie nur zu gut wussten, wie sehr sich Schorsch gewünscht hatte, ein Zimmermann zu werden. Das Schönste war, dass er sogar einen Lohn bekam, 2 Reichsmark pro Woche, was im dritten Jahr auf 4 Reichsmark pro Woche stieg. Diese Lehrstelle war mit Kost und Logis verbunden. Sein Meister, Herr Mittermeier, und seine Frau waren die gütigsten Leute, die sich Schorsch wünschen konnte. Herr Mittermeier war ein ausgezeichneter Meister und neben dem Beruf auch ein ausgezeichneter Lehrer. Schorsch nannte ihn Meister und seine Frau Meisterin. Sie hatten selber keine Kinder, und Schorsch hatte das beste Leben, das er sich wünschen konnte. Sonntags hatte er frei, er konnte tun, was er wollte. Schorsch war überglücklich. An einem Abend, am Ende seiner ersten Woche der Lehre, sah sein Meister, dass Schorsch ein paar neue Stiefel trug. Sein Meister war überrascht, da er genau wusste, dass Schorsch sich unmöglich ein Paar neue Stiefel leisten konnte. Schorsch erzählte ihm freudestrahlend, dass er die Stiefel auf Abzahlung gekauft hatte. Er hatte eine Mark bezahlt und würde jede Woche eine Mark bezahlen, bis die Stiefel vollkommen abbezahlt waren. Sein Meister lächelte und sagte: „Nein, das tust du nicht." Er gab ihm den vollen Betrag und sagte: „Bezahle deine Stiefel, und ich ziehe jede Woche etwas von deinem Lohn ab."

Schorsch war gern damit einverstanden. Einige Wochen lang hat sein Meister das auch getan. Dann hat der Meister in einer Woche nichts von seinem Lohn abgezogen. Da erinnerte Schorsch ihn: „Meister, Sie haben das Geld für die Stiefel nicht abgezogen." Darauf erwiderte Herr Mittermeier: „Ach, das habe ich ganz vergessen, ich mache es das nächste Mal." Auch beim nächsten Mal hatte Herr Mittermeier das Geld wieder nicht abgezogen. So erinnerte ihn Schorsch wieder. Es passierte dasselbe. Und so ging es einige Wochen. Dann merkte Schorsch, dass sein Meister das Geld nicht mehr abziehen würde. Schorsch hatte das nie vergessen. Er war bis ins hohe Alter dafür dankbar. Endlich hatte Schorsch seine neuen Stiefel bekommen, ohne dass die Nazis sie für ihn gekauft hatten.

 1939 endete die dreijährige Lehrzeit von Schorsch. Er hatte jedoch keine Berufsschule besucht, was damals keine Pflicht war. Herr Mittermeier dachte, dass dies nicht notwendig war, da er Schorsch alles beibringen konnte, was er wissen musste. Als nun die drei Lehrjahre beendet waren, schrieb Herr Mittermeier Schorsch in einer Berufsschule in München ein, damit er seine Gesellenprüfung machen konnte. Am Abend vor der Prüfung gab Herr Mittermeier Schorsch ein Buch mit den Worten: „Schau' dir das an, es kann dir vielleicht morgen helfen."

 Am folgenden Tag fuhr Schorsch, ausgerüstet mit seinem Buch, nach München und betrat die Berufsschule. Als die Prüfung begann, war Schorsch so überrascht wie nie zuvor, als ein freundlicher Prüfer ihm das Prüfungsformular reichte. Er verstand kein Wort auf diesem Formular. Jedes Wort auf diesem Formular war in der hochdeutschen Sprache geschrieben, wogegen sein Meister, Herr Mittermeier, immer nur im bayerischen Dialekt mit ihm gesprochen hatte. Er hatte alle Fachausdrücke im bayerischen Dialekt gelernt. Schorsch hatte nicht die geringste Ahnung, was all die Fachausdrücke bedeuteten.

 Er hatte sich keine Gedanken gemacht, denn er wusste genau, was er tun sollte. Er machte einen Strich durch das

Die Straße der Gebirgsjäger

Formular, drehte es um und öffnete das Buch, das ihm sein Meister gegeben hatte. Auf der ersten Seite war eine Wendeltreppe auszurechnen. Schorsch liebte Wendeltreppen, er fand sie immer interessant. So machte er sich daran, diese Wendeltreppe in allen Details zu berechnen.

Er war der erste Schüler, der dem Prüfer das Formular aushändigte. Schorsch fand es etwas komisch, dass ihn der Prüfer so seltsam anschaute, dachte sich aber nichts weiter dabei und fuhr wieder zurück nach Markt Schwaben. Er erzählte seinem Meister, dass alles gut gegangen war.

Nach einigen Tagen erhielt Schorsch einen Brief von der Berufsschule mit der Bitte, sich doch so bald wie möglich wieder zu melden, da ihn ein Lehrer sprechen wollte. Schorsch und sein Meister hatten keine Ahnung warum. Doch Schorsch meldete sich am genannten Datum, ausgerüstet mit seinem Buch, bei der Berufsschule. Er wurde von einem älteren Lehrer sehr freundlich empfangen, der ihn bat Platz zu nehmen. Dann fragte er Schorsch: „Sagen Sie mir, warum sie diese Wendeltreppe ausgerechnet haben, aber die Fragen auf der Vorderseite durchgestrichen haben. Dann erzählte ihm Schorsch, dass er kein Wort verstehen konnte, da sein Meister nur im bayerischen Dialekt zu ihm gesprochen hatte und er alles in diesem Dialekt gelernt hatte. Schorsch fragte: „Ist Hochdeutsch denn so wichtig?" Er bekam zur Antwort: „Ja, in Zukunft wird es für Sie sehr wichtig sein. Aber diese Arbeit", und damit deutete er auf das Formular, „ist ganz einfach ausgezeichnet. Ihr Meister muss ein ganz besonderer Zimmermann sein, ganz abgesehen davon, dass er ein ausgesprochen guter Lehrer ist. Diese Arbeit verdient eine 1, aber es tut mir leid, dass ich Ihnen keine 1 geben kann, denn sie haben die gestellte Aufgabe nicht gemacht. Aber ich kann Ihnen eine 2 geben."

Schorsch war sehr zufrieden und bedankte sich. Auch sein Meister war zufrieden und freute sich, dass der Lehrer ihn so gelobt hatte. Und Schorsch bekam als Zimmermannsgeselle sofort Arbeit bei Heilmann & Littmann in München.

1936 heiratete Franz Mösl, der junge Mann, der die beiden Zimmer im oberen Stock im Haus meiner Eltern gemietet hatte, eine nette junge Dame mit dem Vornamen Anni. 1937 war ihr Glück vollkommen, als ihr erstes Baby, ein Junge, geboren wurde. Aber als er mit zwei Jahren an Masern starb, waren die beiden untröstlich.

Am 8. August 1939, an Annis Geburtstag, wurde ihr kleines Mädchen geboren, die sie auch Anni tauften. Es ergab sich ganz natürlich, dass mich mit Anni eine gute Freundschaft verband, die auch heute noch besteht. 1940 wurde ihr Bruder Johann geboren. Meine Schwester Marie wurde am 15. Juli 1940 auch Mutter. Auch sie hatte einen Jungen, den sie Emil nannte. Es war der Wunsch des Vaters: Ein Junge sollte Emil und ein Mädchen Margot heißen. Das war die letzte Nachricht, die Marie von ihm bekam. Marie erhielt viel später die Nachricht, dass ihr Verlobter eine andere Frau geheiratet hatte.

Da es die Zeit des sogenannten Dritten Reiches war, musste jede taugliche Person arbeiten. Daher war meine Schwester verpflichtet, weiterhin ihrem Beruf nachzugehen, und meine Mutter wurde vom Staat für Emils Pflege bezahlt. Meine Mutter und Anni hatten nun 4 Kinder zu betreuen, und die beiden Frauen hatten alle Hände voll zu tun. Mit den beiden Jungen waren sie Tag und Nacht beschäftigt. Emil bekam sehr bald nach seiner Geburt Milchschorf, und der kleine Johann, Annis Junge, vertrug keine Milch. Daher mussten beide Jungen ohne Milch ernährt werden. Milchschorf ist eine entsetzliche Krankheit für Babys. Das Gesicht ist von Blasen bedeckt, die Tag und Nacht jucken. Emil hat sehr wenig geschlafen. Meine Mutter hat ihn Tag und Nacht herumgetragen. Sie machte ihm kleine Fäustlinge aus weichem Leinen, damit er sein Gesicht reiben konnte. Mutter und Emil haben furchtbar gelitten. Die Ärzte konnten nur sagen, dass es kein Medikament gab, aber dass es nach neun Monaten heilen und keine Narben hinterlassen würde. So war es dann auch. Nach neun Monaten heilten die Blasen, ohne irgendwelche Narben zu hinterlassen.

Im Großen und Ganzen war das Leben für die beiden Familien im Haus noch angenehm. 1938 hatten meine Eltern genug Geld für einen Stromanschluss gespart, und Lebensmittel konnten auch gekauft werden.

Zwölftes Kapitel

Ein Freund von Vater wird Parteimitglied.
Hitlers Armee marschiert ins Rheinland ein.
Die berüchtigte Wahl.
Toni und sein Freund kaufen ein NSU-Motorrad.
Die zwei jungen Männer dachten, das Leben sei wunderbar.

Zu Beginn der 1930er Jahre trat Korbinian Huber, ein Uhrmacher, der normalerweise Uhren in seiner Küche reparierte, in die Partei ein. Er war ein guter Freund von Vater, der sehr bestürzt war und ihn zu überzeugen versuchte, dass dies nicht das Richtige für ihn sei. Aber Korbi, wie ihn Vater nannte, war davon überzeugt, dass es das Beste sei, das er tun konnte. Er kam noch öfters zu Besuch. Korbis Tochter war sehr gut mit meinen Brüdern befreundet, da sie im gleichen Alter waren. Korbi versuchte Vater zu überreden, in die Partei zu gehen, jedoch konnte Vater nichts Gutes an der Partei finden und hielt mit seiner Meinung nicht hinter dem Berg. Die beiden diskutierten sehr viel. Korbi war für und Vater gegen die Partei. Korbi kam immer seltener; bei seinem letzten Besuch gab er Vater einen wertvollen Rat: „Schorsch, sei vorsichtig, sag deine Meinung nicht zu laut." Vater schaute ihn nur an und wusste, dass dies eine Warnung war, und zu Mutter sagte er später: „Hast du gesehen, wie er ausschaute? Es ist die Partei, die das macht."

Nun, da Korbi in der Partei war, gab es kein Zurück. Wenn man einmal in die NSDAP eingetreten war, blieb man in der Partei, wenn man am Leben bleiben wollte. Ich kann mich sehr gut an Korbinian Huber erinnern. Er hatte den gleichen Nachnamen wie auch meine Familie.

Korbinian Huber wurde bald Bürgermeister und blieb es bis 1945. Er war kein großer Mann und in der Nazi-Uniform schaute er sogar noch kleiner aus.

Die Straße der Gebirgsjäger

Am 7. März 1936 marschierte die deutsche Armee, die laut Versailler Vertrag nicht hätte existieren sollen, in das neutrale Rheinland ein. Da es ohnehin deutsch war, wurde Hitlers Armee nicht aufgehalten. Dass das Rheinland neutral war, machte dem Reichskanzler überhaupt nichts aus, denn er war ja der mächtige Reichskanzler. 1938 gab es die berüchtigte Wahl. Aber man weiß ja, was für ein Theaterspiel das war. Von meiner Mutter habe ich erfahren, dass es Angst einflößend war.

Wählen war Pflicht! Die Wahl fand in der Mädchenschule statt. Am Eingang stand ein Nazi in Uniform, natürlich mit Gewehr über der Schulter. Im ersten Schulzimmer saß ein Nazi hinter einem langen Tisch mit den Wahlformularen vor ihm. Als Mutter sich dem Tisch näherte, deutete er auf ein Formular und sagte: „Machen Sie das Kreuz hier", indem er auf die Spalte mit der NSDAP deutete. Meine Mutter war sicher, dass es nicht möglich war, eine andere Partei zu wählen, da sie nur die NSDAP sah. Sie war aber so eingeschüchtert, dass sie auf keinen Fall den Mut gehabt hätte, für eine andere Partei zu stimmen. Sie machte ihr Kreuz und verließ so schnell wie möglich die Mädchenschule. Diese Wahl war eine beängstigende Erfahrung für sie.

Die NSDAP hatte 99,6 % der Stimmen erhalten. Warum denn nicht 100 %, das hätte das Theater auch nicht größer gemacht als es schon war. Was für ein Erfolg das für den Reichskanzler war!

Auch heute noch frage ich mich, ob er das wirklich geglaubt hat?

Ebenfalls 1938 befreite die deutsche Armee Österreich. Wovon Österreich befreit wurde wusste niemand, und niemand fragte.

Meine Familie hatte ein sehr gutes und angenehmes Leben. Meine Eltern hatten genau das, was sie sich gewünscht und wofür sie so hart gearbeitet hatten. Schorsch wohnte wieder zu Hause, da er in München arbeitete. Toni war noch in der

Maurerlehre. Marie arbeitete in einem Restaurant in München und kam jede Woche nach Hause. Schorsch und Toni teilten das kleine Schlafzimmer im Erdgeschoss. Das Zimmer war gerade groß genug für zwei Betten an der Wand mit einem schmalen Gang in der Mitte und einem grünen Kleiderschrank links von der Türe. Gegenüber stand eine kleine Kommode – das war das ganze Mobiliar.

Eines Tages erklärte Toni meinen Eltern, dass er zusammen mit seinem besten Freund Franz Glas ein NSU-Motorrad kaufen wolle. Vater gab seine Zustimmung, auch die Eltern von Franz stimmten zu. Bald hatten die beiden genug Geld gespart und kauften ihr Motorrad. Franz machte ebenso wie Toni eine Maurerlehre. Zusammen bauten sie eine kleine Garage im Garten von Franz' Eltern. Die Garage war gerade groß genug für das Motorrad und ein paar Stühle. Sie hatten ihre eigene gemütliche Bude, in die sie sich mit ein paar Flaschen Bier zurückziehen konnten und hatten ein Motorrad zum Herumfahren nach der Arbeit. Ja, das Leben war gut!

Die beiden Freunde Toni und Franz, vor dem 2. Weltkrieg

Die Straße der Gebirgsjäger

Dreizehntes Kapitel

Ismaning 1939: Die Nonnen mussten das Kloster verlassen.
Die Bauern sind besorgt.
Der letzte Tag der Nonnen im Kloster.
Mutter versucht, mir die Partei zu erklären und warum die Nonnen das Kloster verlassen mussten.
Krieg!

Ismaning 1939. Seit 1865 wohnten acht Nonnen im Kloster. Vier Nonnen waren Lehrerinnen und unterrichteten die Mädchen im Mädchen-Schulhaus gegenüber dem Kloster. Am 16. April 1939 mussten sie das Kloster verlassen. Die NSDAP war der Meinung, dass Nonnen unmöglich Kinder zu guten deutschen Erwachsenen erziehen konnten. Die Betonung lag natürlich auf „deutsch", was reinrassig bedeutete. Kinder mussten gut nach der deutschen Moral unterrichtet werden. Nonnen waren nicht die richtigen Moralaposteln, Kinder zu selbstsicheren, rechtschaffenen, disziplinierten Erwachsenen zu erziehen, die allein den Führer bewundern. Wenn es einen Gott gab, dann war es der Führer. Nonnen konnten auf gar keinen Fall mit dieser Theologie konkurrieren, noch wollten sie das. Die vier Lehrerinnen kamen sofort zurück in das Mutterkloster Unterer Anger in München.

Der Kindergarten wurde noch ein weiteres Jahr von den vier Nonnen, die im Kloster blieben, geleitet. Zwei Nonnen waren für die Küche verantwortlich, und die anderen beiden übernahmen die Leitung des Kindergartens. Alle Kinder im Dorf gingen in den Kindergarten. Schwester Festa, die Nonne, die hauptsächlich für den Kindergarten verantwortlich war, war am längsten im Kloster. Sie kannte jedes Kind sowie alle Eltern. Erst viele Jahre später wurde mir klar, wie hart diese Frauen gearbeitet hatten. Fast alle Kinder fingen an, mit nur 2 Jahren in den Kindergarten zu gehen, als sie noch ihren Mittagsschlaf nötig hatten. Schwester Festa war eine bemerkenswerte Dame. Klein, mit strahlenden Augen und mit einer niemals endenden Vorstellungskraft. Ich blieb mit ihr bis zum Jahr 2005 in Verbindung, als sie im Alter von 100 Jahren verstarb. Sie ist eine dieser Damen, bei denen man ist stolz, sie gekannt zu haben.

Am 1. April 1940 wurde den Nonnen mit „sofortiger Wirkung" gekündigt. Es wurde ihnen ohne Umschweife mitgeteilt. Kam diese Mitteilung wirklich von Korbi, dem Bürgermeister, von dem Mann, denn ich so gut kannte? Nun machten sich die Bauern Sorgen, und sie beschlossen, die Sache selber in die Hand zu nehmen und verlangten, dass die vier Nonnen im Dorf bleiben sollten. Die Bauern hatten noch eine gewisse Macht, da Hitler sie brauchte. Die vier Nonnen bekamen die Erlaubnis, in Ismaning bleiben zu dürfen. Es wurde ihnen eine kleine Wohnung bei einer Familie im Dorf angeboten. Aber die Schlafgelegenheit war zu eng für vier Personen, so dass eine Schwester gezwungen gewesen wäre, bei einem anderen Nachbarn zu schlafen. Dann boten ihnen die Bauern im zweiten Stock der Sauerkrautfabrik eine passende Wohnung an, die aus drei Zimmern und einigen Vorratskammern bestand. Die Bauern hatten die Wohnung renoviert und einen Stromanschluss gelegt. Das Mutterkloster war mit dieser Einrichtung einverstanden, da die Nonnen noch mit Handarbeiten Geld für die Kirche verdienen konnten. Geistliche Arbeit kam im „Dritten Reich" jedoch nicht in Frage. Ihre Näharbeiten für die Bauern trugen zum Unterhalt der Nonnen bei. Die Miete betrug 20 Reichsmark pro Monat, aber es gab keine Garantie, dass sie bleiben konnten. Die Nonnen mussten zustimmen, dass sie die Wohnung unter Einhaltung einer vierwöchigen Kündigungsfrist verlassen müssten, sollte ein Angestellter die Wohnung benötigen. Doch dazu ist es nie gekommen.

Der Kindergarten wurde noch am Tag des Auszugs der Nonnen ebenso wie die Volksschule von säkularen Lehrerinnen übernommen. Alle Lehrkräfte mussten nachweisen, dass sie wirklich Arier waren – wenn es so eine Rasse gibt – und natürlich mussten sie Mitglieder der NSDAP (auch Nazi-Partei genannt), sein. Sie waren dazu verpflichtet, wenn sie weiterhin in ihrem Beruf arbeiten wollten. Entweder Parteimitglied oder Zwangsarbeit – und das nicht in ihrem Beruf.

Dann kam der letzte Tag, an dem Schwester Festa alle Kinder verabschiedete. Wir alle bekamen ein kleines Geschenk. Es war ein kleines orangefarbiges Netz mit einigen hölzernen Spielsachen und dem runden Suppenlöffel, womit wir unser Mittagessen gegessen hatten. Dann standen wir in einer Reihe, wie jeden Tag um 17 Uhr, um noch einmal vor dem Heimgehen zu beten. Ich konnte kaum meine Hände falten, weil ich die Spielsachen und den Löffel in meinen Händen hielt. Ich war ein Kind, das immer etwas mehr Zeit brauchte, um fertig zu werden. An diesem Tag mussten alle Kinder warten, bis ich den Suppenlöffel in das Netz gesteckt und dieses an mein Handgelenk gehängt hatte. Ich schaute zu Schwester Festa in der Erwartung, dass sie sagen würde: „Oh Lisa, mach endlich weiter, du hältst uns wieder alle auf!" Aber nicht dieses Mal, denn als ich aufschaute, sah ich Tränen an ihren Wangen herunterlaufen. Als sie sah, dass ich sie anschaute, wischte sie diese schnell weg. Ich fühlte mich unglaublich schuldig, denn ich dachte, dieses Mal hatte ich es übertrieben. Ich hörte sofort auf, mit meinen Sachen zu tändeln und sagte: „Es tut mir leid!" Voller Schuldgefühl kam ich nach Hause und erzählte meiner Mutter: „Wegen mir hat Schwester Festa heute geweint." Mutter fragte ganz überrascht: „Warum, was hast du getan?" Voller Reue erzählte ich ihr: „Wir haben heute diese Spielsachen und den Löffel bekommen, und ich habe so lange damit herumgetändelt vor dem Heimgehen." Dann erklärte mir meine Mutter den wahren Grund, warum Schwester Festa geweint hatte, oder zumindest hatte sie es versucht. Ich fühlte mich so erleichtert, dass es nicht meine Schuld war, da der Führer und die Partei vollkommen bedeutungslos für mich waren. Es war ohnehin unverständlich für mich. Wie sehr sich meine Mutter auch bemühte, mir die Situation zu erklären, sie war nicht sehr erfolgreich. Es war kein Wunder, da sie die Partei und alles, das dazu gehörte, selber nicht verstand. Es wäre jedem schwergefallen, einer Fünfjährigen eine Situation zu erklären, die viele Erwachsene kaum verstanden.

Die meisten Leute in Ismaning konnten nicht verstehen, warum es notwendig war, die Schwestern vom Kloster zu entfernen, da sie doch die Familien kannten und die Kinder erzogen, solange sich die meisten Leute erinnern konnten.

Unterer Anger, das Mutterkloster in München, wurde 1843 von Theresia Gerhardinger mit der Hilfe des bayerischen Königs Ludwig I. gegründet. 1847 kam der Ruf zur Missionierung nach Amerika. In seiner Abschiedsrede an die Nonnen sagte der König: „Bleibt Teutsch! Teutsch! Teutsch!" (wie man Deutsch 1847 geschrieben hatte). Der König war besorgt, dass die Nonnen durch das Auswandern ihre Herkunft und ihre Muttersprache vergessen könnten.

Die Leute in Ismaning waren stolz auf ihre Kirche und das Kloster westlich der Kirche. Eine hohe Mauer trennte den Kirchengrund vom Kloster. Für mich das war ein zauberhafter Platz. Die Nonnen benutzten eine kleine Türe in der Mauer, wenn sie in den Gottesdienst gingen. Wie gern ich durch diese kleine Türe gegangen wäre. Aber Kinder gingen nie durch diese Türe. Sie weckte in mir die tollsten Vorstellungen. Für mich hatte sie einen besonderen Zauber.

Viele Jahre später, als ich schon in England wohnte und meine Familie in Ismaning besuchte, ging ich zu dem Platz, wo einst so stolz das Kloster stand, und daneben die alte Kirche. Auch die gehörte der Vergangenheit an. Eine moderne Kirche war notwendig geworden. Auch die Mauer mit der kleinen Türe war verschwunden und damit auch der Zauber.

Als die Schwestern das Kloster verließen, verließ auch ich es. Meine Mutter hielt sehr wenig von einem Kloster ohne Nonnen, folglich verließ auch ich es. Ich blieb zu Hause, bis ich im September 1941 eingeschult wurde.

Die Straße der Gebirgsjäger

Krieg! Am 3. September 1939 erklärte England Deutschland den Krieg. England hatte keine andere Wahl, da die deutsche Armee am 1. September in Polen einmarschiert war. England hatte einen Freundschaftsvertrag mit Polen. Das bedeutete, das England Polen zur Hilfe kommen würde, sollte Polen je von einer kriegerischen Macht angegriffen werden.

Seit Adolf Hitler zum Reichskanzler von Deutschland gewählt worden war, bestand sein Ziel darin, die deutsche Wehrmacht aufzubauen, obwohl es zufolge des Versailler Vertrags keine Wehrmacht geben durfte. Er ließ sich jedoch nicht davon abhalten, die mächtige deutsche Armee aufzubauen. Er hat dem deutschen Volk Arbeit versprochen, und die sollte es auch bekommen. Eine Munitionsfabrik nach der anderen wurde gebaut. Er brauchte gerade Straßen, damit die Lastkraftwagen schnell fahren konnten. So baute er die Autobahnen. Die Nazis wurden sehr selbstbewusst und sehr laut. Wenn man das Radio einschaltete, bekam man eine Rede nach der anderen und vor allem Marschlieder zuhören. Ich kann mich noch an wirklich lächerliche Lieder erinnern, zum Beispiel: „Heute gehört uns Deutschland, morgen die ganze Welt" – oder – „Denn wir fahren, denn wir fahren, denn wir fahren gegen Engeland, Engeland."

An einem Sonntag kam Mutter sehr beunruhigt aus der Kirche nach Hause und erzählte Vater, dass ein Gerücht herumginge, dass die Nazis aus allen Kirchen Kinos machen würden. Niemand könne mehr nachts ausgehen, denn die Nazis gingen herum und verprügelten, wen sie nur wollten. Vater, in seiner ruhigen Art, fand das etwas amüsant und lächelnd versuchte er meine Mutter zu beruhigen, dass es nicht soweit kommen würde und dass Leute verprügelt werden, sei ganz einfach nicht wahr. Da hatte Mutter schnell eine Antwort parat: „Du weißt doch, dass das Franz passiert ist."

„Ach, das ist etwas anderes", entgegnete Vater. „Das war in München, als er an den Kasernen arbeitete, da sind die Nazis nie weit weg, aber hier im Dorf wurde noch niemand geschlagen.

Und aus Kirchen Kinos zu machen, das ist ganz einfach übertrieben. Warte nur, die Leute kommen bald wieder zu Verstand. Hitler ist jetzt ein großer Mann, aber bald wird das Volk erkennen, dass er nicht der richtige Kanzler für uns ist."

Mutter war nicht so zuversichtlich, aber vorläufig glaubte sie ihrem Mann. Er war immer der ruhige und zuversichtliche Mann, dem sie vertrauen konnte. Gewisse Freunde versuchten Vater zu überreden, in die Partei einzutreten, seine Entschuldigung war immer die gleiche:

„Was hätte die Partei von mir? Mein Gehör ist schlecht, ich habe eine kaum nennenswerte Ausbildung. Nein, für die Nazis bin ich nutzlos."

Das klappte bis zu einem gewissen Grad, aber nicht immer. Eines Tages informierte ihn ein sehr gutes Parteimitglied, dass die Partei schon einen Baum in der Au ausgesucht hätte, an den sie alle Kommunisten hängen würden, wenn der Krieg gewonnen ist. Vater gab keine Antwort, er erinnerte sich an Korbis Rat und war vorsichtig. Er musste sich eingestehen, dass die Nazis sogar in einem Dorf gefährlich werden konnten. Zu Mutter sagte er: „Wie können die denken, dass sie den Krieg gewinnen können, wenn sie nicht einmal ihr eigenes Volk für sich gewonnen haben."

Die Mitglieder der Partei wurden immer präsenter. Eine Versammlung folgte der nächsten. Die deutsche Armee hatte es leicht, in das Rheinland einzumarschieren. Österreich war als nächstes dran. Hitler dachte, dass es sein Recht sei, da die Österreicher praktisch ohnehin deutsch waren. Polen war nützlich, so wurde es annektiert. Hitler und seine Nazis brauchten Lebensraum, und zwar viel. Hitler hatte einen sehr guten Propagandaminister, Dr. Joseph Goebbels. Die Bayern hatten einen Spitznamen für ihn, sie nannten ihn „De Hupfat Gois". Natürlich taten das nur diejenigen, die keine Bewunderer der Partei waren und fühlten, dass es jetzt zu spät war, dies zu zeigen.

Schwester Maria Festa, Leiterin des Kindergartens, an ihrem 100. Geburtstag

Die Straße der Gebirgsjäger

Vierzehntes Kapitel

Schorsch hat einen Traum.
Vater hat Zweifel.
Toni wird für wehrtauglich erklärt.
Toni und sein Fahrrad im Graben.
Toni und sein Charme.

Schorsch, mein älterer Bruder, hatte einen Traum. Dieses Mal wollte er keine neuen Stiefel, er wollte eine Berufsfachschule besuchen, da er seinen Meister machen wollte, nachdem er ein Jahr als Geselle gearbeitet hatte. Doch Hitler hatte andere Ideen, und Schorsch musste gehorchen.

Am 18. August 1940 musste er zum Reichsarbeitsdienst antreten. Jeder Jugendliche musste diesen Dienst ein Jahr lang machen, ganz gleich ob männlich oder weiblich. Aber Schorsch konnte sein Jahr nicht beenden, denn am 2. Dezember 1940 erhielt er seine Einberufung zum Wehrdienst, in das 4. Infantrie-Ersatz-Bataillon 19 in München. Mit ihm sein Freund Hans Lupperger, der immer Fischer Hans genannt wurde. Die beiden hofften, dass sie zusammen bleiben konnten, aber dem war nicht so. Schorsch wurde am 13. Dezember 1940 vereidigt und an der Waffe, dem Karabiner 98, ausgebildet. Das Waffenlager war in der Adolf-Hitler-Kaserne, die so hieß, weil Hitler dort angeblich vor dem 1. Weltkrieg stationiert war.

Meine Eltern waren erschüttert. Vater konnte sich nur zu gut an die Zeit erinnern, als er als Soldat der deutschen Wehrmacht im 1. Weltkrieg dienen musste. Er hasste das Soldatenleben und er hasste den Krieg.

Und dann gab es noch Toni, seinen jüngsten Sohn, was würde mit ihm passieren? Würden sie ihn auch nehmen? Dieser Gedanke war unerträglich für ihn. Und dann plagten ihn Zweifel. Müssten seine Söhne in den Krieg ziehen, wenn er in die Partei eingetreten wäre? Mutter versuchte, diesen Gedanken ganz schnell zu vertreiben, indem sie sagte: „Schau, selbst wenn du in die Partei eingetreten wärst, wärst du nicht wichtig genug, um deine Söhne aus dem Krieg herauszuhalten."

Vater musste jedoch dauernd darüber nachdenken, ob es dann anders gekommen wäre. Nun würde er es nie herausfinden, denn es war zu spät.

Am 20. Juni 1940 wurde Toni vom Medizinischen Offizier des Ersatz-Bataillons R. 19 in München als wehrtauglich erklärt. Am 4. Februar 1941 musste er sich zum Militärdienst melden und am 22. Februar 1941 den Eid leisten. Er hatte gerade seine Lehre als Maurer beendet, seine Gesellenprüfung hatte er jedoch noch nicht abgelegt. Er bekam daher eine Sondererlaubnis, seine Gesellenprüfung in der Armee ablegen zu dürfen, die er auch bestanden hat.

Meine Eltern, die schon unendlich traurig waren, dass ihr ältester Sohn sie verlassen musste, um in die Armee zu gehen, waren zutiefst betrübt, als die Zeit kam, auch von ihrem jüngsten Sohn Abschied zu nehmen. Toni sah, wie unendlich traurig sie waren, daher sagte er zu Vater, als er seine Hand schüttelte: „Macht euch keine Sorgen, es wird gar nicht lange dauern, bis wir wieder durch die Türe kommen." Dann gab er Mutter einen schnellen Kuss, strich mir über das Haar, indem er mich ermahnte: „Schau auf deine Zähne, vergiss nicht, sie regelmäßig zu putzen." Einige Tage vorher hatte mir seine Freundin eine Zahnbürste geschenkt, die ich nicht allzu gerne benützte. Dann ein schneller Kuss und er war aus der Türe.

Plötzlich war es so still im Haus, kein Ton war zu hören. Es war ein komisches Gefühl. Vater stand bei der Türe und schaute Toni nach, solange er ihn sehen konnte. Er hielt den Türrahmen so fest, dass seine Knöchel weiß wurden. Wieder und wieder flehte er: „Ned meine Buam, las ma meine Buam!"

Mutter saß auf einem Stuhl neben dem Tisch und weinte, während sie sprach: „Mutter Gottes, schau auf meine Buben, ich bitte schön, schau auf meine Buben."

Die Straße der Gebirgsjäger

Ich kroch auf ihren Schoß, legte meine Arme um ihren Nacken und weinte auch. Ich wusste nicht warum ich weinte, ich weinte nur, weil sie weinte. Noch nie hatte ich meine Eltern in solch vollkommener Verzweiflung gesehen.

Meine beiden Brüder waren sehr gut aussehend. Groß, blond mit blauen Augen, genau wie Hitler seine Soldaten wollte, aber keiner von den beiden trachtete danach, aus der Armee eine Karriere zu machen. Beide hatten einen Beruf, und in diesem wollten sie sich weiterbilden. Toni sah immer die komische Seite im Leben, was ihm über Schwierigkeiten hinweg half. Schorsch dagegen war ernst. Er geriet immer in Schwierigkeiten, so sehr er auch versuchte, dies zu vermeiden. Toni, der kühn und charmant war, gelang es, den Problemen meistens aus dem Weg zu gehen. Er fand es aber sehr schwer, so nah an seinem Zuhause zu sein und doch nicht heimgehen zu können, wann er wollte. Schließlich war er doch derjenige, der nie von zu Hause fort gehen wollte, und wenn er nur Kaffee und Brot zu essen hätte.

Es ist daher kein Wunder, dass er alles versuchte, um wenigstens für eine kurze Zeit nach Hause kommen. Manchmal sprang er über den Zaun und fuhr auf einem alten, rostigen Fahrrad nach Hause. Seine Freunde haben ihn immer gedeckt. Es war auch zu ihren Gunsten, da er immer Päckchen mit Leckerbissen von ihren Eltern zurückbrachte. Toni war mit unserem Cousin Sepp und dem Fischer Hans zusammen, der seit Kindertagen ein Freund von Schorsch war. Beide hofften, dass sie auch in der Armee zusammenbleiben konnten. Aber dem war nicht so. Fischer Hans war jetzt mit Toni und Ludwig Knott aus Schleißheim bei München zusammen. Sie wurden gute Freunde und blieben auch nach dem Krieg noch gute Freunde. Tonis

Die Straße der Gebirgsjäger

Eskapaden bereiteten meinen Eltern große Sorgen, obwohl sie sich immer ungeheuer freuten ihn zu sehen. Aber jedes Mal beteten sie, dass er nicht vermisst wurde. Er wurde nie vermisst, aber er war ja nicht allzu lange in der Kaserne.

Tonis Charme hat ihm nicht immer geholfen, besonders als er an der Reihe war, die Kaserne sauber zu machen. Ein junger, sehr dienstbeflissener Offizier fragte: „Wer hat hier sauber gemacht?" Voller Stolz sagte Toni: „Ich." Denn er war der Meinung, dass seine Arbeit ausgezeichnet war, und er erwartete ein Lob. Stattdessen schaute der Offizier in den Aschenschuber unter dem kleinen eisernen Ofen, der ein bisschen Asche enthielt, zog ihn heraus und verstreute die Asche auf dem Boden. Alle anderen Soldaten standen nur da und schauten ihn an. Da wurde der Offizier ganz verlegen und sagte zu Toni: „Kehr es zusammen" und verließ ganz schnell die Kaserne.

Die meisten Offiziere stammten aus Preußen, was sehr oft Anlass für Reibereien war. Denn es war den Soldaten nicht gestattet, in ihrem bayerischen Dialekt zu sprechen, wenn sie sich in der Gegenwart von Offizieren befanden. Es gelang den Soldaten jedoch sehr oft, diesen Befehl zu missachten, was die Offiziere ärgerte.

Schorsch erzählte mir viele Jahre später von so einer Begebenheit. Es passierte des Öfteren, wenn sie alle während des Unterrichts zusammen waren. Sie wohnten zwar in unterschiedlichen Kasernen, kamen aber im Waffenunterricht zusammen. In einer solchen Stunde, nach der Ausbildung am Gewehr, wurde der Fischer Hans, der für seinen trockenen Humor bekannt war, gefragt, wie man den Lauf befestigt. Hans versuchte Hochdeutsch zu sprechen, aber vermischt mit seinem besten Bayerisch. Er sagte: „Da nimmt man das Drum und steckt's da hinauf." Die ganze Klasse brach in lautes Gelächter aus. Der Offizier konnte nichts sagen, da Hans tatsächlich versuchte Hochdeutsch zu sprechen, wenn auch mit einem starken bayerischen Einschlag.

Die Straße der Gebirgsjäger

Noch hatten sie Spaß, aber es sollte bald anders kommen.

Fünfzehntes Kapitel

Schorsch nimmt am Polenfeldzug teil.
Hitler beendet die Freundschaft mit Russland.
Der Russlandfeldzug.
Das Internierungslager der Juden.
Eine Sondermeldung nach der anderen.
Mutter hört sich keine Sondermeldungen mehr an.

Am 14. April 1941 musste Schorsch an der Besetzung des Ostraums, in Ostpolen, teilnehmen. Einige Soldaten hatten so eine Ahnung oder hatten es vielleicht nur vermutet. Ein 19 Jahre alter Soldat sagte zu Schorsch: „Du wirst sehen, wir gehen gegen Russland." Schorsch versuchte ihn und sich selbst zu beruhigen: „Auf gar keinen Fall. Schau doch, es fahren noch Züge vorbei. Deutschland verhandelt noch mit Russland, die schicken noch Kohlen und Getreide nach Deutschland. Außerdem hat Deutschland einen Nichtangriffspakt mit Russland. Auf gar keinen Fall gehen wir gegen Russland." Aber Pete, der junge Rheinländer, war nicht zu überzeugen. Er hatte wirklich Angst, und er hatte Recht. Wann hatte ein Nichtangriffspakt Hitler je aufgehalten?

Am 14. Mai morgens um 4 Uhr, als die Soldaten aufstanden, sahen sie, dass alle Beobachtungstürme auf der russischen Seite verschwunden waren. Schorsch fragte andere Soldaten was los sei, aber keiner der Soldaten hatte eine Antwort. Es dauerte nicht lange, bevor sie alle wussten, wohin es ging. Vom 15. Mai bis 21. Juni wurden die Truppen für den Ostfeldzug vorbereitet, sie wussten, dass es nun gegen Russland gehen würde!

Im Februar 1941 erhielt Franz Mösl, der mit seiner Familie im ersten Stock im Haus meiner Eltern wohnte, seine Einberufung zum Wehrdienst. Nach seiner Ausbildung in München wurde auch er in den Ostfeldzug eingegliedert.

Die Straße der Gebirgsjäger

Auf dem Weg zur polnisch-russischen Grenze, zwischen Legionowo und Modlin, kamen die deutschen Truppen im Wald an einem Internierungslager für Juden vorbei: Männer, Frauen und Kinder jeden Alters. Die Soldaten hatten den strengsten Befehl, nicht in deren Nähe zu gehen. Als Schorsch später einige Soldaten traf, die den ersten Truppen folgten, und er sich nach den internierten Juden erkundigte, um die er sich sehr gesorgt hatte, wurde ihm gesagt: „Sie wurden alle erschossen." Diese Grausamkeit brach Schorsch das Herz.

Meine Eltern bekamen immer noch Briefe von Schorsch, wenn nun auch seltener. Sie kamen, manchmal schmutzig und zerknittert, mit nur ein paar gekritzelten Worten, aber sie kamen. Wenigstens wussten meine Eltern, dass es ihm gut ging, soweit das möglich war.

Einer unserer Nachbarn war ein begeisterter Anhänger des Regimes. Jedes Mal, wenn eine Sondermeldung im Radio kam, und es wurden viele bekanntgegeben, kam er mit einer großen Landkarte, um Vater die genaue Position der deutschen Truppen in Russland zu zeigen. Er hatte natürlich keine Ahnung, wie schwer und herzzerreißend das für meine Eltern war, da sie genau wussten, wie schwer und blutig diese Kämpfe in Russland waren. Wenn ich aus der Schule kam, rief die Frau unseres Nachbarn manchmal aus dem Fenster: „Schnell Lisa, lauf' nach Hause und sage deiner Mama, dass es eine Sondermeldung gibt."

Wenn ich es dann meiner Mama sagte, schaltete sie das Radio nicht ein und sagte stattdessen: „Sie hört es für uns beide." Es war ohnehin meistens Propaganda. Dr. Goebbels war sehr beschäftigt.

Die Straße der Gebirgsjäger

Schorschs Bataillon auf dem Weg nach Polen. Schorsch hatte seinen Handschuh ausgezogen, so dass wir ihn erkennen würden.

Die Straße der Gebirgsjäger

Mein Bruder Schorsch, 1941

Die Straße der Gebirgsjäger

Sechzehntes Kapitel

Mein Bruder Schorsch beim Russlandfeldzug, 2. Weltkrieg

Schorsch wurde für den Aufbau des Maschinengewehrs ausgebildet. In der Infanterie war es seine Pflicht, die Lafette auf seinem Rücken zu tragen. Deswegen brauchte er sein Gewehr nicht selber zu tragen.
Vom 22. Juni bis 10. Juli 1941 lieferten sich die deutschen Truppen ein schweres Gefecht in einer Doppelschlacht in der Nähe von Białystok und Minsk.

1. 22. Juni bis 24. Juni, Durchbruch durch die Grenzstellung.
2. Schlacht von Białystok-Slonim

Vom 11. Juli bis 31. Juli 1941 war Schorsch an einer anderen schweren Schlacht in der Nähe von Smolensk beteiligt. Hier wurde er von dem 19-jährigen Pete, der seit dem Einmarsch der deutschen Truppen in Polen bei Schorsch war, getrennt. Schorsch suchte und fand ihn – sein halber Kopf war weggeschossen. Schorsch nahm seine Erkennungsmarke ab und gab sie dem diensthabenden Offizier, der dann Freiwillige bat, die gefallenen Soldaten zu begraben. Schorsch meldete sich immer zusammen mit anderen, die diese letzte Aufgabe für ihre Kameraden ruhig und erschöpft vollbrachten.

1. 11. Juli bis 15. Juli: Die Deutschen bezeichneten es als die „Räumung der Gegend südlich und östlich und westlich von Minsk". Dies bedeutete, dass alle dort lebenden Menschen in Arbeitslager nach Deutschland transportiert wurden.

2. 16. Juli bis 19. Juli 1941: ein drei Tage langer, unglaublich entsetzlicher Marsch begann von der Beresina zur Dnjepr, zwei große Flüsse in Russland.

Die Hitze und der Staub waren unvorstellbar, und es gab keine Rast. Immer wieder fiel einer der Soldaten auf den Boden, weil er eingeschlafen war, und wurde von seinen Kameraden wieder hochgezogen. Wie haben sie das nur geschafft? Marschieren in voller Uniform, mit Gewehr und Rucksack auf dem Rücken. Schorsch musste die schwere Lafette auf seinem Rücken tragen. Nach einem drei Tage langen Marsch hatte kein Soldat mehr Wasser, und man kann sich vorstellen, dass sie ungeheuer durstig waren. Da kamen sie zu einem Teich mit stehendem Wasser. Die Offiziere liefen voraus, um die Soldaten daran zu hindern, davon zu trinken. Sie haben mit beiden Armen versucht, die Soldaten vom Teich abzuleiten, da das Risiko bestand, dass der Teich vergiftet war. Aber in dem Zustand, in dem sich die Soldaten befanden, war es ihnen gleichgültig, ob sie lebten oder starben. Die Offiziere wurden ganz einfach überrannt, und die Soldaten tranken von dem Teich so viel sie wollten, um ihren Durst zu stillen. Keiner der Soldaten wurde krank, aber es gab immer noch keine Rast. Endlich kamen sie in einen Wald in der Nähe der Dnjepr, wo sie ein paar verlassene Häuser mit Strohdächern fanden. In dieser Nacht musste Schorsch nicht Posten stehen und er konnte an nichts anderes als Schlaf denken. Mit seinem kleinen Spaten grub er ein Loch, zog etwas Stroh von einem der Häuser herunter, legte es in sein Loch und schon hatte er ein Bett. Er zog seine Jacke aus, deckte sich damit zu und fiel sofort in einen tiefen Schlaf. Er schlief bis zum Sonnenaufgang. Er setzte sich auf und ein paar Sekunden lang dachte er, dass er träumte. Fast alle Bäume um das Lager herum hatten keine Krone mehr, nur ihre Stämme ragten in den Himmel. Verwundete und Tote lagen herum. Schorsch fragte einen Soldaten, der gerade einem Sanitäter half: „Was ist passiert?"

Die Straße der Gebirgsjäger

Der Soldat dachte, er höre nicht richtig. Er schaute Schorsch völlig verwundert an und fragte ihn: „Hast du es nicht gehört? Die russische Artillerie beschoss uns die ganze Nacht und alles, was wir tun konnten, war Löcher zu graben so schnell wir konnten, nur waren die meisten nicht schnell genug."

Es war alles so entsetzlich. Schorsch konnte nicht verstehen, dass er nichts gehört hatte. Einen Moment lang dachte er, dass er vielleicht verletzt sei, weil er nichts gehört hatte, aber er konnte aufstehen und spürte, dass er unverletzt war. Dann mussten die Erkennungsmarken eingesammelt werden, so dass die Offiziere die Familien benachrichtigen konnten.

Dann sammelten sich die Truppen, um in ein anderes Gefecht zu marschieren.

Vom 20. Juli bis 31. Juli 1941 folgte die Schlacht in der Nähe von Mohilew.

Vom 29. Juli bis 31. Juli 1941 zogen die deutschen Truppen über den Fluss Sosch, um in eine andere Schlacht zu ziehen.

Der Krieg war erbarmungslos. Es wurde immer schwieriger, die russische Verteidigung zu überwinden, auch die Partisanen wurden immer erfolgreicher.

Vom 1. August bis 8. August kämpften die Truppen in einer Schlacht bei Roslawl.

Vom 9. August bis 20. August 1941 folgte die Schlacht bei Kritschew und Gomel (die so genannte „Vernichtungsschlacht bei Klimowitschi und Miloslawitschi")

Vom 20. August bis 1. Oktober 1941 folgten Abwehrkämpfe in der Nähe von Jelnja und Smolensk.

Hier war es seine Pflicht, drei Wochen lang den Proviant für die Truppe von der Feldküche zur Front zu bringen. Er tat das immer in der Nacht, denn da konnte er den Sternen folgen und es war nicht so heiß. Aber jede Nacht hatte er schreckliche Angst, dass er vielleicht einem russischen Soldaten begegnen oder von Partisanen gefangen werden würde. Er war wirklich froh, als die drei Wochen vorüber waren und er noch am Leben war.

Vom 28. August bis 6. September 1941:
    a) Abwehrkämpfe im Jelnja-Bogen
    b) Abwehrkämpfe am Fluss Dessna

2. Oktober 1941 bis 13. Oktober 1941: Doppelschlacht bei Wjasm und Brjansk

3. Oktober bis 4. Oktober 1941: Durchbruch durch die Dessna-Stellung.

4. Oktober bis 13. Oktober 1941: Vorstoß über Bolwa und Ugra.

Zu Hause in Ismaning hatten wir schon Lebensmittelkarten, obwohl wir noch nicht hungrig waren. Die Propaganda ertönte nach wie vor laut und in kurzen Abständen. Die Sondermeldungen verkündeten, dass die deutschen Truppen bald in Moskau einmarschieren würden.
    Um den Truppen in Russland zu helfen, wurde dann bekanntgegeben, dass Familien in Deutschland die Erlaubnis erhielten, warme Winterkleidung an die russische Front zu schicken, da die Soldaten nicht mit ausreichender Winterkleidung für die besonders strenge Kälte im russischen Winter ausgerüstet waren.
    Meine Mutter machte sich sofort daran, ein großes Paket mit warmer Winterkleidung für Schorsch zu packen. In die Mitte packte sie den größten Apfel unseres Apfelbaums und einige

Die Straße der Gebirgsjäger

Taschentücher, da sie wusste, dass ihre Söhne immer Taschentücher brauchten.

Anni, die noch mit ihren beiden Kindern in unserem Haus wohnte, und Courage hatte, trug das Paket zum Hauptpostamt in München, dem Sammelpunkt. Das Paket war ziemlich groß und Mutter hatte Angst, dass es vielleicht nicht angenommen werden würde. Zu diesem Zeitpunkt durfte nur ein Paket pro Monat geschickt werden, und es war nur 1 kg erlaubt.

Aber Anni kam gut gelaunt zurück und erzählte Mutter, dass der Postbeamte das Paket nahm und auf einen Haufen mit allen anderen Paketen warf. Es wurde nicht gewogen. Der Postbeamte schaute sie nicht einmal an und fragte gar nichts. Nun war Mutter ganz aufgeregt, denn sie wusste, was Anni dachte. Wenn es so leicht war, konnte dasselbe auch mit einem Paket voller Proviant getan werden.

Mutter fing sofort an zu backen, und Anni fuhr sofort mit ihrem Fahrrad im Dorf von einem Geschäft zum anderen, um Plätzchen und alles andere zu kaufen, dass sie ohne Lebensmittelmarken bekommen konnte. Die meisten Geschäftsinhaber versuchten zu helfen, wie sie nur konnten. Am nächsten Tag fuhr Anni wieder nach München zum Hauptpostamt und genau das gleiche wie am Tag vorher geschah. Der Postbote nahm das Paket von Anni und warf es zu den anderen, ohne Anni anzuschauen. Für die beiden Frauen war es ein wahres Glück und auch für Vater, als sie es ihm erzählten, da er doch am besten wusste, wie schwer es ist, an der Front gutes Essen zu bekommen.

Die Straße der Gebirgsjäger

Siebzehntes Kapitel

Meine Eltern hören nichts von Schorsch.
Er erhält beide Pakete.
Er hat nicht genug Zeit zum Schreiben.
Die Stalin-Orgel – eine Waffe direkt aus der Hölle.

Schorsch bekam beide Pakete; die Taschentücher und der Apfel waren sehr willkommen. Der Apfel war zu Eis gefroren, er taute ihn auf einem kleinen Bunkerlicht auf und dachte, Manna aus dem Himmel konnte nicht besser schmecken. Aber er hatte genügend warme Kleidung. Die Taschentücher konnte er brauchen, das benützte Taschentuch aus seiner Tasche packte er in die Mitte des Paketes, schnürte es zu und sandte es zurück. Zu seiner Überraschung und seiner Freude hatte er zwei Tage später wieder ein Paket und dieses Mal war es mit Lebensmitteln gefüllt. Er und seine Freunde hatten ein wahres Fest, aber keine Rast.

13. Oktober bis 4. Dezember 1941: Vorstoß gegen Moskau und Woronesch

13. Oktober bis 26. Oktober 1941: Durchbruch durch die Verteidigung um Moskau; Einnahme von Wereja.

27. Oktober bis 4. Dezember 1941: Kämpfe westlich von Moskau.

5. Dezember bis 21. Dezember 1941: Verteidigungskampf 60 km vor Moskau – das war der letzte Vorstoß der deutschen Truppen in Moskau.

22. Dezember 1941 bis 3. Januar 1942: wieder Verteidigungskämpfe in der Nara-Moskwa-Rusa Stellung. Die

Die Straße der Gebirgsjäger

deutschen Truppen erreichten Moskau nicht mehr; die russische Verteidigung war zu stark.

Am 26. Oktober 1941, als die deutschen Truppen Wereja einnahmen, kamen Schorsch und seine Kompanie in ein kleines Dorf, in dem noch einige russische Zivilisten in Holzhäusern wohnten. Die Soldaten waren überrascht, dass diese Leute nett zu ihnen waren. Hier hatten die Soldaten die Gelegenheit, sich nach langer Zeit zu waschen. Schorsch schätzte das sehr, da er furchtbar von Läusen geplagt war. Nachdem er sich gewaschen hatte, stand er am Fenster und hörte ein komisches Geräusch. Es klang nicht wie ein abgefeuerter Schuss. Er überlegte, ob es ein Blitz sein könnte, aber es gab keinen Donner. Dann dachte er, dass es vielleicht ein Fieseler Storch war.

Plötzlich war es ganz ruhig. Er ließ sich auf den Boden fallen, gegen eine Außenwand, da er dachte, er habe eine bessere Überlebenschance, falls das Haus einstürzen würde. Noch während er sich hinlag, gab es eine Detonation. Der ganze Boden bebte, und als er aufstand, war alles völlig verwüstet. Jetzt wussten die deutschen Soldaten, was die „Stalin-Orgel" war. Sie hatten davon gehört und nun hatten sie sie am eigenen Leibe erfahren. Die Stalin-Orgel war nicht nur eine einzige Waffe, sondern viele. Sie bestand aus ungefähr 12 oder manchmal 14 Raketen, die von einem Lastkraftwagen auf einmal abgeschossen werden konnten. Sie hatten keine besonders große Reichweite, aber wo sie aufschlugen, bebte der Boden. Die Hälfte der Soldaten der Kompanie wurde getötet. Es war ein grauenhafter Anblick: Soldaten ohne Arme und ohne Beine! Dann wurden Freiwillige gebeten, ihre Kameraden zu begraben, was schier unmöglich war. Der russische Winter hatte schon begonnen, und der Boden war hart gefroren. Mit den kleinen Spaten, die die Soldaten hatten, konnten sie nicht einmal eine kleine Vertiefung und schon gar kein Grab schaufeln. Sie trugen alle Soldaten, und die paar Russen, die auch getötet waren, zusammen und bedeckten sie mit Schnee.

Einer der Soldaten fragte: „Wo sind denn die Raketen hergekommen?"

Jemand antwortete: „Direkt aus der Hölle", was gar nicht so verkehrt war. Die Soldaten gaben dieser Waffe den Spitznamen „Stalin-Orgel", da die Raketen einen zischenden Ton wie der Blasebalg einer Orgel machte, wenn sie abgefeuert wurden.

In dieser Nacht musste Schorsch eine Stunde lang Wache halten. Eine Stunde war normal. Jeder Soldat musste eine Stunde Wache halten. Schorsch rauchte in dieser Stunde immer vier Zigaretten. Jede Zigarette dauerte ungefähr zehn Minuten. Nach der vierten Zigarette wusste Schorsch, dass die Stunde fast vorbei war. Als er in dieser Nacht Wache hielt, sang eine andere Kompanie in der Ferne das Lied „Es war ein Edelweiß". Hier war er von toten und schwer verwundeten Kameraden umgeben. Später konnte es das Lied nicht mehr hören, ohne an diesen Tag zu denken.

Am nächsten Tag machten sich die Truppen wieder bereit, gegen Moskau zu marschieren. Auf dem Weg kamen sie an einem Sanka vorbei, der dabei war, verwundete Soldaten zurück zu einem Feldlazarett zu transportieren. Partisanen hatten sie überfallen und das Feuer eröffnet.

Die Straße der Gebirgsjäger

Achtzehntes Kapitel

Dezember 1941. Es gibt keine Briefträger in Ismaning, nur Briefträgerinnen.
Meine Eltern erhalten keine Nachrichten von Schorsch.
Manchmal geschehen Wunder.

Am 1. Dezember 1941 wurden die deutschen Truppen westlich von Moskau in Abwehrschlachten verwickelt, als sie den Rückzug antreten wollten. Schorsch stand hinter einem Baum, und plötzlich fiel er auf den Boden. Ganz schnell versuchte er wieder aufzustehen, aber es gelang ihm nicht. Da fühlte er etwas Warmes an seinem linken Oberschenkel und er wusste, dass er verwundet war. Er rief nach einem Sanitäter und spürte noch, dass jemand unter seine Schultern griff und ihn vom Baum wegzog, bevor er das Bewusstsein verlor. Seine linke Hüfte und sein Ischiasnerv waren durchschossen.

Meine Eltern waren außer sich vor Sorge. Nun waren beide Söhne im Krieg. Von Toni kamen noch Briefe, aber nichts von Schorsch. Das Paket mit der warmen Kleidung kam zurück mit einem schmutzigen Taschentuch in der Mitte. Die guten Taschentücher und der Apfel waren verschwunden. Es war ganz klar, dass jemand das Paket geöffnet hatte. Das Ganze war ein Rätsel. Jeden Morgen wartete Mutter auf die Briefträgerin – aber kein Brief von Schorsch. Tonis Briefe kamen, nicht sehr regelmäßig, aber sie kamen.

Weihnachten 1941, und keine Nachricht von Schorsch. Am Stefanitag war Weihnachten für meine Eltern. Anni, die junge Frau, die mit ihren beiden Kindern in unserem Haus wohnte, arbeitete als Briefträgerin, und jeden Tag ging sie durch die Post, in der Hoffnung eine Nachricht von Schorsch zu finden. Aber jeden Tag das Gleiche – nichts. Am Stefanitag, der zwar kein normaler Arbeitstag für sie war, ging sie trotzdem zur Post und schaute die Post durch. Sie kam nach Hause und winkte mit einer der wertvollsten Karten, die meine Eltern je bekamen. Diese Karte kam von einem Sanitäter aus Wereja, auf der stand: „Schorsch lebt, aber sein linkes Bein ist schwer verwundet, er wird überleben." Es war das schönste Weihnachtsgeschenk, das meine Eltern je hatten. Nun konnten sie Weihnachten feiern, soweit das möglich war.

In der Notambulanz in Wereja wurde das Schrapnell entfernt. Schorsch hatte entsetzliche Schmerzen und rief ständig: „Nehmt meinen Stiefel ab!" Und das, obwohl er keine Stiefel trug. Er hatte aber das Gefühl, dass seine Schmerzen leichter zu ertragen wären, wenn die Sanitäter seine Stiefel ausziehen würden. Nachdem er in Wereja notdürftig behandelt worden war, wurde er mit einem Panjewagen (kleiner hölzerner Pferdewagen für drei oder vier verwundete Soldaten) nach Obrobka gebracht. Als sie in Obrobka ankamen, hing an jedem Telefonmasten ein Soldat. Schorsch wusste nicht, ob sie Deutsche oder Russen waren. Die Verwundeten waren durch das Trauma unfähig, den Unterschied zu erkennen. Sie konnten nur sehen, dass Soldaten an den Masten hingen. Das Feldlazarett in Obrobka konnte man beim besten Willen kaum als ein Lazarett bezeichnen. Das einzige Gebäude, das noch stand, war der Bahnhof, und der musste als ein Lazarett dienen. Die Halle wurde durch eine Plane unterteilt. Ein Teil war der Operationssaal, der andere Teil das Krankenzimmer. Das Krankenzimmer hatte keine Betten, es lag nur Stroh auf dem Betonboden. Hier war Schorsch wieder sehr von Läusen geplagt. Er benützte einen kleinen Stecken, um sich zu kratzen, wo es nur ging. Die Sanitäter gingen durch das sogenannte Lazarett mit Gliedmaßen in ihren Händen, die sie nach draußen trugen, um sie wahrscheinlich zu beseitigen. Schorsch war alles egal, denn er war außer sich vor Schmerzen.

Von Obrobka wurde er nach Lowitsch in der Nähe von Warschau transportiert. Hier erlebte er zum ersten Mal seit er verwundet wurde, den Luxus eines Krankenhauses mit richtigen Krankenschwestern und Ärzten.

Die Straße der Gebirgsjäger

Meine Eltern waren erst todunglücklich vor lauter Sorgen, nun waren sie angesichts des Gedankens, dass Schorsch lebte und möglicherweise bald nach Hause kommen konnte, überglücklich. Was konnte besser sein?

Einige Monate später kam Benedikt Off, den die meisten Leute in Ismaning Off Beni nannten und der meinem jüngeren Bruder Toni das Flobert-Gewehr geschenkt hatte, das in unserem Garten explodiert war, nach Hause auf Urlaub und besuchte meine Eltern. Meine Eltern, waren sehr erfreut ihn zu sehen, waren jedoch etwas überrascht, als er fragte, ob Schorsch seine Verwundung überlebt habe. Voller Verwunderung sagten sie: „Ja, er ist schwer verwundet, aber es geht ihm jetzt gut, er ist in einem Lazarett in der Nähe von Warschau."

Dann erzählte ihnen Off Beni eine ganz außergewöhnliche Geschichte. Wie ich schon erwähnte, auch er war im Russlandfeldzug und in der schrecklichen Schlacht westlich von Moskau, wo er auf unerklärliche Weise von seiner Kompanie getrennt wurde. Da hörte er einen Soldaten nach einem Sanitäter rufen, aber es war keiner in seiner Nähe, so dass er zu dem Soldaten rannte und ihm unter seine Schultern griff und zu einem Sanitäter zog. Er erkannte Schorsch, der bereits bewusstlos war und nicht wusste, dass es Off Beni war, der ihm unter die Schultern gegriffen und vom Baum weggezogen hatte. Als Beni Schorsch zum Sanitäter zog, sagte er zu ihm: „Versuch ihn durchzubringen, er wohnt in meiner Straße." Der Sanitäter entgegnete ganz trocken: „Aber natürlich, ich vollbringe jedes Mal Wunder, wenn ihr mir einen bringt." Worauf Beni genauso trocken antwortete: „Gut, dann kannst du hier auch eines vollbringen."

Dann verließ er Schorsch, da er seine Kompanie suchen musste. Zu meinen Eltern sagte er: „Ich habe keine Ahnung, wie ich von meiner Kompanie getrennt wurde, aber es ist wirklich nicht überraschend. Wir alle rannten wie verrückt und versuchten, in Deckung zu kommen, während die Russen uns mit der

Artillerie bombardierten. Ich dachte, das sei das Ende. Wir werden jetzt nicht mehr nach Moskau kommen."

Vater schüttelte seinen Kopf und sagte: „Ihr hattet nie die geringste Chance. Hitler ist nicht der Erste, der diese verrückte Idee hatte."

Off Beni war ganz seiner Meinung und schüttelte nur seinen Kopf.

„Ich bin so froh, dass Schorsch durchgekommen ist, ich hatte meine Zweifel", sagte er.

„Sag' ihm, er soll den hübschen Krankenschwestern einen Kuss von mir geben."

Das war Off Beni, der immer Humor in seinem Herzen hatte. Schorsch und Beni haben sich nicht mehr getroffen. Beni ist am 22. Januar 1945 gefallen.

Die Straße der Gebirgsjäger

Zum Andenken ✠ im Gebete

an unseren lieben, unvergeßlichen, herzensguten
Gatten, Vater, Sohn, Bruder, Schwiegersohn,
Schwager und Onkel

Benedikt Off

von Ismaning / Stabsgefr. in einem Inf.-Regt.

Feldzugsteilnehmer geg. Polen, Frankreich, Rußland
Inhaber des Verwundetenabzeichens, des Kriegsverdienstkreuzes 2. Kl. m. Schw. und der Ostmedaille

Geboren am 15. Mai 1915 in Billingsdorf
gefallen am 22. Januar 1945 in Ungarn.

O weinet nicht ihr Teuren,
Mein junges Leben ist vollbracht.
Ich hab den Tod gefunden in heißer blutiger Schlacht,
Ich hab' auch empfangen den größten Siegeslohn,
Der dem sterbenden Krieger ist verheißen —
Es ist die Himmelskron.
O tröstet Euch Gattin, Eltern und Kinder,
            im fernen Heimattal,
Wir treffen uns ja wieder im schönen Himmelssaal.
Und klingt in der Heimatkirche für mich
            der Glocken Trauerton.
So blickt mein Heldenauge auf Euch herab
N–0316   vom Himmelsthron.

*Zum Andenken an einen liebenswerten Helden:
Benedikt Off, genannt Off Beni*

Neunzehntes Kapitel

Es gibt immer weniger Sondermeldungen.
September 1941: mein Schulanfang.

Es war strengstens verboten, im Radio ausländische Sender zu hören. Besonders englische Nachrichten, da die deutschen Zuhörer nicht wissen sollten, wo die Front war. Jedoch Familien, die ein oder zwei Kinder im Krieg hatten und sehr wenig von ihnen hörten, wollten sich über die Kriegslage informieren. Obwohl es gefährlich war, missachteten viele Leute dieses Gesetz, so auch meine Eltern.

Solange sich die deutschen Truppen vorwärts in Richtung Moskau kämpften, kam eine Sondermeldung nach der anderen.

Als der Rückzug begann, wurden die Sondermeldungen immer weniger. Die Deutschen waren auf ausländische Sender angewiesen, um die Wahrheit zu erfahren, besonders wie viele deutsche Soldaten ihr Leben verloren hatten. Auf das Hören eines ausländischen Senders stand Gefängnisstrafe oder Schlimmeres. Trotzdem haben meine Eltern dieses Gesetz missachtet.

Ich war gewöhnlich im Bett, wenn der englische Nachrichtendienst im Radio in deutscher Sprache berichtete. Das war die einzige Gelegenheit für meine Eltern zu erfahren, wo die Front war. Hatten sie doch noch einen Sohn, der in Nordfinnland gegen Russland kämpfen musste.

Mein Kinderbett war im großen Schlafzimmer in der Ecke rechts von der Türe. Das Kopfende des Kinderbettes war gegen die Wand geschoben, und auf der anderen Seite dieser Wand, im nächsten Zimmer (in der Wohnküche), stand auf einem kleinen Tisch der Volksempfänger. Egal wie leise sie den Ton am Radio einstellten, ich konnte immer die Erkennungsmelodie hören, die der Anfang von Beethovens 5. Symphonie war. Das „bum – bum – bum – bum" war für mich ganz deutlich zu hören. Bis heute kann ich nicht verstehen, warum diese

Erkennungsmelodie so laut sein musste. Ich wusste, dass meine Eltern diesen Sender nicht einschalten sollten, und es beunruhigte mich sehr. Dann erzählte ich meiner Mutter, dass ich die komische Musik am Abend hören konnte, wenn ich im Bett war. Ich machte ihr das „bum-bum" vor. Sie war entsetzt, als ich ihr dies mitteilte und sagte, dass ich es nie jemandem erzählen dürfe. Ich versprach ihr, es nicht zu tun, da ich ja wusste, dass es gefährlich war, aber ich wollte auch zuhören. Dann wurde mir erlaubt, eines Abends aufzubleiben. In dieser Nacht waren drei Ohren an den Volksempfänger gepresst! Natürlich verstand ich von all dem nichts. Vater versuchte es mir zu erklären, aber ich fand das alles sehr langweilig und wollte nicht mehr zuhören. Das Einzige, das ich jetzt verstehen konnte war, warum meine Eltern diesen verbotenen Sender hören wollten.

Toni war immer noch irgendwo da draußen, es wurde „die Front" genannt, und er kämpfte – gegen wen? „Die Russen", sagte Vater. „Wo ist er?" frage ich dann. Vater entgegnete schweren Herzens: „Er ist in einem Land, das Finnland heißt, sehr weit im Norden und es ist sehr kalt dort, manchmal hat er sehr großen Hunger, deshalb schickt ihm deine Mama Päckchen." Ich war ein neugieriges Kind mit meiner eigenen Logik. Daher fragte ich: „Wenn es in diesem Land so schlecht ist, warum hört er dann nicht auf, gegen die Russen zu kämpfen und kommt heim?" Meine Mutter hatte Tränen in ihren Augen und Vater umarmte mich, als er versuchte, mir eine Frage zu erklären, die sie selber kaum verstehen konnten.

„Weißt du, der Führer, Herr Hitler, hat ihm befohlen das zu tun."

Ich hatte bereits gelernt, dass es besser war, nicht zu viele Fragen über Herrn Hitler zu stellen. Ich hatte eine nicht sehr angenehme Erfahrung gemacht.

Viele Jahre später, als ich schon in England wohnte, traf ich eine Dame aus Dänemark, die mir erzählte, dass auch ihr Vater abends immer die englischen Nachrichten hörte und dass sie

Die Straße der Gebirgsjäger

normalerweise auf der Straße stand, falls der Überwachungswagen kam. Dann konnte sie schnell in das Haus laufen und ihren Vater warnen, aber glücklicherweise ist er nie gekommen.

Im September 1941 wurde ich eingeschult. Als ich noch im Kindergarten war, gingen wir natürlich davon aus, dass wir von den „Schulschwestern", wie wir sie nannten, unterrichtet werden würden. 1941 wurden wir jedoch von einem Fräulein unterrichtet. Sie war eine hübsche junge Dame. Sie trug ein sehr schönes geblümtes Sommerkleid an meinem ersten Schultag und ich glaube, sie war eine sehr gute Lehrerin. Ich zählte jedoch nicht zu ihren Lieblingsschülerinnen. Ich habe zu viel geschwätzt, und was ich sagte, wurde nicht immer gern gehört. Wir hörten sehr viel über das Leben unseres wunderbaren Führers, besonders von der Zeit, als er ein junger Mann war, bevor er unser großer Führer wurde. Was er für ein hartes Leben hatte, er hatte nur ein Zimmer unter dem Dach und hatte nur Brot und Milch zu essen.

Ich konnte ganz einfach nicht verstehen, dass dies so entsetzlich schwer war. Wir hatten in unserem Haus auch zwei Zimmer unter dem Dach, wir nannten das Mansarde. Es waren wirklich gute Zimmer, die hatten nur eine schiefe Zimmerdecke, und ich liebte Brot und Milch. Was war also so schlimm daran? Hier kam mein logisches Denken wieder zum Vorschein. Außerdem war ich ja nicht an Fräuleins gewöhnt. Zu den Schwestern konnten wir alles sagen, und wenn etwas nicht richtig war, wurde es uns erklärt. Aber jetzt nicht mehr! Ohne mir etwas zu denken, sagte ich: „Ach, das ist nicht so schlimm, Jesus hatte oft nicht einmal das, manchmal hatte er nicht einmal ein Bett. Niemand spricht mehr darüber." Darauf folgte großes Schweigen. Sofort wusste ich, dass ich das Falsche gesagt hatte, aber was es genau war, wusste ich nicht.

Viel später war mir dann klar, dass die Lehrerin momentan keine passende Antwort fand. Daher sagte sie, dass ich zwanzigmal schreiben sollte, dass ich im Unterricht nicht vorlaut sein darf.

Dann fragte sie: „Kannst du bis 20 zählen?"

„Natürlich kann ich das, Schwester Festa hat uns das beigebracht."

Ich merkte sofort, dass ich es immer noch schlimmer für mich machte. Erst sprach ich über Jesus und dann sagte ich, dass mich eine Nonne unterrichtet hatte. Tatsache ist, dass mich nicht Schwester Festa unterrichtet hatte, sondern meine Eltern, aber in dem ganzen Durcheinander habe ich nicht mehr gewusst, wer mir was beigebracht hatte.

Ich fand das alles sehr schwer zu verstehen. Ich hatte keine Ahnung, was ein Führer war. Jedoch lernte ich schnell, dass es der Mann auf dem Bild war, das an der Wand über dem Pult hing, wo einmal ein Kreuz war. Jetzt haben wir jeden Morgen vor dem Führer gebetet.

Zwanzigstes Kapitel

Die Straße der Gebirgsjäger.
Soldaten und Künstler.
Die drei Freunde.
Urlaub zu Hause (das einzige Mal).

Toni, unser Cousin Sepp, ihr Freund Fischer Hans und Ludwig Knott aus München, wurden am 12. August 1941 in das Feldersatz-Bataillon 1047 eingegliedert. Bis dahin konnten sie zusammenbleiben und wurden vom 22. August 1941 bis 27. September 1941 nach Norwegen versetzt, das am 9. Juni 1940 von den deutschen Truppen besetzt wurde.

    Die Soldaten hatten eine herrliche Zeit und fanden Norwegen ausgesprochen schön. Zu ihrer Freude hatten sie die Erlaubnis, in den Fjords zu schwimmen. Das Wasser war kristallklar und von den Felsen in die Fjords zu tauchen bereitete ihnen ungeheuer viel Spaß. Aber es war Krieg, und das Vergnügen war sehr kurz. Vom 28. September bis 13. Oktober 1941 mussten die Truppen die Küste von Norwegen beschützen, das sie bis 30. Oktober 1941 besetzten. Vom 10. November bis 18. Dezember wurde das Marschbataillon 1047 dem Kommando von Major General Eduard Dietl unterstellt und erhielt die Bezeichnung Gebirgsjägerregiment 139, 13. Kompanie. General Dietl war ein Bayer, und die meisten Gebirgsjäger waren Bayern und Österreicher, und als diese jungen Männer einberufen wurden, hieß es: „Sie sind ein Bayer oder Österreicher, Sie können Ski laufen, daher gehen Sie nach Finnland." Ob sie tatsächlich Ski laufen konnten, spielte keine Rolle. Zu Tonis Freude wurde er als Adjutant dem Offizier Fürst Max Khevenhüller-Metsch, aus Launsdorf/Niederosterwitz, Österreich zugeteilt. Die Bayern und Österreicher verstanden sich immer gut, da sie ja eine ähnliche Kultur haben. Es war wirklich ein Glück für Toni, dass er für einen österreichischen Offizier arbeitete. Max

Die Straße der Gebirgsjäger

Khevenhüller-Metsch bemerkte, dass Toni zu Disziplinlosigkeit neigte und konnte daher immer verhindern, dass etwas Schlimmes passierte. Die beiden Männer pflegten eher ein freundschaftliches Verhältnis als das eines Offiziers und Adjutanten. Das war für Toni wichtiger als alles andere. Er war doch derjenige in unserer Familie, der nie von zu Hause weg wollte.

1. Januar bis 14. Januar 1942: Kampf um die Stellung im Wermanabschnitt, in der Nähe von Alakurtti, Nordfinnland.

15. Januar 1942: Die Truppen erreichten Nordfinnland.

Deutschland hatte einen Freundschaftsbund mit Finnland. Zusammen kämpften sie gegen Russland. Wie unglaublich muss es für diese jungen Soldaten gewesen sein, im Winter bei -30 oder -40 Grad am nördlichen Polarkreis, zwischen Eismeerstraße und dem Weißen Meer, zu kämpfen. Obwohl sie noch in der westlichen Hemisphäre waren, erschien es den Gebirgsjägern wie eine andere Welt.

Dort, im hohen Norden, mussten sich die jungen Soldaten an eine andere Art von Krieg gewöhnen. Hier war ein Krieg, für den sie in den Kasernen von München nicht ausgebildet worden waren.

Die Briefe von zu Hause enthielten Fragen wie: „Wie könnt ihr unter diesen Umständen leben? Wie kommt ihr zurecht mit dem Winter in der Arktis, den Wäldern und den Sümpfen und den Tagen ohne Nächte im Sommer?"

Ein junger Soldat und Künstler, Kurt Kranz, brachte es fertig, mit einfachen Mitteln das Leben der Soldaten darzustellen. Heimat war für sie nun der Karelische Urwald. Und wenn Kurt Kranz vom Wachdienst oder Spähtrupp in den Bunker zurückkam, erinnerte er sich an die Schnee- und Eislandschaft. Es gelang ihm, nur mit Bleistift und Papier diese Erinnerungen aufzuzeichnen. Seine Freunde im Bunker konnten diese

Die Straße der Gebirgsjäger

Zeichnungen gar nicht genug bewundern, besonders wenn die Soldaten im Zwielicht den kalten Zauber des Nordens erlebten. Kurt Kranz brachte es fertig, ein unglaublich raues Leben an einer einzigartigen Front, im Winter des Karelischen Urwaldes, in 38 Zeichnungen darzustellen.

Einige Male kamen ein Freund von Toni, Sepp und Fischer Hans auf Urlaub nach Hause und besuchten dann die Eltern der drei Freunde. Diese hatten Grüße ausgerichtet und es wurde immer Gutes berichtet. Die Eltern wussten jedoch, dass es der Wunsch ihrer Söhne war, nur Gutes zu berichten. Die Freude war aber immer groß, einen Freund ihrer Söhne zu sehen. Außerdem war es eine wunderbare Gelegenheit, Pakete mit Proviant an die Front zu schicken, da normalerweise nur 1 kg pro Monat erlaubt war. Ein bisschen mehr Essen war sehr willkommen im hohen Norden. Es fiel allen Eltern sehr schwer zu verstehen, dass ihre Söhne unter derart unvorstellbaren Bedingungen kämpfen mussten, wenn sogar der Proviant nie reichte.

Im Frühling 1942 wurden die Soldaten sogar noch beauftragt, eine gerade Straße durch den Karelischen Urwald zu bauen, damit der nachfolgende Transport den Truppen nach Murmansk an der russischen Grenze folgen konnte. Das war Deutschlands Ziel.

Fast alle Soldaten waren sehr jung, viele von ihnen hatten kaum ihre Lehre beendet, als die Einzugspapiere durch die Türe flatterten. Sie hatten keine Chance, ihre beruflichen Talente zu nutzen; stattdessen mussten sie eine andere Tätigkeit erlernen – eine, die sie sich nicht ausgesucht hatten.

Zwischen den Gefechten lernten sie nun sogar das Bauen von Straßen. An dieser Straße hatten sie manchmal Ruhepausen, doch sie ruhten sich nicht aus. Anstatt zu vernichten, wollten sie etwas bauen. Sie hielten sogar einen Wettbewerb im Bauen von Blockhütten ab. Die Gruppe, der Toni angehörte, bekam den ersten Preis. Sie waren alle so stolz auf ihre Arbeit, aber leider

Die Straße der Gebirgsjäger

konnten sie nur zwei Nächte in den Blockhütten schlafen, dann ging es wieder weiter. Aber sie waren stolz auf ihre Arbeit, deshalb fertigten sie ein Straßenschild an und nannten diese Straße „Die Straße der Gebirgsjäger". Ein geschickter Gebirgsjäger fing an, diesen Namen auf das Straßenschild zu schreiben. Aber die Zeit war kurz, und die Truppen mussten wieder weiter ziehen. Doch dieser Gebirgsjäger konnte es nicht über sich bringen und seine Arbeit halb fertig zurücklassen. So blieb er zurück und beendete seine Arbeit und lief dann seiner Kompanie nach.

Leider gab es zu wenige dieser Tage. Der Krieg holt die Soldaten immer wieder ein, ganz gleich wie jung sie sind.

Am 4. Mai 1942 fingen die deutschen Truppen an, sich auf die Belagerung von Kiestinki vorzubereiten.

Am 5. Mai 1942: wurden die Truppen mit Lastkraftwagen 103 km nach Kiestinki transportiert.

6. Mai 1942 bis 23. Mai 1942: Angriffsschlacht bei Kiestinki

24. Mai bis 31. Mai 1942: Verfolgung der sich zurückziehenden russischen Truppen

Am 1. Juni 1942: kam Hilfe für das finnische Bataillon, südlich des Bergs Njatowara.

Bis 20. Juli 1942: schwere Artilleriekämpfe

20. Juli: Die Gebirgsjäger werden abgelöst und setzen den Bau der „Straße der Gebirgsjäger" fort.

Die Straße der Gebirgsjäger

3. August 1942: Die Gebirgsjäger kämpfen um die Einnahme der stark verteidigten Igelstellung am Fuße des Njatowara, nördlich des Sees 506 im Nahkampf mit russischen Soldaten.

7. August 1942: 3,5 km langer Marsch zurück zum nächsten Biwak, und bis 13. August 1942 Vorbereitung für den Angriff der russischen Festung.

14. August 1942: Die Gebirgskompanie 13 bereitet sich darauf vor, als erste Truppe im Süden des Njatowara zu sein. Es kam jedoch nicht zum Kampf, da sich die russischen Truppen in der Zwischenzeit zurückgezogen hatten. Stattdessen wurde der Spähtrupp am Nordhang des Njatowara abgelöst.

23. August 1942: Ein 103 km langer Marsch und dann auf Lastkraftwagen durch Kuusamo und Märkjärvi und von hier mit dem Zug zum Wermanabschnitt.

1. September 1942: Die Gebirgsjäger kommen in Wotja an und beziehen ein Biwak am Nordweg.

4. September: die Gebirgsjäger werden nach Joutsijärvi transportiert.

5. September: Bezug eines Biwaks in Joutsijärvi und Wiederaufbau des Lagers der Gebirgsjäger.

 Vom 19. September bis 10. Oktober kamen Toni und Sepp (unser Cousin) auf Urlaub nach Hause. Das war der einzige Urlaub, den die beiden je hatten. Das war eine wunderbare und einmalige Gelegenheit, die Toni hatte, um seinen Bruder Schorsch zu besuchen.
 Schorsch wurde im Januar 1942 nach Berlin transportiert und hörte, dass seine nächste Station Koblenz an der Mosel sein würde; dort wurde ihm gesagt, dass die nächste Station Cochem

Die Straße der Gebirgsjäger

an der Mosel sein würde, Dieses Mal war er im ersten Stock eines Krankenhauses über der Station für psychisch Kranke untergebracht. Im Februar 1942 wurde er wieder in ein anderes Lazarett verlegt. Dieses Mal war es der Kemperhof in Koblenz, und Ende Februar 1942 wurde er noch einmal verlegt, und zwar in das Lazarett Josefshaus, in dem die Krankenschwestern alle Nonnen waren. Das tat ihm sehr leid, da sie alle sehr hübsch waren. Von dort kam er wieder in ein anderes Lazarett in Engers, in der Nähe von Neuwied, am Rhein. In diesem Lazarett versuchten die Ärzte, in einer einzigartigen Operation den gerissenen Ischiasnerv an Schorsches Hüfte wieder zusammenzufügen. Das war ein ehrgeiziges Unterfangen, das leider nicht glückte! Schorsch traf auch in Engers das Mädchen, das später seine Frau wurde.

Toni konnte seinen Bruder in Engers für ein paar Tage besuchen. Es waren sehr wertvolle Tage, die viel zu schnell vergingen. Was kann man schon sagen, es war Krieg. Und im Krieg gibt es weder Zeit noch die Muße für Sentimentalität. Viel zu schnell kam der 10. Oktober 1942, und Toni und Sepp mussten sich von ihren Eltern und Freunden verabschieden. Aber was Toni betraf, lief nichts problemlos. Sie mussten am Münchner Hauptbahnhof einen Zug nach Danzig (heute Gdansk) nehmen, und von dort einen Zug nach Reveil. Beide hatten einen Urlaubspass, der bis zum 10. Oktober 1942 galt. Im Zug hatte Toni die ausgezeichnete Idee, an der nächsten Station wieder auszusteigen. Sofort gingen sie zum diensthabenden Offizier und meldeten, dass der Zug so überfüllt war, dass sie aussteigen mussten. Bei all dem Durcheinander, das entstanden war, weil Soldaten ständig kamen und gingen, hatte der Offizier keine Zeit, sich mit den beiden zu beschäftigen. Er stempelte ihren Pass und befahl ihnen, den nächsten Zug zu nehmen. Ihre Pässe waren abgestempelt, da konnte sie nichts mehr halten. Sie gingen in die Stadt, hatten einige schöne Stunden und nahmen den nächsten

Zug am nächsten Tag. Da es beim ersten Mal so leicht war, versuchten sie es mehrere Male.

Schließlich kamen sie am Hafen von Reveil an, das damals noch zu Deutschland gehörte. Hier suchten sie ihr Schiff nach Norwegen, das sie zusammen mit anderen Gebirgsjägern, die auch von ihrem Urlaub zurückkamen, nehmen sollten. Alle Soldaten waren in der Adolf-Hitler-Schule einquartiert. Sie alle warteten nun auf ihr Schiff, das ihr Transport nach Norwegen war. Sepp und Toni hatten sich diesen Soldaten angeschlossen. Während sie warteten, kam ein Offizier aus der Adolf-Hitler-Schule und stieg in sein Auto, das auf der Straße stand. Das Auto ließ sich jedoch nicht starten. So liefen die beiden sehr hilfreichen Gebirgsjäger Sepp und Toni zum Auto und fragten den Offizier, ob sie schieben sollten, vielleicht würde der Motor dann anspringen. Tatsächlich, nach einer Weile sprang der Motor an, der Offizier bedankte sich und fuhr los. Die beiden Gebirgsjäger gingen auch los, allerdings nicht zurück zur Adolf-Hitler-Schule, sondern weiter die Straße entlang. Sie versteckten ihre Rucksäcke hinter ein paar alten Aschentonnen und hatten eine schöne Nacht in Reveil. Als sie am Morgen zum Hafen zurückkamen, war ihr Schiff ausgelaufen und auf dem Weg nach Norwegen. Die beiden waren allein in der Adolf-Hitler-Schule und mussten auf die anderen Soldaten und das nächste Schiff warten. Doch nun wurden die beiden strengstens bewacht. Als sie dann endlich in Finnland ankamen, erzählten sie ihren Kameraden alles Mögliche – was für eine entsetzliche Reise sie hatten usw. Aber als Toni versuchte, auch seinem Chef diese Geschichte zu erzählen, sagte Fürst Max Khevenhüller-Metsch: „Toni, hör sofort auf. Du bist jetzt hier, aber ich verspreche dir, so etwas wird nie wieder vorkommen." Er hatte recht, es kam nie wieder vor. Aber es hatte nichts mit seinem Offizier zu tun, denn kein Gebirgsjäger hatte je wieder die Gelegenheit auf Urlaub zu gehen. Das galt auch für Tonis Offizier, Fürst Max Khevenhüller-Metsch.

Die Straße der Gebirgsjäger

Beginn des Baus der Straße der Gebirgsjäger

Soldaten bei Baumfällarbeiten im Karelischen Urwald, um die Straße der Gebirgsjäger zu bauen

Lager an der Straße der Gebirgsjäger. Toni (links) beim Boule spielen

Von den Gebirgsjägern angebrachte Hinweisschilder

Die Straße der Gebirgsjäger

Rast in den Sümpfen

1941: Kämpfe an der Straße der Gebirgsjäger

Bei einer seltenen Atempause veranstalteten die Gebirgsjäger ein Fest

Toni gewinnt den ersten Preis für den Bau seiner Blockhütte

Die Straße der Gebirgsjäger

Lager an der Straße der Gebirgsjäger

Soldaten mit einem Welpen vor der Blockhütte

Toni in der Uniform der Gebirgsjäger

Die Straße der Gebirgsjäger

Cousin Sepp in der Uniform der Gebirgsjäger

Die Straße der Gebirgsjäger

Einige Zeichnungen von Kurt Kranz

Die Straße der Gebirgsjäger

Kurt Kranz – Selbstporträt

Einundzwanzigtes Kapitel

Wieder ein Winter in der Arktis.
Weihnachten im Eis.
Einsatz an der Fischerhals-Front. Dann Kämpfe auf der Fischerhals-Halbinsel.

Der nächste Winter wartete auf die Gebirgsjäger in der Arktis; der nächste Einsatz an der Fischerhals-Front. Die Gebirgsjäger wurden jetzt auch die Jagdkompanie 13.

18. Dezember 1942: Einsatz der Jagdkompanie 13 in Kelloselkä.

21. Dezember 1942: Einsatz der Jagdkompanie 13 in der Gegend von Korja; sie zog von dort zu ihrem Stützpunkt, genannt Alpenveilchen.

Das war wirklich ein Stützpunkt, der das Durchhaltevermögen der Soldaten auf das Äußerste prüfte. Egal wie kalt es war, die Soldaten schnallten jeden Morgen ihre Skier an und liefen 30 oder 40 km, um das Niemandsland zwischen Finnland und Russland zu erkunden.

Am 24. Dezember 1942 war Weihnachten, auch in Nordfinnland. Keine Schlittenglocken und keine Weihnachtslieder, jedoch eine Menge Schnee. Hier saßen sie zusammengekauert in ihren Bunkern mit Weihnachtspäckchen von zu Hause, da Eltern und Verwandte 1 kg pro Monat schicken durften. Die meisten der Soldaten hatten ein Päckchen, und diejenigen, die keines hatten, durften mit ihren Kameraden teilen. Manche versuchten einen Witz zu erzählen, nur um die Wehmut zu lindern. Aber es half nichts! Dann konnte es Toni nicht mehr aushalten, er ging hinaus in den Schnee, sägte eine kleine Fichte ab, brachte sie in den Bunker, zog seine Schnürsenkel aus seinen Skistiefeln und schmückte damit die kleine Fichte. Dann machten es ihm alle anderen Soldaten nach. Nun hatten sie wenigstens einen Christbaum, und alle dachten, dass er wunderbar geschmückt war. Und das Erstaunliche war, dass sich die Stimmung plötzlich änderte. Sie fingen an, Weihnachtslieder zu singen und zu ihrem Erstaunen merkten sie, wie viele Weihnachtslieder sie tatsächlich kannten. Sie fragten sich gegenseitig, welche Lieder sie kannten.

Nach einer Weile fingen sie sogar an, sich zu unterhalten und sogar zu lachen, und dachten, dass Weihnachten etwas ganz Besonderes war. Sie hatten doch Päckchen von zu Hause, die sie teilen konnten. Auch für die Gebirgsjäger im arktischen Winter in Lappland war es Weihnachten im Jahr 1942.

Der Krieg ging jedoch weiter!

Am 1. Januar 1943 kam der Befehl, das Lager zu schließen und nach Salla zurückzukehren. In Salla erhielten die Gebirgsjäger zum ersten Mal Ski-Unterricht und wurden im Erkunden geschult. Und das, nachdem die Gebirgsjäger bereits seit über zwei Jahren auf Skiern als Spähtrupp unterwegs gewesen waren. Dennoch war es etwas, an dem sie Spaß hatten.

Vom 10. Februar 1943 bis 26. Januar 1944: Einsatz an der Fischerhals-Front.

Ab 9. Februar 1943: Die Gebirgsjäger reisten mit dem Zug nach Joutsijärvi, liefen von Joutsijärvi über Vika 42 km entlang der Eismeerstraße und dann 15 km entlang der Titowastraße.

Am 13. Februar 1943 wurde die Marschkolonne von Oberbefehlshaber, General Oberst Dietl kontrolliert. Der General hatte eine besondere Affinität für die Gebirgsjäger. Die meisten Gebirgsjäger kamen aus Bayern und Österreich und der General Oberst stammte aus Bad Aibling, Bayern. Deshalb war es vielleicht ganz natürlich, dass er freundschaftliche Gefühle für diese jungen Gebirgsjäger hegte und sie beschützen wollte. Ich weiß von Toni, wie sehr sie ihn respektierten. Aber es ging darüber hinaus. Er war für sie eine Art Vaterfigur, dem sie gewillt waren zu folgen. Toni dachte immer, dass die Nazis das nicht gern gesehen hätten. Für sie stand er den einfachen Soldaten ein bisschen zu nahe.

Am 2. Februar 1943 besuchte Generalfeldmarschall Schörner die Truppen und hielt eine Ansprache; am 6. März 1943 kam General Rossi.

21. Februar 1943, Ivalo: Eintrag in XIX - (Geb.) A.K.

7. März 1943: Das Grenadier-Regiment 193 wurde auf der Höhe N6M und N6aM abgelöst.

23. März 1943: Verteidigung eines russischen Angriffs und erfolgreiche Gegenoffensive.

Im April 1943 fand der Narviklauf statt. Das war ein Wettbewerb im Skilaufen aller Kompanien, die in Narvik stationiert waren. Die Kompanie 139 (Gebirgsjäger) nahm am Spähtruppwettbewerb und am Slalom teil und gewann Preise. Unser Cousin Sepp bekam den ersten Preis und gewann einen finnischen Dolch, der von General Oberst Eduard Dietl überreicht wurde. Der General Oberst flog extra nach Narvik, um sich selbst ein Bild der Leistung seiner Gebirgsjäger zu machen.

Dann wieder Kämpfe. Dieses Mal an der Fischerhals-Halbinsel, die zu Russland gehörte, im Sektor Murmansk.

2. Juni 1943: Kompanie 12 löste die Gebirgsjäger ab, die mit dem Zug zum Sommerlager III am N4bm transportiert wurden.

31. August 1943: erneut Besetzung der Höhe N7M, N6M, N6aM.

15. September 1943: General Schörner besucht die Truppen.

18. November 1943: Ende der Ablösung der Kompanie 1. Die Gebirgsjäger ziehen in das Narviklager, wo sie bis zum 26. Januar 1944 bleiben.

Mai 1944: Die Gebirgsjäger werden nach Kiestinki transportiert.

15. Juli 1944: Erneuter Angriff, um den Weg nach Sennosero zu öffnen, die Gebirgsjäger nehmen im Nahkampf einen Berg von strategischer Höhe ein, der Höhe 150 genannt wurde. Dieser ist jedem Gebirgsjäger ein Begriff, da dieser Kampf besonders schwer und blutig war.

4. September 1944: Finnland kapituliert und die deutschen Truppen müssen nun den Krieg in Lappland allein bestreiten.

Die Straße der Gebirgsjäger

Die Straße der Gebirgsjäger

Soldaten auf der Fischerhals-Halbinsel

Die Straße der Gebirgsjäger

Finnische Soldaten auf der Straße der Gebirgsjäger

Tonis Bunker auf der Fischerhals-Halbinsel

Die Straße der Gebirgsjäger

Gebirgsjäger auf Skiern über die Eismeerstraße

Die Truppen bereiten sich auf Höhe 150 zum Kampf vor

Die Straße der Gebirgsjäger

Von links nach rechts: unbekannter Soldat, Toni, Fischer Hans, Sepp in Finnland

Auf Erkundung nahe Murmansk

Die Straße der Gebirgsjäger

Skirennen bei Salme-ewi nahe Saloniki, Nordfinnland

General Dietl inspiziert die Truppe

Die Straße der Gebirgsjäger

General Dietl genießt eine Tasse Kaffee

Die Straße der Gebirgsjäger

Oben: General Dietl überreicht Cousin Sepp einen finnischen Dolch als ersten Preis, den er beim Skirennen der Gebirgsjäger gewonnen hat

Unten: der finnische Dolch, der Sepp von General Dietl überreicht wurde

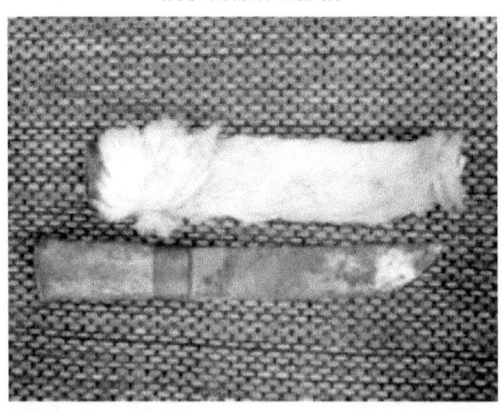

Zweiundzwanzigstes Kapitel

Was im Vaterland vor sich geht.
Franz kommt auf Urlaub nach Hause.
Schorsch wird in ein Lazarett in München, das Max-Gymnasium, verlegt.
Unserer 17 Jahre alten Cousine Rosi gelingt es, an den Wachposten im Krankenhaus vorbeizukommen.

Zu Frühlingsbeginn 1943 kam Franz auf Urlaub nach Hause. Auch er musste an der russischen Front kämpfen. Franz war der junge Mann, der mit seiner Frau und seinen beiden Kindern in unserem Haus wohnte. Zwei Wochen konnte er bei seiner Familie bleiben. Es war wie ein Traum, der nur einen Moment zu dauern schien, und schon war er vorbei. Vorbei war das Leben, wofür sie beide so inständig beteten. Franz ging zurück zur Front, und Anni hörte nie wieder etwas von ihm. Stattdessen erhielt sie einen Brief vom Kompanie-Kommandanten, dass Franz vermisst wurde. Was für quälende Monate sie durchleben musste. Monate in verzweifelter Hoffnung, dass er noch leben und vielleicht irgendwo in Gefangenschaft sein würde. Dann hörte sie entsetzliche Geschichten über die Behandlung der Gefangenen bei den Russen.
    Die Wochen vergingen, und kein Wort von Franz, und die Wochen der Hoffnung und Gebete wurden zu Monaten, und Anni wollte und konnte nicht glauben, dass sie ihren Mann nie wieder sehen würde.
    Im Oktober kam der unglaublich grausame Brief der Regierung. Die diensthabende Briefträgerin gab den Brief meiner Mutter, die ihn Anni geben sollte. Sie selbst war nicht tapfer genug das zu tun. Sie kannte den Brief nur zu gut, da sie viel zu viele davon austragen musste. Anni drehte sich um und ging weg und überlies meiner Mutter, den Brief zu öffnen. Es stand darin, dass Franz bei einem Kampf verlorengegangen war und daher am

12. Oktober als gefallen erklärt wurde, als er tapfer für sein Vaterland gekämpft hatte.

Im März 1943 wurde Schorsch in das Max-Gymnasium, ein Lazarett in München, verlegt. Sein ganzes Bein war immer noch in Gips, mit dem er herumpolterte. Man konnte beim besten Willen nicht behaupten, dass er ging, da er ein Metallabsatz in den Gips eingesetzt war, womit er mit jedem Schritt einen furchtbaren Lärm verursachte.

Es war ganz einfach wunderbar für die ganze Familie, dass es nun möglich war, ihn zu besuchen. Aber die Besuchszeiten mussten natürlich strengstens eingehalten werden, es sei denn, man war so klug und kühn wie unsere 17 Jahre alte Cousine Rosi. Sie wohnte mit ihren Eltern in der Preysingstraße und besuchte Schorsch fast jeden Tag. Sie beherrschte die Kunst, dem Portier auszuweichen, der sein kleines Zimmer auf der rechten Seite der Eingangstüre hatte. Rosi wartete gewöhnlich direkt an der Innenseite der Türe, außer Sichtweite des Portiers. Sobald ein Angestellter den Portier etwas fragte, was des Öfteren vorkam, flitzte Rosi blitzschnell die Treppe hinauf zum ersten Stock, in dem Schorsch sein Zimmer hatte. Der Portier sah sie meistens, aber dann war es schon zu spät. Er rief nach ihr, aber ohne Erfolg, sie war außer Hörweite. Der Portier hat sein Bestes getan, aber er konnte ihr nicht nachlaufen, und so besuchte Rosi Schorsch wann immer sie wollte. Mit Schorsch waren 3 schwerverwundete Soldaten im Zimmer. Ich kann mich besonders gut an einen jungen Mann mit einer Kopfwunde erinnern. Sein Orientierungssinn war gestört. Er war beispielsweise unfähig, gerade auf eine Tür zuzugehen. Er kam nie gerade auf die Tür zu, sondern vermutete sie daneben. So war es mit allem. Für ihn war es unmöglich, eine Tasse vom Tisch zu nehmen. Er versuchte sie zu nehmen, griff aber immer daneben. Natürlich hatten seine Zimmerkameraden Spaß mit ihm. Sie riefen seinen Namen und warfen ihm etwas zu – eine Tasse, einen Ball und alles Mögliche. Es war ihm unmöglich, etwas zu fangen. Die Soldaten machten es zum Spaß, bis sie bemerkten, dass dies eine wunderbare Therapie für ihn war. Er wusste, dass er nie wieder vollkommen geheilt werden konnte, aber er bemerkte, dass sich durch die Übung seine Gesundheit verbesserte. Als erstes lernte er zur Freude seiner Kameraden tatsächlich durch eine Tür hindurch zu gehen. Das freute auch die Ärzte, die ihm versicherten, dass er sich daran gewöhnen würde und ein vollkommen normales Leben führen könnte, obwohl er nicht vollkommen geheilt werden konnte.

Es wurde immer schwieriger, Waren aus besetzten Ländern einzuführen. Für Rohstoffe wie Getreide und Kohlen, die normalerweise aus Russland importiert wurden, mussten nun andere Quellen gefunden werden. Da aber die deutschen Frontlinien soweit reichten und die Infrastruktur der besetzten Länder häufig zerstört war, war Deutschland größtenteils auf seine eigene Landwirtschaft angewiesen. Die zugeteilten Lebensmittel reichten kaum zum Leben. Die Regierung befahl den Bauern, auch Kleinbauern und sogar Privatleuten, alles zu melden, das produziert wurde. Sogar der gesamte Viehbestand musste ausgewiesen werden und laut Gesetz musste jeder Bauer, Kleinbauer und sogar Privatmann einen gewissen Prozentsatz der produzierten Lebensmittel für den Kriegsdienst abliefern. Für die Einwohner Deutschlands wurde es immer schwieriger genügend Lebensmittel zu bekommen. Blumengärten verschwanden nach und nach. Jeder Hausbesitzer versuchte, so viel Gemüse wie möglich anzupflanzen. Die Reichsmark verlor an Wert. Nahrungsmittel waren die Währung, mit der man einkaufen konnte. Meine Eltern hatten Hühner, und sehr oft benützten sie Eier, um etwas zu kaufen. Für meinen Schulanfang kaufte meine Mutter einen ledernen Schulranzen für 30 Eier. Im ersten Schuljahr benutzten die Kinder noch eine Schiefertafel mit einem Griffel zum Schreiben. Sobald die Kinder in höhere Klassen kamen, konnten sie Federhalter mit Metallfedern benutzen. Die Metallfedern, die ich benutzte, hießen Redisfeder, aber sie hielten nicht sehr lang. Mutter bezahlte drei Eier für eine Feder. Sie kaufte immer zwei. Anni kannte ein Schreibwarengeschäft in München, das eine gute Quelle für alle Schreibwaren war, solange sie mit Eiern bezahlte. Allerdings bedurfte dies eines gewissen Mutes, da Schwarzhandel strengstens verboten war.

Mutter hatte ihre Hühner nie angemeldet, und es schien, dass niemand unsere Hühner beachtete. Sie liefen frei im Hof herum und schliefen des nachts in ihrem Hühnerstall. Aber sie bereiteten Probleme, als meine Eltern zusammen mit Anni ein Schwein schlachteten, das sie geheim gehalten hatten. Ein „netter Nachbar" hatte es wohl bemerkt und informierte die Polizei, die prompt am nächsten Tag erschien. Es war der Polizeiinspektor, den meine Eltern kannten. Es war ein ehrgeiziger junger Polizist. Sie sagten meiner Mutter, dass sie wüssten, dass meine Eltern ein Schwein geschlachtet hätten. Es wäre sinnlos gewesen, es zu leugnen. So gestand sie schweren Herzens ihr Verbrechen, was natürlich bedeutete, dass sie das Fleisch abliefern musste. Sie konnte ein Kilogramm behalten und für den Rest wurde sie bezahlt. Aber wer wollte schon Geld? Man konnte es doch nicht essen. Dann wurde das Fleisch in einem Lieferwagen abtransportiert. Und als der Inspektor mit dem jungen Polizisten dabei war, das Haus zu verlassen, fragte der junge Polizist: „Ich habe im Hof Hühner bemerkt, haben Sie diese gemeldet?" Er hätte nichts Schlimmeres zu meiner Mutter sagen können. Bis jetzt hatte sie alles mit Ruhe hingenommen. Aber jetzt war ihr Geduldsfaden gerissen. Sie hatte gerade das Fleisch von ihrem Schwein verloren, und dieser junge Polizist getraute sich sie zu fragen, ob sie ihre Hühner gemeldet hätte. Sie ging zu ihm und in einem ruhigen, drohenden Ton sagte sie: „Nein, ich habe meine Hühner nicht gemeldet und wissen Sie warum nicht? Ich habe einen Sohn in einem Lazarett, nachdem er an der russischen Front schwer verwundet worden ist. Mein zweiter Sohn ist in Nordfinnland, wissen Sie wo das ist? Es ist entsetzlich kalt da oben und die Soldaten bekommen nie genug zu essen, deshalb schicke ich ihm Plätzchen, und die backe ich mit meinen Eiern.

Die Straße der Gebirgsjäger

Außerdem, Sie sind ungefähr in dem Alter meiner Söhne, warum kämpfen Sie nicht für Ihr Vaterland?"

Damit stieß sie ihn mit dem Zeigefinger in die Brust. Der Inspektor war erstaunt und sagte: „Machen Sie sich weiter keine Gedanken und Sie können die Hühner ja gelegentlich melden, wenn Sie daran denken." Mit diesen Worten geleitete er den jungen verblüfften Polizisten durch die Türe. Nun begann Mutter wieder vernünftig zu denken. Aber die Gedanken, die sich in den Vordergrund drängten, waren nicht gerade die angenehmsten. „Sicherlich würde sie der junge Polizist bei der Gestapo verraten und um 4 oder 5 Uhr am nächsten Morgen würden sie mit einem Haftbefehl kommen und sie verhaften. Als sie es abends Vater erzählte, fand er es sehr komisch und lachend sagte er: „Du hast was getan?" Unter Lachen sagte er: „Ich hätte ja nur zu gerne gesehen, wie ein Nazi von einer bösen Frau mit dem Zeigefinger in die Brust gestoßen wurde."

Mutter fand es nicht sehr komisch und war mit Vater böse. Sie war besorgt, dass vielleicht die Gestapo am nächsten Morgen kommen würde, um sie zu verhaften. Vater versuchte sie zu beruhigen, als er sagte: „Der Inspektor würde das nie erlauben, er ist ein guter Mann." Mutter war nicht vollkommen davon überzeugt, aber als nach einigen Tagen keine Gestapo an die Tür klopfte, wusste sie, dass sie dieses Mal Glück gehabt hatte. Aber die Angst vor der Gestapo hat sie nie vollkommen verlassen. Sie war jedoch eine eigensinnige Frau und hatte ihre Hühner nie gemeldet. Sie dachte, sollten sich die Nazis daran erinnern, dann würde sie sich entschuldigen und die Hühner melden. Ich denke jedoch, dass es half, dass sie zwei Söhne in der Wehrmacht hatte.

Auch ich bekam eine Warnung, als ich eines Abends ein bisschen zu spät nach Hause lief. Ich hatte den Nachmittag bei einer Freundin verbracht, und wie gewöhnlich blieb ich zu lange und wusste, dass meine Mutter mit mir böse sein würde. Es war eine Angewohnheit von mir, nicht rechtzeitig nach Hause zu kommen. Es fing schon an zu dämmern, und um den Weg abzukürzen, ging ich durch den Park. Ich hatte gerade das Tor auf der anderen Seite erreicht, als mir ein Mann entgegen kam. Es war schon zu dunkel, um ihn zu erkennen, auch für ihn war es zu dunkel, mich zu erkennen. Ich war etwas nervös und als wir aneinander vorbeigingen, sagte ich so freundlich wie möglich „Guten Abend".

Zu meiner Überraschung war es der Bürgermeister, der Freund meines Vaters. Es war kein Wunder, dass er nicht freundlich „Guten Abend" erwiderte. Stattdessen kam ein sehr ernstes „Heil Hitler ist der deutsche Gruß".

Ich war schon vorher ängstlich. Jetzt aber hatte ich mich erschrocken, so dass ich zu laufen anfing und lief, bis ich vollkommen atemlos zu Hause in die Arme meiner Mutter lief. Sehr beunruhigt fragte sie, was passiert sei. Als ich es ihr erzählte, wurde Vater wütend. Er war so böse, dass er schrie: „Ist das jetzt die Lehre der Partei, dass sie Kindern Angst einjagen?"

Da der Bürgermeister ein Freund von Vater war, war Mutter besorgt, dass ihr Mann möglicherweise zum Bürgermeister gehen und ihm seine Meinung sagen würde. Wie immer brachte sie es fertig, ihren Mann mit ihrer realistischen Einstellung zu beruhigen. Sie hatte eine Logik, die Vater manchmal nicht nachvollziehen konnte.

„Du weißt genau, dass wir alle zur Begrüßung ‚Heil Hitler' sagen und die rechte Hand heben müssen. Das ist eben so, und ein Theater daraus zu machen, bringt uns alle dahin, wohin wir bestimmt nicht gehen wollen! Du weißt genau, dass sie immer vergisst, ‚Heil Hitler' zu sagen. Ich hatte wegen ihr vor einigen Wochen in der Schule Schwierigkeiten. Eine Lehrerin sagte zu mir, dass es einige Kinder in ihrer Klasse gibt, die am Morgen in die Schule kommen und nicht ‚Heil Hitler' sagten. Dann drehte sie sich zu mir und zeigte mit dem Zeigefinger auf mich, indem sie sagte: „Und du Fräulein sagst in Zukunft ‚Heil Hitler', was ich hoch und heilig versprach.

Die Straße der Gebirgsjäger

In ihrer Logik erkannte Mutter die Wirklichkeit, als sie sich an Vater wandte. „Ich weiß, du siehst ihn immer noch nicht als den Bürgermeister, sondern als deinen Freund an. Aber was erwartest du, dass er hätte sagen sollen? Ein freundliches ‚Guten Abend, Lisa'? Das wäre ein richtiges Problem für ihn gewesen. Kannst Du das nicht verstehen?"

Natürlich hatte sie Recht. Ich vergaß nie mehr „Heil Hitler" zu sagen. Aber ich fragte mich, wohin wir wohl gehen müssten, wenn Vater zu viel herumschrie. Ich habe es jedoch nicht gefragt. Inzwischen hatte ich gelernt, nicht zu fragen, wenn ich etwas nicht verstehen konnte. Zu oft hatte ich gehört: „Frage nicht, das geht dich nichts an." Aber Mutter hatte vergessen, dass Kinder sehr große Ohren haben, und meine waren ganz besonders groß. Mutter hatte einige Freundinnen, die manchmal nachmittags zum Kaffee kamen. Oft wisperten sie und dachten, dass ich es nicht hören konnte. Sie hatten keine Ahnung, wie sehr sie sich irrten! Wenn ich heute zurückdenke, frage ich mich, woher sie so viel wussten. Dachau, das Konzentrationslager in der Nähe von München, kam sehr oft in der Unterhaltung vor. Die schrecklichen Geschichten, die sie erzählten, riefen in mir den Wunsch hervor, dass sie nicht mehr kommen würden.

Ich war besorgt um meine Eltern, besonders um meinen Vater. Er musste nun in München in der E.V.M. arbeiten. (Ich konnte leider nicht ausfindig machen, was diese Buchstaben bedeuteten.) Vater sagte immer nur E.V.M. Es war eine große Suppenküche in der Nähe vom Ostbahnhof. Männer und Frauen arbeiteten dort. Seit 1942 gab es immer mehr Luftangriffe über München und für die Bewohner, die alles verloren hatten, war es unmöglich Essen zu bekommen. Deshalb bekamen sie wenigstens an gewissen Sammelpunkten etwas zu essen. Das Essen wurde in Lieferwagen von den Männern gebracht, die in der E.V.M. arbeiteten. Die Angestellten der E.V.M. arbeiteten rund um die Uhr im Schichtbetrieb. Nachts war es besonders gefährlich, da die Fliegerangriffe meistens in der Nacht passierten. Mutter war sehr besorgt und sagte einmal: „Ich frage mich, warum Du und Schwegler immer die gefährlichste Arbeit tun müsst. Habt ihr etwas gesagt, das euch unpopulär gemacht hat?" „Unpopulär?" platzte Vater heraus. „Wir waren unpopulär, bevor das ganze Theater anfing. Wir sind alle unpopulär, deshalb machen wir diese Arbeit. Keiner von uns ist in die Partei gegangen. Wie glücklich, glaubst Du, wären die, wenn eine Bombe auf uns fallen würde! Weißt Du was? Gerade jetzt möchte ich selber wissen, was meine Meinung ist; vielleicht wäre es besser für uns, wenn ich in die Partei gegangen wäre." „Oh ja", kam Mutters schnelle Antwort, „ich kann mir gut vorstellen, dass du mit allem einverstanden bist, was die sagen und tun. Oh ja, es würde anders für uns sein, wir wären wahrscheinlich nicht mehr hier."

Hier war es wieder! Wo wären wir? Ich habe nicht gefragt. Die Antwort, die ich bekommen hätte, wäre zu ausweichend oder zu unklar gewesen, oder nur: „Das geht dich nichts an." Ich habe gelernt, für mich selber herauszufinden, was vor sich ging. Es war nicht immer ganz richtig, aber es war auch nicht immer ganz falsch. Auf jeden Fall wusste ich, dass meine Eltern Angst hatten, und das ängstigte mich. Ich lernte Erwachsene zu beobachten und ihnen zuzuhören. Da waren die Verwegenen mit lauten und kräftigen Stimmen und da waren die Ruhigen, Ängstlichen. Die ruhigen Stimmen, die wisperten, fand ich viel furchterregender, weil diese gewisperten Gruselgeschichten einen unglaublichen Ton hatten. Da war eine Geschichte, die ich sogar im Alter von 7 Jahren nicht geglaubt habe. Und selbst wenn ich die Geschichte viel später noch einmal gehört hätte, hätte ich sie immer noch nicht glauben können.

Eine Freundin meiner Mutter kam an einem Nachmittag zum Kaffee und wisperte zu ihr (immer dieses Wispern!), dass sie gehört habe, dass die Nazis Lampenschirme aus der Haut der Juden machten. Ich kann es immer noch nicht glauben. Aber ich habe auch noch nie mit jemanden darüber gesprochen.

Die Straße der Gebirgsjäger

Rosi, der es gelang, an den Portiers im Krankenhaus vorbeizukommen

Dreiundzwanzigstes Kapitel

Schorsch geht auf die Fachhochschule.
Schorsch musste einen Ariernachweis beibringen.
Schorsch wird beschuldigt, einen Offizier angegriffen zu haben.
Schorsch ist im Gefängnis in Engers.
Sonntag, 17. Dezember 1944: Es gibt einen ungeheuren Luftangriff auf München.

Während Schorsch im Lazarett Max-Gymnasium war, besuchte er eine Fachhochschule, um Bauzeichner zu werden. Im Frühling 1943 wurde er in ein Erholungsheim verlegt. Dort erfuhr er, dass er den Bauzeichnerkurs erfolgreich abgeschlossen hatte und er sich nun in eine Meisterschule einschreiben konnte. Er konnte zwei Semester studieren, während er im Erholungsheim war, und das letzte Semester dann von zu Hause aus. Schorsch war hocherfreut: endlich wurde sein Traum Wirklichkeit. Er musste allerdings einen Ariernachweis väterlicherseits bis zu seinem Urgroßvater vorlegen, da ein Studium Ariern vorbehalten war. Zum Glück musste er nicht mütterlicherseits einen Ariernachweis beibringen, denn das wäre nicht so leicht gewesen. Da hätten vielleicht auch nicht seine blonden Haare und blauen Augen geholfen. Denn unsere Mutter hatte pechschwarze Haare und schwarzbraune Haselnussaugen. Das zeugte davon, dass sie wahrscheinlich nicht reinrassig war.

Und während Schorsch seine Geschichte erforschte, stellte er fest, dass sein Urgroßvater ein Zimmermannsmeister in Allershausen, in der Nähe von München, war. Schorsch dachte, dass dies ein gutes Omen war.

Aber als es zu der tatsächlichen Einschreibung kam, informierte ihn der Professor, dass er ihn auf keinen Fall akzeptieren konnte, da er vorbestraft war. Der polizeiliche Eintrag besagte: „Angriff eines vorgesetzten Offiziers". Schorsch war völlig verzweifelt und bestritt es. Er erklärte dem Professor: „Ich

Die Straße der Gebirgsjäger

habe in meinem ganzen Leben niemanden angegriffen, und schon gar nicht einen vorgesetzten Offizier."

Der Professor hatte Mitleid mit ihm und sagte verständnisvoll zu ihm: „Sie müssen irgendetwas getan haben, um so einen Eintrag in Ihren Dokumenten zu bekommen. Das Datum ist Ende Februar 1942. Gehen Sie nach Hause und denken Sie darüber nach. Ich bin sicher, Sie können sich an etwas erinnern. Dann kommen Sie zu mir zurück und erzählen mir, was tatsächlich passierte. Ich bin sicher, wir können dieses Problem lösen."

Schorsch kam sehr deprimiert zu Hause an und tat genau, was ihm der Professor geraten hatte. Er versuchte sich zu erinnern und schaute seine Papiere durch, fand aber nichts. Was es schlimmer machte, war, dass er wusste, dass er niemanden angegriffen hatte und schon gar keinen vorgesetzten Offizier. Er hatte jedoch das Datum, an dem der angebliche Angriff stattgefunden haben sollte. Er war in Engers an der Mosel, im Lazarett Josefshaus. Dann fiel es ihm plötzlich wie Schuppen von den Augen. Ja, wenn man die deutsche Liebe für absolute Genauigkeit betrachtet, dann konnte es möglicherweise als ein Angriff auf einen vorgesetzten Offizier gedeutet werden.

Als Schorsch 1942 in Engers, in der Nähe von Neuwied am Rhein, im Lazarett Josefshaus war, hatten die Soldaten eine recht entspannte Zeit. Sie konnten ausgehen, wann sie wollten und es war unnötig, sich bei der Rückkehr zu melden. Abends wurde das Tor um 20 Uhr geschlossen, aber die Soldaten sprangen über die Mauer und gingen zu ihren Zimmern. Es war allgemein bekannt, aber weder die Krankenschwestern noch die Ärzte hatten etwas dagegen. Als Schorsch eines Abends ungefähr um 22 Uhr zurückkam und gerade auf dem Weg in sein Zimmer war, kam ihm ein U.V.D. (Unteroffizier vom Dienst) entgegen und fragte: „Und wo kommen Sie her?" Schorsch antwortete ganz unschuldig: „Oh, ich bin gerade zurückgekommen, ich war mit meiner Freundin aus." „Tatsächlich", entgegnete der U.V.D. Sie hätten vor zwei Stunden hier sein sollen." Schorsch meinte, eine leichte Verärgerung in der Stimme des U.V.D. gehört zu haben, schob den Gedanken aber sofort zurück, da sich bisher niemand dafür interessiert hatte, wann die Soldaten in das Lazarett am Abend zurückkamen. Also antwortete Schorsch ganz unbekümmert: „Ja, aber wir halten uns nicht an die Zeiten, zumindest nicht diejenigen von uns, die gehen können."

Schorschs unbekümmerte Antwort schien diesen jungen U.V.D. richtig zu ärgern. Er schrie Schorsch an: „Wie können sie es wagen, mich in diesem respektlosen Ton anzureden? Sie sollten strammstehen und mir salutieren."

Das war die dümmste Bemerkung, die ein Offizier machen konnte. Schorsch hätte nie im Leben strammstehen können. Wie er über die Mauer springen konnte mit seinem verwundeten Bein und einem Stock ist wirklich erstaunlich. Es kann bestimmt keine hohe Mauer gewesen sein. Aber nun war es Schorsch, der sich ärgerte. Er wechselte seinen Stock in seine linke Hand und mit der rechten Hand nahm er den U.V.D. beim Revers und schüttelte ihn ein wenig, wobei er fragte:

„Und wie soll ich das machen? Wir alle sind gerade von der Front zurückgekommen, und schauen Sie uns doch an, wie wir aussehen. Was tun Sie hier, warum sind Sie nicht an der Front, wo Sie sein sollten?"

Aber dann dachte er, dass dieser Offizier keinen weiteren Gedanken wert war, ließ ihn stehen, ging in sein Zimmer und vergaß die ganze Geschichte. Nicht so der Offizier, er meldete Schorsch bei der Militärpolizei, und Schorsch bekam sieben Tage Gefängnis bei scharfem Arrest (Brot und Wasser). Aber nicht einmal 1942 würde ein Gefängnisaufseher einen schwer verwundeten Soldaten auf diese Weise behandeln. Tatsache war, dass er eine herrliche Zeit in diesem Gefängnis hatte. Er hatte ein richtiges Bett, die Tür war nie geschlossen, seine Freunde konnten kommen und gehen wie sie wollten. Sie brachten seine Mahlzeiten, Wein und Zeitschriften. Alle zusammen hatten sie

Die Straße der Gebirgsjäger

eine herrliche Zeit. Am fünften Tag im sogenannten Gefängnis las er in einer Zeitschrift, dass es ein Gesetzesverstoß war, einen schwer verwundeten Soldaten bei scharfem Arrest einzusperren. Da die Zeit aber fast vorbei war und er es so gut gehabt hatte, fand er es nicht wert, sich zu beschweren und vergaß die ganze Geschichte. Er dachte nicht einen Moment, dass er vorbestraft sein würde.

Schorsch ging sofort zurück zum Professor und erzählte ihm die ganze Geschichte. Der Professor fing an zu lächeln, aber beherrschte sich schnell und sagte: „Sie sind für ihr Vergehen bestraft worden. Ich sehe keinen Grund warum, wir Sie noch mehr bestrafen sollten!"

Schorsch wurde sofort bei der Meisterschule angemeldet. Die ersten zwei Semester besuchte er sie vom Lazarett und das letzte Semester von zu Hause aus. Jetzt konnte er ohne Stock gehen, aber sein linkes Bein war bis zu seinem Lebensende bis zum Knie geschient. Im Dezember 1944 vollendete er erfolgreich die Meisterschule und war dann ein Zimmermannsmeister mit der Berechtigung Lehrlinge auszubilden. Unsere Eltern waren hocherfreut, noch dazu als er für eine Baufirma in Ismaning arbeitete, so dass er nicht nach München fahren musste, da diese Stadt erbarmungslos bombardiert wurde.

Mein Onkel, Hans Haberl, wohnte mit seiner Familie in München, Preysingstraße. Er war der Ehemann der Schwester meines Vaters. Sie waren Rosis Eltern, die Cousine, die Schorsch regelmäßig im Lazarett in München besuchte und geschickt den Portiers aus dem Weg ging. Ihre beiden älteren Bruder waren 1944 schon verheiratet. Ihr älterer Bruder, Anton, wohnte in Ismaning, und ihr jüngerer Bruder, Hans, in München, Wörthstraße.

Am Sonntag, 17. Dezember 1944, wurde München von 21 bis 23 Uhr bei einem schrecklichen Fliegerangriff bombardiert. Fünf Häuser an der Kreuzung Stein- und Preysingstraße wurden vollkommen zerstört. Hans, der jüngere Sohn, der nicht weit von den bombardierten Häusern wohnte, war als Erster an der Unglücksstelle. Er konnte kaum glauben was er sah. Er wusste, dass er sofort eine Rettungsmannschaft organisieren musste. Seine Frau Katharina radelte sofort nach Ismaning und alarmierte Anton, der Schorsch alarmierte; und zusammen liehen sie sich das Auto vom hiesigen Metzger Kunz und fuhren mit Pickel und Schaufel los, um die Leute in den Kellern zu retten. Sie glaubten tatsächlich, dass sie die Leute in den Kellern retten konnten. Die beiden Söhne Anton und Hans wussten genau, wo ihre Schwester und Eltern sitzen würden und dachten, dass es überhaupt kein Problem sei sie zu finden. Onkel Hans hatte einmal Schorsch mit in den Keller genommen, um ihm zu zeigen, wie er diesen mit Baumstämmen verstärkt hatte, und sagte: „Schau dir das an, hier kommt nichts durch." Schorsch war erstaunt und musste ihm zustimmen.

So fingen sie voller Überzeugung an zu graben, aber nachdem sie zwei Tage versucht hatten einen Schacht in den Keller zu graben, mussten sie sich eingestehen, dass sie mehr Leute und schweres Gerät brauchten. Dann half ihnen ein Bauunternehmer, den beide Söhne kannten. Zu ihrer Freude machten sie gute Fortschritte, und am dritten Tag reichte der Schaft in den Keller. Als die Öffnung in den Keller noch schmal war, rief Anton durch: „Vater! Mutter! Rosi!"

Aber nur das Echo kam zurück. Als sie dann endlich die Bewohner erreichten, waren sie alle tot. Die Baumstämme, auf die Onkel Hans so stolz gewesen war, lagen auf dem Boden. Sie waren alle umgefallen. Wahrscheinlich kurz bevor eine gewaltige Bombe in die Häuser eingeschlagen hatte. Der Luftdruck muss die Baumstämme umgeworfen haben, so dass die Kellerdecke nicht mehr abgestützt wurde.

Als Schorsch am dritten Tag nach Hause kam, fragten meine Eltern als Erstes: „Ist alles gut, sind sie am Leben?"

Da war ein paar Sekunden lang eine unheimliche Stimmung im Haus. Ich hatte eine Tasse Kaffee in meiner Hand, nicht richtiger Kaffee, nur Kaffeeersatz. Ich fühlte mich entsetzlich. Schorsch setzte sich hin, was wie eine Ewigkeit schien. Es können aber nur ein paar Sekunden gewesen sein. Es war alles so unwirklich, und in meiner kindlichen Logik versuchte ich, die Wirklichkeit zurückzuholen und fragte Schorsch: „Möchtest Du einen Schluck von meinem Kaffee?"

Er drehte seinen Kopf in meine Richtung und lächelte. Es war ein „Lächeln", das ich nicht, auch in 1000 Jahren, vergessen würde. Es war das traurigste Lächeln, das ich je gesehen hatte – vorher und nachher. Dann sagte er ruhig: „Sie sind alle tot – alle. Alle aus allen fünf Häusern. Sie hatten keine Chance."

Mit diesen Worten nahm er seinen Kopf in die rechte Hand, beugte sich vorwärts, stützte seinen Ellbogen auf sein Knie und weinte bitterlich.

Dieser junge Mann, der am Russlandfeldzug im Osten teilgenommen und den Tod oft vor Augen gehabt hatte, fand das hier Erlebte herzzerreißend und weinte bitterlich. Er kam in der Annahme nach Hause, dass hier kein Kriegsgebiet sei und musste sich an die Tatsache gewöhnen, dass der Krieg ihm nach Hause gefolgt war.

Nach einer Weile konnte er sagen: „Alle Leichen wurden in eine protestantische Kirche gelegt. Es waren 32 Leichen."

Als die Leichen geborgen waren, war die Leiche von Onkel Hans nicht bei seiner Frau, Tante Resi, und seiner Tochter Rosi. Onkel Hans war ein Luftschutzwart, und während eines Fliegeralarms war es seine Pflicht, durch alle fünf Keller zu gehen, um sich zu vergewissern, dass alle Personen anwesend waren. Er war gerade auf seiner Runde, als die Bombe einschlug, weshalb er nicht bei seiner Frau und Tochter war. Deshalb hatte die zuständige Behörde entschieden, dass er mit allen anderen Leuten im Massengrab begraben werden sollte und nicht mit seiner Familie. Aber seine beiden Söhne kämpften darum, dass seine Leiche frei gegeben wurde, so dass die Familie am 23. Dezember 1944 zusammen begraben werden konnte.

Vierundzwanzigstes Kapitel

Der 2. Weltkrieg in Finnland.
Ein Witz über Göring.
Jagdkompanie unterwegs als Suchtrupp.
Der Winter kommt früh.
Lazarett-Schiff Monte Rosa.
Toni und Sepp werden getrennt.
Sepp wird in ein Krankenhaus in Norwegen verlegt.
Toni wird nach Trondheim verlegt.

Zwar waren meine Eltern hocherfreut, dass ihr ältester Sohn nun zu Hause war, da er wegen seiner Verwundung am 19. Januar 1944 aus der Wehrmacht ehrenhaft entlassen wurde. Sie machten sich doch entsetzliche Sorgen um ihren jüngeren Sohn Toni. Seine Briefe trafen sehr unregelmäßig ein und sagten sehr wenig. Am 23. Juni 1944 besuchte General Dietl das letzte Mal mit zwei Freunden die Gebirgsjäger. Auf dem Rückflug nach Berlin explodierte das Flugzeug über Rettenegg, einem kleinen Dorf in Finnland.

Trotz all der Grausamkeiten, die die Nazis begangen hatten, gab es immer noch einige, die den Mut besaßen, Witze über sie zu machen. Vater brachte einmal einen Witz nach Hause, den er auf der Arbeit gehört hatte. Göring hatte wegen seiner Größe den Spitznamen Schwein bekommen.

Hier ist der Witz: „An einem Tag, als besonders wenige Lebensmittel erhältlich waren, kaufte Frau Göring auf dem Schwarzmarkt ein Ferkel. Um es unbemerkt nach Hause zu bringen, zog sie dem Ferkel ein Baby-Mützchen an und fuhr es in einem Kinderwagen nach Hause. Auf dem Weg traf sie eine Nachbarin, die Frau Göring und das neue Baby bewunderte, und als sie in den Kinderwagen schaute, rief sie voll Begeisterung: „Ach wie hübsch er aussieht, genau wie sein Vater!" Die Männer haben diesen Witz auf der Arbeit besonders gern erzählt.

Die Straße der Gebirgsjäger

Vom 3. September 1944 bis 29. November 1944 marschierten die Gebirgsjäger von Finnland nach Narvik und wurden in schwere Verteidigungskämpfe verwickelt.

Am 4. Oktober 1944 mussten Toni und Sepp (unser Cousin) bei einem Spähtrupp mitmachen, da sie beide zur Jagdkompanie (Einheit 139) gehörten. Von jedem Bataillon musste eine Kompanie teilnehmen, um ausfindig zu machen, wo die russische Armee Stellung bezogen hatte. Es war ungeheuer wichtig für die deutschen Truppen, damit sie den Rückzug sichern konnten, weil das jetzt das Einzige war, das sie noch tun konnten. Nach Murmansk zu kommen war jetzt ein unerreichbarer Traum. Die Gebirgsjäger mussten nun die russischen Truppen finden, ohne gesehen zu werden.

Der Winter kam früher als erwartet. Am ersten Tag, an dem der Spähtrupp unterwegs war, regnete es. Die Soldaten mussten die Sümpfe im Karelischen Urwald durchqueren. Am Ende des ersten Tages fing es an unaufhörlich zu schneien. Die Temperatur fiel auf -25 bis -30 Grad. Die Truppe brauchte drei Tage, um die Lage der russischen Truppen einzuschätzen. Der ganze Spähtrupp, 71 Mann, musste erst im strömenden Regen und dann in Schnee und Kälte bei Minusgraden in einer unangemessenen Uniform versuchen, die Stellungen der russischen Truppen auszumachen. Und all das vollkommen schutzlos, es gab nur Bäume, die sie aber nicht abholzen konnten. Sie mussten aufpassen, dass sie nicht entdeckt wurden. Sie konnten sich nur im Schnee dicht zusammenzudrängen. Als sie dann endlich wieder zu ihren Truppen zurückkamen, hatten sie alle entsetzliche Erfrierungen an den Händen, den Füßen, im Gesicht und an den Ohren. Die Erfrierungen einiger Gebirgsjäger waren zu schlimm, um durch Erste-Hilfe-Maßnahmen versorgt werden zu können. Ein Feldwebel transportierte die Soldaten mit den schwersten Erfrierungen zu einem kleinen Dorf in der Nähe von Kautokeino, im Karelischen Urwald, das regelmäßig von einem Arzt besucht wurde, der auf einem Rentier-Schlitten anreiste.

Sobald Toni und Sepp dort mit den übrigen Gebirgsjägern des Spähtrupps ankamen, wollten die beiden sofort zu ihrer Kompanie zurückgehen, da sie dachten, dass ihre Füße keine Erfrierungen erlitten hätten, da sie nichts fühlten. Der Arzt erlaubte das jedoch nicht und befahl ihnen, die Skistiefel auszuziehen. Zu ihrer Überraschung konnten sie das nicht allein, sondern brauchten die Hilfe der Sanitäter. Die Socken waren an den Füßen festgefroren, und die Sanitäter mussten die Füße mit kaltem Wasser übergießen, um die Socken auszuziehen. Danach rieben die Sanitäter die Füße der beiden mit Schnee ab. Sie hatten entsetzliche Schmerzen. Beide hatten Erfrierungen zweiten und dritten Grades und beide entwickelten auf beiden Seiten ihrer Füße eine große Wasserblase. Dann wurden alle Gebirgsjäger mit Erfrierungen weiter von der Front in einem Akkiar zurücktransportiert. Der Akkiar sah aus wie ein Boot und wurde von Rentieren gezogen. Es dauerte einen Tag, bis sie in einem Schwedentempel ankamen. Hier gab es mehr medizinisches Personal und alle Soldaten erhielten Tetanusimpfungen. Am nächsten Tag kam ein mit Holzgas betriebener Bus von Kowdor, der sie nach Alakurtti transportieren sollte. Aber zwischen Kowdor und Alakurtti waren sie zwei Tage eingeschneit, bis ein Schneeblaser kam und den Weg frei machte. Als der Weg endlich frei war, konnte der Bus alle Soldaten nach Kautokeino transportieren. Hier verwandelten etliche sehr einfallsreiche Sanitäter einen Pferdestall in ein provisorisches Krankenhaus, in dem nur Soldaten untergebracht wurden, die Erfrierungen an den Füßen hatten. Der Herr Oberst Doktor untersuchte alle erfrorenen Füße, und die Soldaten mit den schlimmsten Erfrierungen wurden auf das Krankenhaus-Schiff Monte Rosa gebracht, das im Hafen an der Küste lag. In Friedenszeiten war es ein K.D.F.-Schiff (Kraft durch Freude). Arbeiter konnten darauf Urlaub machen. Nun wurde es zu einem Krankentransport für kranke und

Die Straße der Gebirgsjäger

verwundete Soldaten umfunktioniert. Es war nicht mit Waffen ausgerüstet.

In Kautokeino wurden alle kranken Soldaten von Militär-Krankentransporten an die Küste transportiert und auf hölzernen Tragbahren mit einem Kran auf die Monte Rosa gehoben. Das medizinische Personal verwandelte die Esszimmer in Krankenzimmer. Zum ersten Mal wurden die verwundeten Soldaten medizinisch behandelt. Das Schiff bewegte sich langsam und manchmal hielt es an. Tonis und Sepps Blasen mussten entfernt werden, ihre Zehennägel ebenfalls – und alles ohne jegliche Narkose. Nach zwei Tagen auf dem Schiff bekam Toni eitrige Mandeln, und während er auf seine Behandlung wartete, musste er eine Fußamputation mit ansehen, was für ihn das Entsetzlichste war, das er je gesehen hatte. Dann wurden seine Mandeln entfernt, auch ohne Narkose. Dies war jedoch nicht so schlimm, da die Schmerzen aufhörten, sobald die Mandeln herausgeschnitten waren. Die Füße einiger Soldaten fingen an schwarz zu werden und mussten leider amputiert werden. Die übrigen Soldaten legten ihre Füße in eiserne Käfige, so dass sie trocknen konnten. Allerdings konnten sie so nicht zur Toilette gehen. Diese jungen Männer weigerten sich, eine Flasche oder Bettpfanne zu benützen. Und so krochen sie zur Toilette, wobei sie eine Blutspur von ihrem Bett zur Toilette hinterließen. Toni und Sepp hatten ihr ganzes Leben Probleme mit ihren Füßen. Manchmal litten sie unter unglaublichem Jucken, und sie rieben die Füße mit Handtüchern, bis sie bluteten. Im Winter riss die Haut auf, was entsetzlich schmerzhaft war.

Anfang März 1945 wurde Toni nach Trondheim in Norwegen verlegt. Hier wurden Toni und Sepp zum ersten Mal getrennt. Die Haut auf Tonis Füßen war sehr dünn. Sie war so dünn, dass er keine Socken ertragen konnte; stattdessen wickelte er seine Füße erst in weiche Flanelltücher ein, bevor er die Socken anziehen konnte.

Die Straße der Gebirgsjäger

Sepp wurde nach Oslo in ein Lazarett verlegt, da seine Füße noch nicht geheilt waren. Toni hatte den Befehl, nach Trondheim an die Front zu gehen. Als er jedoch dort ankam, suchten die Offiziere freiwillige Gebirgsjäger, die 50 km nach Störn zurückgehen sollten. Toni und zwei seiner Freunde sowie zwei weitere Soldaten meldeten sich. Sie hofften, einige Kilometer näher an die Heimat heranzukommen.

Lager in Narvik

Die Straße der Gebirgsjäger

Oben: Kapitän Fritz Reinmüller
Unten: Kapitän Fritz Reinmüller auf der Eismeerstraße

Die Straße der Gebirgsjäger

Tonis Bunker in Narvik

Toni lehnt sich an seinen Bunker an

Die Straße der Gebirgsjäger

Fünfundzwanzigstes Kapitel

Toni und seine Freunde weigerten sich, sich voneinander trennen zu lassen.
Die drei Freunde wurden in die gleiche Kaserne einquartiert.
12 Soldaten in einer Kaserne.
Die Soldaten mussten die Hagerbrücke bewachen.

Die drei Freunde waren mein Bruder Toni Huber, Walter Gerstgrasser und Karl Langhans. Der befehlshabende Offizier war Oberfeldwebel Dr. Freund. Der Oberfeldwebel versuchte, die drei Freunde voneinander zu trennen, aber sie lehnten es ab. So gab er nach, und die drei Freunde wurden in die gleiche Kaserne einquartiert. In einer Kaserne waren 12 Soldaten untergebracht. In Störn hatten die Soldaten die Aufgabe, die Hagerbrücke zu bewachen. Die Soldaten mussten abwechselnd auf der Brücke zwei Stunden Wache stehen, Tag und Nacht. Es war etwas kompliziert, immer den genauen Stundenplan einzuhalten, da sie auch ausgehen wollten. Daher vertraten sie sich gegenseitig, sahen aber zu, dass keiner der Soldaten länger als vorgesehen Wache stand.

Oberfeldwebel Dr. Freund, ein Journalist, der schon im ersten Weltkrieg war, war sehr verständnisvoll und fand es nicht nötig, ihre kleinen Eskapaden zu unterbinden, solange immer ein Soldat auf der Brücke Wache stand.

In der Nacht vom 7. zum 8. Mai 1945, um 3 Uhr, war Tonis an der Reihe, Wache zu stehen. Er war mit Peter, einem Norweger, der bei der Eisenbahn arbeitete, befreundet. Er gab Toni einen Schlüssel für die Eisenbahnhütte, so dass die drei Freunde in der Nacht ein Feuer machen konnten. Die Nächte waren immer noch kalt. In dieser Nacht machte Toni ein Feuer, bevor er seinen Wachdienst antrat. Die Brücke lag auf einer Anhöhe, und die Soldaten nahmen ihre Pflicht nicht mehr sehr ernst. Sie wussten, dass alles vorbei war. Toni schlief in der Hütte

Die Straße der Gebirgsjäger

ein, und seine Freunde hielten es nicht für notwendig, ihn zu wecken. Dr. Freund hatte an diesem Tag keinen Dienst und war abwesend, ernannte aber Walter, Tonis Freund, zum Stellvertreter.

Plötzlich hörten sie zwei Schüsse. Toni wachte auf und lief aus der Hütte in Richtung der Brücke. Auf dem Weg traf er zwei Soldaten und dachte, dass sie die Schüsse abgefeuert hatten und schrie sie an: „Was ist mit euch los, seid ihr verrückt?" Sie sagten, dass sie die Begleitung eines O.v.O. (Offizier vom Ortsdienst) waren und dachten, dass Toni ein Russe sei. Außerdem hätten nicht sie geschossen, sondern der Offizier, da niemand auf der Brücke Wache stand. Toni dachte natürlich, dass er sich herausreden konnte. Er sagte zu den Soldaten: „Überlasst es mir. Ich werde mit dem Offizier sprechen."

Er lief den Hügel hinauf zum Offizier, salutierte respektvoll und erklärte, er habe etwas unter der Brücke gehört und ging deshalb hinunter, um nachzuschauen, dann hörte er die Schüsse. Der Offizier war damit zufrieden. Toni rechnete mit der Verschwiegenheit der beiden Soldaten und hätte nie gedacht, dass die ihn verraten würden.

Am Morgen um 5 Uhr kam der Offizier mit seinen Begleitern zurück. Toni war nun wieder in seiner Kaserne. Der Offizier betätigte den Weckruf. Walter kam aus der Kaserne und fragte den Offizier: „Was soll ich tun? Ich kann doch nicht das ganze Lager aufwecken, nur weil für ein paar Minuten keine Wache auf der Brücke war!"

Der Offizier war wütend und schrie:

„Ich will kein 14 – 18!"

Damit bezog er sich auf den ersten Weltkrieg, in dem Dr. Freund im Militärdienst war. Es war ganz offensichtlich, dass er nichts von Dr. Freunds Disziplin hielt. Oder war es vielleicht Neid, da Dr. Freund so sehr bei allen Soldaten respektiert war? Es konnte auch sein, dass er nicht wollte, dass der 2. Weltkrieg so enden würde wie der 1. Weltkrieg – mit der Kapitulation der

Die Straße der Gebirgsjäger

deutschen Wehrmacht. Wieder schrie er: „Betätigen Sie den Weckruf und lassen sie das ganze Lager antreten."

Walter hatte keine Wahl, er musste tun, was ihm befohlen war. Sobald alle Soldaten angetreten waren sagte der Offizier: „Der Alarm ist beendet."

Walter war sehr verärgert, da er keinen Sinn in dem ganzen Theater sah. Er sagte zu den Truppen, dass sie alle wieder zurück in die Kaserne gehen konnten. Er selber machte kehrt, hielt sein Gewehr am Lauf und ließ es über den Boden schleifen. Als der Offizier das sah schrie er: „Soldat, ist ihr Gewehr geladen?"

„Natürlich ist es geladen!" antwortete Walter.

Mit diesen Worten hob er das Gewehr hoch, immer noch am Lauf, und warf es durch die offene Tür in die Kaserne, wo es mit einem allmächtigen Krach landete. Der Offizier drohte Walter mit seiner Pistole und fing wieder an zu schreien: „Kein 14 – 18!" Dann folgte er ihm mit seinen Begleitern in die Kaserne und schrie: „Ihr kommt alle vor das Militärgericht wegen Befehlsverweigerung!"

Toni versuchte, die Situation zu beruhigen, und machte es aber nur noch ärger, indem er sagte: „Jetzt hörst aber auf, steck deinen Kopf in einen Eiskübel und kühl dich ab." (BAYERISCH!!!) Nicht nur, dass er in seinem bayerischen Dialekt statt Hochdeutsch gesprochen hatte, er redete den Offizier außerdem mit „du" an, was ein weiteres Vergehen war. Dann wurde auch ihm mit dem Militärgericht gedroht. Nun hatten die drei Freunde genug und warfen den Offizier mit seinen Begleitern aus der Kaserne. Es blieb ihnen nichts anderes übrig als abzufahren.

Aber um 8 Uhr kam die Militärpolizei und verhaftete Walter und Toni. Glücklicherweise wurden die beiden nicht in ein anderes Lager gefahren, sondern die Militärpolizei brachte die beiden in eine leere Kaserne, um sie zu verhören.

Die Straße der Gebirgsjäger

Nun bekamen die beiden Gebirgsjäger wirklich Angst. In diesen letzten Kriegstagen war die Lage für sie noch einmal richtig gefährlich geworden, und sie waren sich dessen bewusst.

Aber das Verhör hatte kaum begonnen, da öffnete sich die Tür und zu ihrer ausgesprochenen Erleichterung betrat Dr. Freund den Raum und sagte: „Meine Herren, Deutschland hat kapituliert, der Krieg ist zu Ende. Es ist jetzt bedingungslos, was mit uns passiert."

Das bedeutete natürlich, dass das Verhör zu Ende war bevor es begonnen hatte. Toni und Walter standen auf und salutierten mit dem größten Respekt. Erst als sie in ihrer Kaserne zurück waren, machten sie ihrer unglaublichen Erleichterung Luft. In der ganzen Kaserne machte sich Gelächter breit, und sie gratulierten sich gegenseitig. Endlich war das eingetreten, worauf sie alle so sehr gewartet hatten. Der Krieg war zu Ende, und sie alle konnten nach Hause gehen. Tatsächlich glaubten sie das. Sie waren davon überzeugt, dass sie in ein paar Wochen alle zu Hause sein würden.

Die Gebirgsjäger an ihrem Außenposten in Störn

Sechsundzwanzigstes Kapitel

Bomber brummen über München. 8 Bomben fallen auf einen Bauernhof.
Schorsch baut einen Luftschutzbunker im Wald.
Ein Tiefflieger über Ismaning.
Ein älterer Herr stieg in den falschen Zug.
Luftangriffe nehmen auf alarmierende Weise zu.
Zivile Gefangene aus Russland und der Ukraine.

Deutschland wurde schon seit 1942 bombardiert, und die Bombardements nahmen ständig zu. Es gab keinen Grund Ismaning zu bombardieren. Zu dieser Zeit bestand die einzige Industrie aus der Sauerkrautfabrik und der Ziegelei, die beide an der Hauptstraße nach München lagen. Aber als die Bombardements zunahmen, wurde auch Ismaning nicht verschont. Es war sehr tragisch, als während eines Fliegerangriffs acht Bomben in einen Bauernhof fielen, hauptsächlich in die Ställe. Neben dem Vieh kamen eine Magd und ein französischer Kriegsgefangener, der auf dem Bauernhof zwangsarbeitete, um.

Schorsch baute einen Luftschutzbunker im Wald in einen Hügel, einige andere Männer haben es ihm nachgetan.

Die Bombenangriffe erfolgten noch immer meistens in der Nacht. Manchmal hatten wir sogar eine Nacht ohne Fliegerangriff, was wunderbar war. Wenn ich dann am Morgen aufwachte, konnte ich es kaum glauben, dass ich die ganze Nacht geschlafen hatte. Voller Verwunderung fragte ich dann meine Mutter: „Gab es keinen Fliegerangriff in der Nacht?" Sie musste immer lachen und sagte: „Gehen sie dir ab?" „Oh nein", antwortete ich, „es ist wirklich schön, wenn ich die ganze Nacht schlafen kann."

Jene Nächte wurden immer seltener. Je näher die Front nach Deutschland kam, desto häufiger gab es Luftangriffe. Einmal, auf meinem Weg nach Hause, wahrscheinlich von der Schule, brummte plötzlich ein einziges Flugzeug am Himmel.

Die Straße der Gebirgsjäger

Plötzlich flog es in die Tiefe und feuerte sein Maschinengewehr. Niemand in der Straße wurde getroffen, aber im Bahnhof stand ein Zug mit nur einem Passagier. Es war ein älterer Herr, er wurde durch das Fenster ins Herz getroffen. Er saß in seinem Sitz und war tot. Später hat man gehört, dass er im Ostbahnhof in den falschen Zug eingestiegen war, im Zug sitzen blieb, um wieder zurückzufahren und dann in den richtigen Zug einzusteigen.

Am Abend erzählte ich Schorsch, dass sich die Schüsse vom Flugzeug gar nicht wie Schüsse anhörten. Sie hörten sich wie „Tachue, Tachue" an. Dann erklärte mir Schorsch, dass das, was ich so deutlich hörte, Querschläger waren, und dann erhielt ich die volle Erklärung eines Fachmannes.

Manchmal gab es zwei Fliegerangriffe in einer Nacht. Ich fand es sehr schwer aufzustehen und mich schnell anzuziehen. Meine Mutter zog meinen kleinen Neffen Emil an. Anni zog ihre Kinder an, und beide Frauen hatten eine Handtasche bereit, die wichtige Papiere und natürlich die wertvollsten aller Papiere, die Lebensmittelkarten, enthielten. Dann mussten wir in den Wald, in den Luftschutzbunker, laufen. Auf der Straße waren immer viele Menschen, die alle liefen. Es waren nicht nur Ismaninger, es waren auch Leute, die in München ausgebombt waren und nun in einer Notunterkunft in Ismaning wohnten. Mir kam es immer vor, als ob die ganze Welt am Laufen war.

Dann mussten wir in einem feuchten Bunker sitzen, kalt und besorgt, und oft nicht einmal vollkommen angezogen. Ich habe meistens nur einen Strumpf getragen, da ich nie schnell genug war, um beide anzuziehen. Meine Schuhe waren mindestens eine oder zwei Nummern zu groß. So saß ich im Bunker, hatte meine Beine hochgezogen und sie an meinen Körper gepresst, um mich zu wärmen. Ich versuchte, sie mit meinem Mantel zuzudecken, der natürlich auch zu groß war, aber wenigstens hielt er mich warm. Kleidung und Schuhe waren nur auf Bezugsschein erhältlich, der nicht sehr leicht zu bekommen war, da alle Leute in Ismaning Kleidung und Schuhe nötig hatten, besonders Kinder. Ich erhielt ein Paar kurze Stiefel während des Krieges. Ich war auf gar keinen Fall das einzige Kind, das mit Schuhen in die Schule ging, die mindestens zwei oder drei Nummern zu groß waren. Die Kleidung stammte immer von Erwachsenen. Sie wurde verkleinert, war aber immer etwas zu groß, so dass wir Zeit hatten, in sie hineinzuwachsen.

Wenn wir die Entwarnung hörten, kamen wir alle aus den Bunkern wie Kaninchen aus ihrem Bau. Kalt und müde stapften wir den Hügel hinauf. Als wir dann unser Haus erreichten und in Richtung München schauten, war der Himmel erleuchtet. München brannte! Die Leute, die durch die Fliegerangriffe alles verloren hatten, aber noch am Leben waren, zogen sehr oft aufs Land. Sie konnten in Ismaning und anderen umliegenden Dörfern eine Unterkunft finden, wenn es auch nur ein Zimmer in einem Einfamilienhaus war. Es war sogar noch tragischer, wenn Zivilgefangene, hauptsächlich aus Russland und der Ukraine, manchmal Erlaubnis bekamen, ihr Lager in München-Freimann zu verlassen, um bei uns um Brot und ein Stück Schnur zu betteln. Es war herzzerreißend. Es waren hauptsächlich Frauen und Kinder.

Es gab immer öfter Fliegerangriffe. Je näher die Front nach Deutschland kam, desto häufiger gab es Fliegerangriffe. Die Lebensmittelknappheit wurde immer größer. Und doch brachte es meine Mutter fertig, Plätzchen nach Finnland zu Toni zu schicken, obwohl es immer mehr Beschränkungen für das Schicken von Päckchen an die Front gab. Die Regierung begrenzte das Gewicht eines Päckchens auf 50 Gramm (ja, tatsächlich 50 Gramm). Doch hatte die Regierung nicht mit dem Einfallsreichtum meiner Mutter gerechnet. Sie hatte noch eine handbetriebene Nähmaschine. Sie faltete aus braunem Packpapier einen kleinen viereckigen Briefumschlag, nähte ihn an drei Seiten zusammen, benutzte die vierte Seite als Öffnung und steckte ein Plätzchen hinein. Dann nähte sie die vierte Öffnung zu, aber ohne den Faden durchzuschneiden. Nun nähte sie den nächsten

Umschlag, der am ersten hing, steckte ein Plätzchen hinein, nähte den Umschlag zu, wieder ohne den Faden durchzuschneiden. Nun hingen zwei Umschläge mit je einem Plätzchen zusammen. So machte sie weiter, bis sie 15 Plätzchen in 15 kleinen Umschlägen hatte. Sie alle hingen zusammen. Den 15. Umschlag nähte sie an allen vier Ecken zu. Sie schrieb Tonis Adresse darauf und schickte die ganze Reihe von kleinen Papierpäckchen zu Toni nach Finnland. Toni bekam alle Päckchenketten. Die Soldaten, dessen Pflicht es war, die Post auszuteilen, brauchten gar nicht auf die Adresse zu schauen. Sie hoben die Päckchenkette hoch und riefen Tonis Namen. Toni bekam auch alle meine Briefe. Einmal schickte ich ihm sogar in einem meiner Briefe einen Bleistift, der mir besonders gut gefiel – auch den bekam er. Ich muss ihm ziemlich viele Briefe geschickt haben, da ich mich bis heute noch an seine Postleitzahl erinnern kann. Sie lautete 18 3 94 D.

Die Straße der Gebirgsjäger

Siebenundzwanzigstes Kapitel

Große Lebensmittelknappheit. Mutter tauscht Zucker gegen Mehl.
Französische Kriegsgefangene in der Turnhalle.
Mutter ist froh, wenn sie bei den Bauern aushelfen kann.
Lebensmittel werden immer knapper. Mutter wird mit Zuckerrüben bezahlt.
Der Zuckerrübensirup.
Dezember 1944: keine gute Weihnachtsstimmung.

1944 kam immer näher und es wurde immer schwerer, an Lebensmittel kommen, als die Front immer näher an Deutschland rückte. Das bedeutete auch, dass Fliegerangriffe in immer geringeren Abständen folgten. Sie kamen nicht nur in der Nacht, nun kamen sie auch am Tag. Da Lebensmittel immer schwerer zu bekommen waren, gaben Leute alles, was sie hatten, für Brot oder anderes Essbares. Frauen tauschten sogar ihren Ehering gegen Brot. Meine Mutter tauschte des Öfteren ein Pfund Zucker gegen Mehl, wenn sie nichts mehr kochen oder backen konnte, da sie immer noch Plätzchen für Toni nach Finnland schickte. Trotzdem gab sie manchmal dem Müller ein Pfund Zucker für zehn Pfund Mehl. Zucker war außergewöhnlich wertvoll. Kindern wurde pro Monat ein Pfund zugeteilt, Erwachsenen ein halbes Pfund pro Monat. Da meine Eltern zwei Kinder hatten, meinen Neffen und mich, bekamen sie zwei Pfund für uns. Jedoch für sie und Vater nur ein Pfund pro Monat. Zum Geburtstag bekamen wir normalerweise einen Löffel Zucker in unserem Kaffee zum Frühstück. (Kaffeeersatz).

Dadurch, dass Mutter für uns zwei Pfund bekam, konnte sie manchmal dem Müller ein Pfund geben. Mit Mehl konnte sie kochen und backen. Trotzdem war es nicht immer leicht, mit nur ein Pfund auszukommen, wenn man zwei Kinder hatte.

Ja, der Müller gab Mutter immer zehn Pfund Mehl für ein Pfund Zucker, was er aber nicht aus reiner Herzensgüte tat. Kein Zucker, kein Mehl! Zucker war zu wertvoll.

Die Straße der Gebirgsjäger

Eines Tages hatte Mutter überhaupt kein Mehl mehr und auch keinen Zucker. Sie nahm ihren ganzen Mut zusammen und ging zum Müller und hoffte auf seine Herzensgüte. Sie nahm mich mit. Ich bin sicher, dass sie hoffte, dass es sein Herz erweichen würde, wenn er sie mit einem dünnen kleinen Mädchen sah. Aber ihre Hoffnung wurde schnell zunichte gemacht. Ohne Zögern sagte er, dass er kein Mehl habe. Mutter hat das aber nicht akzeptiert. Sie fing an zu betteln: „Gib mir doch ein bisschen Mehl. Nächsten Monat bringe ich dir wieder Zucker. Ich muss für Toni backen, und auch für meine Familie kochen. Gib mir doch ein bisschen Mehl." Ich zog an ihrem Ärmel, da ich sah, dass er ärgerlich wurde. Mutter gab nicht auf: „Die Zeiten werden nicht immer so sein. Wenn wir einmal wieder alles kaufen können, dann werde ich auch Mehl von dir kaufen, denn ich werde daran denken, dass du gut zu mir warst." Auch das erweichte sein Herz nicht. Er sah, dass er diese Frau nicht leicht loswerden würde. Er schaufelte ein bisschen Mehl in einen kleinen Sack und warf es ihr zu. Mutter bückte sich, hob es auf und bedankte sich vielmals.

Im nächsten Monat brachte sie ihm wieder ein Pfund Zucker und er hatte genügend Mehl. Er war kein Mensch, der sich dessen bewusst war, wie sehr er meine Mutter erniedrigt hatte.

Nun, da ich hier sitze und das schreibe, muss ich unwillkürlich denken, wie wunderbar es gewesen wäre, wenn meine Mutter den kleinen Sack hätte nehmen und ihn zurückschleudern können. Aber sie war eine Mutter und sie hätte jede Erniedrigung erduldet, um für ihre Kinder etwas auf den Tisch zu bringen.

1944 musste man kein Genie sein um zu wissen, dass bei allem Bestreben der Nazis der Krieg für sie in die falsche Richtung ging. Es gab keine Sondermeldungen mehr im Radio, und egal wie sehr der Propagandaminister Dr. Goebbels auch schrie und versuchte das Volk zu überzeugen, dass Deutschland den Krieg gewinnen würde – es gab kaum jemanden, der ihm noch glaubte. Die Nazis waren nun jedoch gefährlicher als je zuvor!

Im Hain, dem Park in der Mitte von Ismaning, befand sich die Turnhalle, die 1944 allerdings zweckentfremdet wurde. Sie war die Unterkunft der französischen Kriegsgefangenen. Sie hatten öfters die Erlaubnis, unter Aufsicht eines Aufsehers, in den Wald und an die Isar zu gehen. Der Weg führte sie an unserem Haus vorbei. An so einem Tag war meine Mutter dabei, den Hof aufzuräumen und ich habe ihr dabei geholfen, als die französischen Kriegsgefangenen vorbei marschierten. Der Aufseher blieb am Zaun stehen, um mit meiner Mutter zu sprechen. Zu ihrem Entsetzen sagte er: „Schau sie doch an, am liebsten würde ich sie alle erschießen." Meine Mutter fürchtete um unser beider Leben. Sie ließ ihren Besen fallen, nahm mich schnell bei der Hand und zog mich buchstäblich in das Haus. Am Abend erzählte sie es Vater, der sofort fragte: „Hat er sie wieder zurückgebracht?" Mutter konnte ihm sagen, dass er sie tatsächlich wieder zurückgebracht hatte: „Ich glaube nicht, dass er sich getraut hätte etwas zu tun." Vater antwortete: „Du meinst, sie zu erschießen. Nein, das hätte er sich nicht getraut, er hatte nur genug Mut, um sein Maul aufzureißen und dir Angst einzujagen. Die müssen halt ihr sadistisches Vergnügen haben."

Mutter half immer noch bei den Bauern, mit denen sie befreundet war. Das waren der Fischer-Bauer (Lupperger) und Frühauf (Abelshauser). Sie war immer so glücklich, wenn sie gebeten wurde mitzuhelfen, denn dann war mehr Essen auf dem Tisch. Im Herbst halfen sie und eine Nachbarin bei der Zuckerrübenernte. Die beiden Frauen zogen die Rüben aus der Erde, schnitten die Blätter ab und warfen die Rüben auf einen Haufen. Ich ging hinterdrein, sammelte die Blätter zusammen und warf sie auf die Zuckerrüben, damit sie nicht austrockneten, bis der Bauer kam, um sie auf einen Wagen zu laden. Der Lohn für diese Arbeit waren Zuckerrüben. Diese Arbeit wurde von den Frauen sehr geschätzt, da sie es als eine gute Bezahlung empfanden. Die Zuckerrüben wurden aufgeschnitten und in Wasser gekocht, bis die Stücke weich waren. Diese wurden dann durch ein Tuch gepresst. Der Saft wurde dann noch einmal gekocht, bis daraus ein brauner Sirup entstand. Für uns Kinder war das himmlisch. Wir verwendeten den Sirup wie Marmelade und strichen ihn auf Brot. Wir glaubten, dass der Sirup genau wie Marmelade schmeckte, und wenn Mutter nicht in unsere Richtung schaute, stahlen wir ganz schnell einen Teelöffel voll Sirup aus dem Glas.

Ich kann mich an eine Begebenheit erinnern, zu der es viel später, 1948, kam. Als wir wieder Lebensmittel kaufen konnten, erinnerten wir uns an den guten Zuckerrübensirup. Wir bettelten, dass Mutter uns doch wieder einen so köstlichen Zuckerrübensirup machen solle. Mutter weigerte sich aber und sagte resolut: „Auf gar keinen Fall koche ich dieses Viehfutter noch einmal, wo wir gute Marmelade machen können." „Nein, nein", riefen wir, „es war köstlich. Der Sirup hat uns so gut geschmeckt." „Natürlich hat er euch geschmeckt, in jenen Tagen hat euch alles geschmeckt, das zwischen eure Zähne kam. Aber glaubt mir, er war nicht köstlich, aber essbar und nahrhaft."

Aber wir haben nicht aufgehört, um diesen köstlichen Sirup zu betteln. Am Ende hat sie nachgegeben, nur um des lieben Friedens willen. Sie machte uns ein kleines Marmeladeglas voll. Wir waren überglücklich es am Frühstückstisch zu sehen! Ich versuchte sofort einen Teelöffel voll, dann schob ich das Glas zu Emil. Mit Freuden nahm er einen Teelöffel voll, der sofort in seinen Mund ging. Er schaute mich an und sagte leise: „Den mag ich nicht." „Ich auch nicht", flüsterte ich zurück. Dieser Sirup war wirklich nicht köstlich. Dann versteckte ich das Glas, oder ich versuchte es zu verstecken, im Brotschrank hinter dem Brot. Es dauerte nicht lang, bis Mutter es fand. Sie war natürlich dementsprechend böse.

„Ich habe euch gesagt, dass er euch nicht schmecken wird, aber nein, ich musste mir die Arbeit machen. Ich sollte euch diesen köstlichen Sirup jeden Morgen zum Frühstück geben, da ihr mir Tage lang keine Ruhe gegönnt habt."

Aber sie war nicht lange böse, und wir mussten den Sirup nicht essen. Vater lachte, als sie es ihm erzählte. Aber all das geschah nach dem Krieg.

Jetzt tobte noch der Krieg und Bomben fielen auf Deutschland. Waren Fliegerangriffe bis jetzt nächtliche Ereignisse, so waren sie nun an der Tagesordnung.

Im Dezember 1944 kam keine Weihnachtsvorfreude auf. Dies gehörte definitiv der Vergangenheit an. Man konnte hören: „Damals, zu Weihnachten ..." Dann wurde aufgezählt, was man kochte, die vielen köstlichen Gerichte. Essen war immer das Erste wovon man sprach. Dann kam der Weihnachtsbaum. Ja, wo konnte man einen bekommen? Man konnte gewiss keinen kaufen. Und das ganze Dorf war in Dunkelheit getaucht. Es gab keine Mitternachtsmesse, was konnte man schon feiern? Das einzige Licht, das man manchmal sehen konnte, war der Vollmond, und sogar der jagte einem Furcht ein. Durch den Schnee auf der Erde und dem Licht des Vollmondes waren die Nächte manchmal so hell wie der Tag, so dass es die Bomber leicht hatten. Als sich das Jahr 1944 dem Ende neigte, rückte die Front mit furchterregender Geschwindigkeit an die deutsche Grenze. Wenn wir die Fliegeralarmsirene hörten, hatten wir kaum Zeit uns anzuziehen, bevor wir die Bomber über uns hörten. Was wir Kinder sehr beängstigend fanden, war der entsetzliche Lärm. Die Flak hämmerte ununterbrochen, die Bomber brummten über uns, und die Suchscheinwerfer versuchten, sie zu finden. Es gab immer zwei lange Scheinwerfer, die sich am Himmel kreuzten und versuchten, einen Bomber in das Fadenkreuz zu bekommen, so dass die Flak ihn abschießen konnte. Ich glaube nicht, dass sie besonders erfolgreich waren. Bei all dem waren die Straßen mit laufenden Leuten und weinenden Kleinkindern gefüllt, die versuchten, den feuchten, kalten Luftschutzbunker zu erreichen.

Die Straße der Gebirgsjäger

Es war Chaos! Tag für Tag und Nacht für Nacht. Was für ein Weihnachten! Noch dazu ohne Christbaum! Und das in Bayern!

Am 24. Dezember 1944, als es gerade begann schummrig zu werden, zog Schorsch seine Jacke an, und Mutter fragte ihn: „Wohin gehst du?" Mutter wusste sofort, was er vor hatte und sagte, dass dies keine gute Idee sei. „Wenn dich jemand sieht, dann landest du in einem Konzentrationslager und auch dein verwundetes Bein wird dir nicht helfen." Aber er versuchte, ihre Angst zu zerstreuen, als er sagte: „Schau doch hinaus, es ist pechschwarz im Wald, wer könnte mich da sehen?"

Vater war im Hof und sperrte das Waschhaus und das Hühnerhaus zu. Ich hörte, was Schorsch zu Mutter sagte und wusste genau, was er vorhatte. Ich dachte, es sei großartig; er ging in den Wald, um einen Christbaum zu holen! Ich war so aufgeregt und natürlich wollte ich dabei sein, wusste aber, dass ich auf gar keinen Fall die Erlaubnis bekommen würde mit ihm zu gehen. Es ist möglich, dass manchmal ein Kind ganz unsichtbar werden kann. Mutter war mit der Besorgnis um Schorsch beschäftigt und merkte nicht, dass ich aus der Küche schlüpfte und die Tür zum Keller öffnete, wo gerade an der linken Seite Vaters Gartenjacke an einem Nagel an der Wand hing. Ein paar von Mutters alten Schuhen standen immer auf der ersten Stufe, sie hatten keine Schuhbänder, nur eine alte Schnur, die gut genug war. Ganz schnell zog ich Vaters Gartenjacke und Mutters alte Schuhe an. Schnell band ich die Schnur, und dass sie für mich viel zu groß waren, war kein Problem. Ich habe immer Schuhe getragen, die für mich zu groß waren, ich war das schon gewöhnt. Vaters Gartenjacke reichte bis zu meinen Knöcheln, was auch gut so war, da es draußen kalt und frostig war, und die Ärmel bedeckten meine Hände. In diesem Aufzug schlüpfte ich aus dem Haus. Ich versuchte, meinen Bruder einzuholen, schaffte es aber nicht. Als er den Wald erreichte, war er vollkommen in Dunkelheit gehüllt. Als ich endlich den Wald erreichte, sah ich keine Spur von ihm und auch ich war in Dunkelheit gehüllt, was mir Angst machte.

Die Straße der Gebirgsjäger

Ich stieß einen ungeheuren Schrei aus, der Schorsch sofort zurückbrachte. Er knurrte mich an: „Was tust du hier?" Ganz unschuldig flüsterte ich: „Ich möchte mit Dir mitkommen." Schorsch war verärgert, da ihm klar war, dass er nun auch noch für mich verantwortlich war. Er zischte mich an: „Wenn Du nicht mit mir Schritt hältst, dann lass' ich dich hier im Wald und hole dich nie wieder."

Und ich glaubte ihm, denn genau so sprechen ältere Brüder, besonders wenn sie verärgert sind. Ich hielt gerade so Schritt mit ihm. Er ging und ich lief. Er wusste genau, wohin er ging, er muss dort schon vorher gewesen sein. Doch kam mir dieser Gedanke nicht gleich in den Sinn. Erst viel später habe ich ihn gefragt, und lächelnd hat er es eingestanden: „Oh ja, ich hatte diesen Baum schon vor geraumer Zeit ausgewählt."

Es war ein wunderschöner Baum, gerade die richtige Größe für unsere Wohnküche. Er stand in einer kleinen Lichtung. Schorsch hatte eine kleine Säge unter seiner Jacke versteckt und fing nun an, damit den Baum zu schneiden. Ich sank zu Boden, da ich so erschöpft war. Als ich jedoch den überaus hübschen Baum sah, war ich froh, dass ich mit ihm gekommen war.

Schorsch wandte sich mir zu und fragte mich ganz lieb: „Gefällt er dir, glaubst du, er wird hübsch sein, wenn wir ihn geschmückt haben?" „Oh ja", antwortete ich glücklich. Sein ganzer Ärger war verschwunden. Auf dem Heimweg war er sehr bedacht, dass ich leicht mit ihm Schritt halten konnte. Alles ging sehr gut, bis wir zu Hause ankamen.

Als Vater in das Haus gekommen war, nachdem er das Waschhaus und den Hühnerstall abgeschlossen hatte, konnte Mutter nicht umhin ihm zu sagen, wohin Schorsch gegangen war. Er war wütend, und als wir nach Hause kamen, gab es ein Donnerwetter. Er schrie Schorsch an: „Was in aller Welt fällt dir ein. Bist du wirklich so dumm, dass du dir nicht denken kannst wie gefährlich so etwas für uns alle sein kann? Besonders, da ich selber keinen besonderen guten Ruf habe. So etwas würde den

Nazis einen sehr guten Grund bieten, uns dahin zu bringen, wo sie uns haben wollen." Plötzlich sah er mich und brüllte: „Und wo kommst du her, schau dich doch an, du schaust ja aus wie ein Vagabund."

Sie hatten nicht einmal gemerkt, dass auch ich gegangen war. Ganz schüchtern sagte ich: „Ich bin mit Schorsch mitgegangen." Und um Schorsch zu helfen, sagte ich schnell: „Ich bin ihm nachgelaufen."

Das war jedoch überhaupt keine Hilfe für Schorsch. Vater brüllte umso mehr: „Nun macht er auch noch seine Schwester zu einem Stehlratz."

Ich konnte das ganze Theater überhaupt nicht verstehen. In meinen Augen hatten wir doch gar nichts gestohlen. Für mich bedeutete stehlen etwas einer anderen Person wegzunehmen, was wir doch nicht getan hatten. Wir haben doch nur einen Baum aus unserem Wald geholt. Er gehörte doch niemandem.

Das war wieder etwas Unverständliches für mich, und wie gewöhnlich habe ich nicht gefragt. Ich kannte die Antwort nur zu gut: „Das geht dich nichts an!" Außerdem dachte ich, dass Vater nicht noch mehr Ärger brauchte.

Aber wir hatten einen wunderschönen, herrlich geschmückten Christbaum. Wir hatten noch Christbaumschmuck aus der Zeit vor dem Krieg. Für mich war der Baum himmlisch, obwohl manche Kugeln etwas zerbrochen waren, aber Mutter drehte sie so, dass nur die gute Seite sichtbar war.

Die Straße der Gebirgsjäger

Achtundzwanzigstes Kapitel

Endlose Bombenangriffe. Wo ist die Front?
Vater und Schorsch diskutieren mit Freunden.
Schon lange kein Brief mehr von Toni.
Auf dem Friedhof gibt es immer mehr Birkenkreuzchen.

Zwar gab es über Weihnachten keinen Bombenangriff, die Ruhepause dauerte aber nicht lange. Wo war die Front? Manchmal kam ein Freund von Vater am Abend, um mit ihm und Schorsch über den Krieg zu diskutieren. Ich saß normalerweise auf der Eckbank in der Küche und war vollkommen fasziniert von allem was vor sich ging. Niemand schien mich zu bemerken. Wie ich schon vorher sagte: Ein ruhiges Kind kann tatsächlich unsichtbar werden; und nichts war faszinierender für mich als zuzuhören, wenn sich Erwachsene unterhielten.

    Schorsch dachte, dass die Front sehr nahe an Deutschland sein musste, weil die Bombenangriffe so dicht aufeinander folgten. Für ihn war es offensichtlich, dass die Flieger nicht sehr weit kommen mussten. In den Nachrichten hörte man nichts über die Front. Die Leute dachten für gewöhnlich, dass es dem Ende zuging.

    Schon lange hatten wir nichts mehr von Toni gehört. Dann kam kurz nach Neujahr 1945 ein Brief von ihm, in dem nicht sehr viel stand, nur dass es sehr kalt war und dass es ihm gut ging. Es war ein sehr kurzer Brief. Darüber wunderten sich meine Eltern. War es vielleicht für ihn zu gefährlich zu schreiben wo er war? Niemand wusste, was vor sich ging! Die kleinen Birkenkreuzchen vermehrten sich mit alarmierendem Tempo. Das bedeutete, dass immer noch Soldaten fielen, doch die Leute fragten sich warum. Denn die meisten Männer fanden, dass es nicht mehr lang so weiter gehen konnte. Solche Meinungen konnte man natürlich nur hinter geschlossenen Türen äußern.

Die Straße der Gebirgsjäger

Im März 1945 begann der Schnee zu schmelzen, denn der Frühling ließ sich nicht durch den Krieg aufhalten. Frühlingsblumen begannen im Wald zu blühen, ganz gleich was in der Welt vor sich ging. Wir Kinder pflückten sie, um sie unseren Müttern zu bringen. Ich versuchte, meine Mutter mit kleinen Veilchensträußchen aufzuheitern; sie hatte eine Aufheiterung wirklich nötig. Sie war so glücklich, wenn ich ihr ein paar Veilchen oder Schlüsselblumen brachte. Ich wusste, dass sie oft weinte. Seit Tonis letztem Brief war schon viel Zeit vergangen. Vater und Schorsch versuchten sie zu beruhigen, indem sie sagten: „Die Post ist bestimmt ziemlich durcheinander. Auch wenn er eine Menge Briefe geschrieben hätte, wären die wahrscheinlich nicht durchgekommen. Sie bemühte sich nach Kräften, uns ein normales Familienleben zu bereiten. Der Sommer nahte und die Bauern baten wieder um ihre Hilfe.

An einem Nachmittag brachte sie ein Stück Butter nach Hause. Es war bestimmt ein halbes Pfund. Am Tag zuvor hatte sie ein paar Semmeln gebacken, und nun freute sie sich, als sie zu mir sagte: „Komm' her mein Mädchen, ich gebe dir etwas sehr Gutes zu essen." Sie zeigte mir die Butter, was etwas sehr Seltenes war. Sie halbierte eine Semmel und bestrich sie dick mit Butter. Ich dachte, dass ich noch nie so etwas Gutes gegessen hatte. Ich aß die Semmel mit großem Appetit. Ich hätte nicht gedacht, dass das so gut sein konnte. Mutter freute sich darüber, wie gut mir die Semmel schmeckte. Aber die Freude dauerte nicht lange. Kaum hatte ich die Semmel gegessen, kam sie wieder rauf. Meine Mutter hatte es zu gut gemeint. Die Semmel war zu dick mit Butter bestrichen, was mein Magen nicht verkraftete. Mutter war so enttäuscht und rief: „Da gebe ich ihr etwas Gutes zu essen und sie spuckt alles wieder aus." Dann fiel ihr etwas anderes ein, von dem sie wusste, dass ich es drin behalten würde. Sie ging zum Küchenschrank, nahm das Glas Sirup heraus, gab mir einen Löffel und sagte: „Hier, du kannst einen ganzen Löffel voll haben, du magst ihn doch, nicht wahr?" Ja, den Sirup mochte ich wirklich, und er bekam mir. Darüber vergaß ich die Butter sehr schnell.

Neunundzwanzigstes Kapitel

Mutters jährliche Wallfahrt.
Schorsch fährt zur Fachhochschule nach München. Vater geht zur Arbeit und sieht Schorsch auf den fahrenden Zug springen.
Vater kommt vollkommen betrunken nach Hause.
Ismaning und Euthanasie.

Jedes Jahr zu Pfingsten ging Mutter mit einer Gruppe von Frauen und Männern zu Fuß nach Altötting, einem bekannten Wallfahrtsort in Bayern, der der Mutter Gottes geweiht ist. Wie schon seit vielen Jahren und durch alle Kriegsjahre hinweg wird dieser Brauch auch heute noch aufrechterhalten. Ungefähr 40 oder 50 Ismaninger machen diese Wallfahrt jedes Jahr zu Fuß. Mutter machte diese Wallfahrt jedes Jahr mit, und nicht einmal der Krieg konnte sie davon abhalten. Ihr Motto war immer: „Ich weiß, dass unsere Mutter Gottes meine Söhne nach Hause bringen wird."

Aber als Tonis Briefe vollkommen ausblieben, muss sie sicher ihre Zweifel gehabt haben, weil ihre Tränen so schnell flossen.

Vater und Schorsch fuhren jeden Tag mit dem Zug um 5.45 Uhr nach München. Vater, um in der E.V.M. zu arbeiten, wenn er die Tagschicht hatte, und Schorsch ging in die Fachhochschule, um Hoch- und Tiefbauingenieurwesen zu studieren. Vater weckte Schorsch jeden Morgen um 5 Uhr. Er selber ging um 5.30 Uhr aus dem Haus zum Bahnhof. Er war nie spät dran, und seine Freunde saßen normalerweise immer im selben Waggon. Die hölzernen Bänke waren nicht besonders bequem, da aber die Reise nur 30 Minuten dauerte, fand niemand einen Grund, sich zu beschweren. Vater verbrachte die Zeit entweder, indem er sich mit Freunden unterhielt oder die Zeitung las – immer den „Völkischen Beobachter", die einzige Zeitung in Deutschland.

Schorsch war immer spät dran, da er nie sofort aus dem Bett kroch, wenn Vater ihn weckte. Eines Morgens zeigte einer

Die Straße der Gebirgsjäger

von Vaters Freunden zum Fenster und sagte: „Schau mal raus, da ist Schorsch." Zu seinem Entsetzen sah er, wie Schorsch über das Absperrgitter und auf den bereits fahrenden Zug sprang. Sein Freund sagte: „Das macht er jeden Tag." Schorsch brauchte für öffentliche Verkehrsmittel nichts zu bezahlen, da die für Kriegsversehrte umsonst waren. Normalerweise gingen die Fahrgäste durch eine kleine Sperre und zeigten dem Bahnbeamten ihre Fahrkarte. Da aber Schorsch keine Fahrkarte benötigte, sprang er über das Absperrgitter, da die Sperre geschlossen war, aber der Zug war schon in Bewegung. Das war der letzte Tag, an dem Schorsch auf den fahrenden Zug sprang. Er war ab jetzt immer rechtzeitig, und er ging wie alle anderen Fahrgäste durch die Sperre. Vater weckte ihn wie immer, blieb aber an seinem Bett stehen, bis er tatsächlich aufgestanden war. Vater hielt es nicht einmal für notwendig, mit ihm böse zu sein. Er sagte nur: „Ich habe gesehen, wie du auf den fahrenden Zug gesprungen bist." Mehr war nicht nötig.

In der Zeit als Vater noch in der E.V.M., der Suppenküche, arbeitete, fanden die Arbeiter ein kleines Fäßchen Schnaps. Sie hatten keine Idee, woher es kam oder wer es versteckt hatte. Es war hinter Schachteln versteckt. Sie hatten mehrere Vermutungen. Vielleicht hatte es jemand versteckt und hatte dann keine Gelegenheit, es wieder abzuholen. Es ist möglich, dass diese Person sogar in einem Fliegerangriff umgekommen ist. Was konnten sie nun tun?

Sie hätten es den Aufsehern (den Nazis) übergeben können, aber niemand dachte daran. Wenigstens schlug es niemand vor. So kamen sie überein, dass sie den Schnaps trinken würden. Sie fühlten sich alle, als ob Weihnachten wäre. Sie stellten das Fäßchen senkrecht und schlugen ein Loch in die Oberseite, steckten einen Schlauch hinein und fingen an zu trinken. Sie leerten das ganze Fäßchen. Acht Arbeiter, Männer und Frauen. Es war ein kleines Fäßchen, aber doch zu viel für acht Personen. Besonders, da es schon seit Jahren keinen Alkohol mehr gegeben hatte. Es war noch möglich, eine Art Bier zu bekommen, der Alkoholgehalt war jedoch minimal. Man konnte sich bestimmt nicht davon betrinken. Nachdem diese Frauen und Männer seit Jahren keinen Alkohol getrunken hatten, tranken sie nun Schnaps durch einen Schlauch aus einem Fässchen. Sie müssen alle volltrunken gewesen sein, weil ich mich erinnern kann, dass mein Vater in diesem Zustand nach Hause kam. Er konnte sich nicht erinnern, wie er zum Ostbahnhof oder in den Zug gekommen war. Ein junger Mann, der Vater gut kannte, Erhard Schmidramsl, hatte sich um ihn im Zug gekümmert. Als schließlich der Zug in Ismaning ankam, borgte sich Erhard einen Schubkarren vom Fahrradgeschäft Rösch, das ganz in der Nähe vom Bahnhof war, ging mit diesem zurück zum Bahnhof und legte Vater mit der Hilfe des Bahnhofspersonals in den Schubkarren. Erhard fuhr Vater zusammen mit einem Freund nach Hause. Als sie zu Hause ankamen, zogen sie ihn aus dem Schubkarren und brachten ihn ins Haus, wo sie ihn im Gang auf den Betonboden legten. Als ich das sah, glaubte ich, dass Vater einen Unfall gehabt hatte oder sonst irgendwie sehr krank war. Ich fing an zu weinen, da ich so besorgt war. Doch Erhard hat mich schnell mit einigen netten bayerischen Worten beruhigt: „Du brauchst net woana Deandl, der hod bloss an Rausch!" Zu Mutter sagte er: „Lass' ihn hier liegen, bis er zu sich kommt. Wenn er sich bewegt, sieh zu, dass du ihn hinaus in die frische Luft bringst."

Mein kleiner Neffe Emil, der etwa vier Jahre alt war, war auch sehr besorgt um seinen Großvater, setzte sich neben seine Schulter und blieb bei ihm, bis er sich bewegte. Als Vater schließlich anfing zu stöhnen und sich zu bewegen, zog ihn Mutter hinaus in den Hof und warf ihn auf einen alten Stuhl. Das war sehr anstrengend für sie. Er saß breitbeinig da. Mutter hielt ihn bei seinen Schultern, damit er nicht vom Stuhl fiel, und dann fing er an sich zu erbrechen. Ich hatte so etwas noch nie gesehen, und ich bin sicher meine Mutter auch nicht. Er hatte sich erbrochen. Es war ein richtiges Schauspiel! Die Flüssigkeit sprudelte wie aus einem Springbrunnen – es hörte gar nicht mehr auf! Ich war so erstaunt und sagte zu Mutter: „Es hört ja gar nicht mehr auf!" Sie zuckte nur mit den Achseln. Sie hatte so etwas auch noch nie gesehen.

Nachdem, wie uns schien, eine geraume Zeit vergangen war, hörte es genau wie ein Springbrunnen auf. Erst noch ein paar Spritzer, dann noch einige Tropfen, bevor es ganz aufhörte.

Am nächsten Tag erzählte er uns die ganze Geschichte. Mit besonderem Vergnügen erzählte er uns, wie die Frauen lachten und wie sie tanzten. Als er uns das erzählte, mussten auch wir lachen, besonders als er uns zeigte, wie sie das gemacht hatten. Es war doch so selten, dass Frauen oder sonst irgendjemand lachte.

Aber wir hatten im Vergleich zu den Leuten in den Konzentrationslagern großes Glück. Die Nazis versuchten geheim zu halten, was in diesen Lagern vor sich ging. Was wir hörten, war jedoch grauenhaft. Die Nazis bezeichneten die Juden und Menschen aus den besiegten östlichen Ländern, die aus ihrem Heimatland in deutsche Arbeitslager transportiert wurden, als Untermenschen.

Auch diese Bauerngemeinde, auf die der Krieg, und demzufolge die Nazis, angewiesen war, wurde von diesen Gräueltaten nicht verschont.

In Ismaning lebten mehrere Familien mit geistig behinderten Familienmitgliedern. Ohne jegliche Hilfe war das Leben für diese Familien sehr schwer. Sie erhielten keine Ausbildung, und es gab auch keine speziellen Schulen oder Lehrkräfte. Normalerweise saßen diese Kinder in der letzten Bank in der Hauptschule. Wenn sie das Alter erreichten, in dem sie von der Schule abgingen, blieben sie bei ihren Familien und verrichteten einfache Arbeiten. Sehr oft wurden sie als Sündenbock benützt, sollte eine Scheune im Dorf brennen. Sehr oft mussten sie den Spott von Mitmenschen erdulden, die in der gleichen Gemeinde lebten. Wenn die Last für die Familien zu groß wurde, konnten sie sich um einen Platz in einem Heim bewerben. Doch während die Familien glaubten, dass ihre Söhne oder Töchter in einer sicheren und komfortablen Umgebung leben würden, hielten die Nazis diese Menschen nicht des Lebens wert. Sie wurden als Last für die gesamte Bevölkerung betrachtet. Eine katastrophale grundlegende Lehre machte sie glauben, dass diese Grausamkeit richtig war. Mit der Vernichtung der so genannten wertlosen Menschen wurde am 1. September 1939, dem ersten Kriegstag, begonnen. An diesem Tag gab Hitler den Befehl für die Massentötung der kranken und behinderten Menschen. In den darauffolgenden zwei Jahren wurden durch diesen speziellen Befehl 70.000 bis 80.000 Patienten, die in Krankenhäusern und Pflegeheimen für Behinderte lebten, per Gesetz getötet.

Auch Ismaning wurde von dieser Grausamkeit nicht verschont. Zu Kriegsbeginn erhielten die betroffenen Familien in kurzen Abständen immer die gleiche Nachricht: Ihr Sohn oder ihre Tochter sei unglücklicherweise an Lungenentzündung oder unter unerklärlichen Umständen gestorben und die Leiche würde nach Ismaning transportiert werden. Im Dorf hatten die Leute eine finstere Vorahnung, aber die betroffenen Familien erfuhren erst nach dem Krieg die Wahrheit.

Diese grausame Behandlung wurde aufgrund des Protestes seitens der Kirche 1941 eingestellt. Wie wir wissen, bezog sich dies nicht auf die Juden.

Dreißigstes Kapitel

Das Ende des 2. Weltkrieges. München, eine Stadt in Ruinen.
Die Alliierten dringen zur deutschen Grenze vor.
Bauern helfen mit jedem Fahrzeug, das sie haben, den Schutt von den Münchner Straßen zu beseitigen.
Dr. Joseph Goebbels ruft zum totalen Krieg auf.
Frauen, alte Männer und Buben werden rekrutiert. Ein letztes Aufbäumen.
Die Sippenhaft.
Je hoffnungsloser der Kampf, desto fanatischer wurden die Nazis.

Nun war es offensichtlich, dass der 2. Weltkrieg dem Ende zuging. Aber es war nicht das Ende, das sich die Nazis gewünscht hatten. Obwohl die Alliierten fast bis zur deutschen Grenze vorgestoßen waren, gingen die Kämpfe weiter. Und keine Nachricht von Toni! Die Postämter wurden hauptsächlich von alten Männern, die zu alt zum Kämpfen waren, und von Frauen geführt. Anni wohnte noch mit ihren beiden Kindern im ersten Stock unseres Hauses. Sie gehörte noch immer zu den Frauen, die auf der Post arbeiteten. Sie arbeitete sehr oft als Postbotin. Jeden Morgen, wenn sie anfing zu arbeiten, ging sie die Post durch und hoffte, vielleicht einen Brief von Toni zu finden. Jeden Nachmittag, wenn sie nach Hause kam, hoffte Mutter sehnsüchtig auf Nachricht von Toni. Es war jedoch jeden Tag das Gleiche: keine Nachricht. Anni wusste aus eigener Erfahrung wie nervenaufreibend dieses Warten sein konnte. Sie schüttelte nur ihren Kopf, wenn sie nach Hause kam.

Die Bombenangriffe nahmen mit dem Vorstoß der Alliierten zur deutschen Grenze zu. Eines ihrer Angriffsziele war München, die Stadt, die den Anfang des Nationalsozialismus erlebt hatte. Die Angriffe auf die Stadt waren im Juli 1944 und einige Tage vor Weihnachten und dann wieder im Januar 1945 besonders schwer. Jene Angriffe verwandelten München in eine Stadt aus Ruinen. In jenen Nächten sah München für uns in

Ismaning wie ein Flammenmeer aus. Die Feuerwehr in Ismaning war mit ihren sehr jungen und sehr alten Mitgliedern, alle anderen Männer waren Soldaten an der Front, ununterbrochen im Einsatz und versuchte diese Brände zu löschen. Im Juli 1944 wurde im Dorf ein Notdienst eingeführt. Alle Bauern, die irgendein Transportmittel mit einem Anhänger hatten, mussten bereit stehen, um Möbelstücke und alles andere Brauchbare zu retten. Sie mussten auch Straßen vom Schutt befreien, so dass sie wieder benutzbar waren.

Zu all diesen Schwierigkeiten und dem Elend kam nun die Tyrannei des „totalen Krieges", den Joseph Goebbels nach dem Fall von Stalingrad wollte. Er forderte, alle deutschen Männer zwischen 16 und 60 Jahren in die deutsche Wehrmacht einzuziehen.

Auch alle in Privatbesitz stehenden Fahrzeuge, wie z. B. Motorräder oder Fahrräder, mussten für den Kriegsdienst abgegeben werden. Dazu zählte auch die N.S.U., die Toni und sein Freund Franz Glas kurz vor dem Krieg gekauft hatten, als sie noch in der Maurerlehre waren. Meine Eltern wurden schriftlich benachrichtigt, dass die N.S.U. in 3 Tagen abgeholt werden würde. Schorsch dachte, dass dies ganz einfach unerhört war. Er ging zum Polizeiinspektor und protestierte, da die beiden jungen Männer schon ihr Leben dem Kriegsdienst zur Verfügung gestellt hatten, sollten sie nicht auch noch das Einzige, das sie besaßen, aufgeben müssen. Der Polizeiinspektor hatte volles Verständnis, erklärte Schorsch aber, dass er nicht helfen konnte, da dies nicht in seiner Macht lag. 3 Tage später wurde die N.S.U. abgeholt.

Auch Frauen wurden nicht verschont. Am 19. September kam der Befehl, dass sich alle Ismaninger Frauen, die zwischen 1920 und 1924 geboren waren, innerhalb einer Woche melden müssten, es sei denn, sie konnten nachweisen, dass sie schon für den Kriegsdienst arbeiteten.

Jugendliche Buben im Alter von 15 Jahren waren in einem Wehrertüchtigungslager rekrutiert. Der junge Sohn eines

Die Straße der Gebirgsjäger

Bauern in Ismaning, noch keine 16 Jahre alt, wurde im Februar 1945 zu diesem Zweck einberufen, um in einem Lager in Holzkirchen in der Nähe von Ismaning zu arbeiten, wo er in der Handhabung von Gewehren und insbesondere der Panzerfaust unterrichtet wurde. Im März 1945 wurde er nach Haar, ebenfalls in der Nähe von Ismaning, verlegt. Dort sollte durch eine medizinische Untersuchung seine Diensttauglichkeit nachgewiesen werden. Ehrlich wie er war, sagte er dem diensthabenden Arzt, dass er gesund sei. Ein Rekrutierungs-Offizier stand daneben und unterbrach ihn. Er schrie den jungen Mann energisch an: „Ich weiß genau, dass du unter einem schweren Magengeschwür leidest, so dass du auf gar keinen Fall für den aktiven Militärdienst tauglich bist!" Es klang so, als ob dieser junge Mann auf jeden Fall in den Militärdienst gehen wollte und versuchte, seine Krankheit zu verheimlichen. Der junge Mann merkte sofort, dass dieser Mann ein Philanthrop war, dem diese jungen Männer, die noch fast Kinder waren, leid taten und so vielen wie möglich helfen wollte. Glücklich und erleichtert fuhr der junge Mann zurück nach Ismaning.

Die Nazis wollten eine Ersatzarmee. Alle Männer, die diensttauglich waren, wurden bis zum Alter von 60 Jahren in den Volkssturm einberufen, der in den letzten Monaten des Krieges organisiert worden war. Das waren Reservetruppen mit Militärausbildung.

Im Frühling 1945 standen die Alliierten auf „deutschem Boden". Hitlers Reich, das vom Nordkap bis Afrika, vom Atlantik bis zur Wolga reichen sollte, war zusammengebrochen!

Deutsche U-Boote und die deutsche Luftwaffe konnten den Angriff der Alliierten nicht abwehren. Viele Städte lagen in Ruinen. In den letzten Wochen wurden Dresden, eine Stadt voller Flüchtlinge aus dem Osten, und Würzburg, die Lazarett-Stadt genannt, fast vollkommen zerstört. Der Krieg hatte wieder einmal seine höllischen Dimensionen angenommen. Je hoffnungsloser die Kämpfe waren, desto fanatischer wurden die Nazis. Immer noch erhielten die Familien die herzzerreißenden Nachrichten, dass ihr Vater oder Sohn gefallen sei. Es war gewöhnlich die Pflicht des Bürgermeisters, diesen verhängnisvollen Brief den Familien zu überbringen. Zu einigen Familien musste er zweimal gehen, um diesen traurigen Brief zu überbringen. Ein Bauer war gerade dabei, mit einer Kreissäge Holz zu schneiden, als der Bürgermeister ein zweites Mal auf den Hof kam. Der Bauer wusste sofort, warum der Bürgermeister kam, und in seiner großen Verzweiflung ging er auf den Bürgermeister los, der ganz schnell die Flucht ergriff. Der Bauer schrie ihm nach, dass er ihn in die Kreissäge werfen würde, und rief noch ein paar gewählte Ausdrücke wie „Du Nazibandit" hinterher. Der Bauer war so niedergeschmettert, dass es ihm völlig gleich war, wer ihm den Brief brachte. Er hätte die Gestapo genauso angeschrien. Aber es war bemerkenswert, dass der Bürgermeister ihn nicht bei der Gestapo gemeldet hatte, denn die Gestapo kam nicht. Ich habe nie gehört, dass der Bürgermeister jemanden bei der Gestapo gemeldet hatte.

Das Kämpfen ging weiter! Die Nazis benahmen sich immer absurder. Hitlers Befehle wurden immer abscheulicher. Ab dem 5. Februar galt die Sippenhaft. Das bedeutete Folgendes: Sollte jemand seine Meinung äußern, die nicht genau mit der der Nazis übereinstimmte, er aber nicht festgenommen werden konnte, musste die Familie mit all ihrem Hab und Gut, ihrer Freiheit und des Öfteren sogar mit dem Leben bezahlen.

Am 15. Februar 1945 folgte die Einführung des Standgerichts (Kriegsgericht), das den Nazis noch mehr Macht verlieh. Demgemäß konnte jede Straftat, die die deutsche Armee behindern könnte, sofort geahndet werden. Bis zu diesem Zeitpunkt wurden derartige Vergehen vor ein Kriegsgericht gebracht. Aber nun reichte es schon, den Sieg in Zweifel zu ziehen, um verurteilt zu werden. Am 19. März machte Hitler seine Absichten klar. Er wollte den Deutschen jede Möglichkeit zu überleben nehmen. Jeglicher Militärtransport und die gesamte industrielle Infrastruktur sollten vernichtet werden. Das bedeutete aber nicht, dass dies das Ende des Fanatismus der Nazis war. Alle Männer bis zum 60. Lebensjahr mussten in den Volkssturm eintreten. Sie dienten als Reserve für die letzten Kampfhandlungen.

Einunddreißigstes Kapitel

Die Aufregung der letzten Kriegstage.
Der Angriff der Alliierten.
Das Dorf in Aufregung. Leute diskutieren auf der Straße über die Situation. Welches Schicksal wird das Dorf ereilen?
Der Volkssturm baut Hindernisse für Panzer.
Wird das Dorf verteidigt, wie von Hitler befohlen? Wird das Dorf ein Kampfgebiet werden?
Die deutschen Pioniere zerstören Brücken.
Die Amerikaner feuern Warnschüsse auf das Dorf.
SS-Männer kommen von der Au.

Die Aufregung der letzten Kriegstage wurde im Dorf – und nicht nur hier – dadurch gesteigert, dass am 28. April ab 5 Uhr völlig ungewohnte Nachrichten aus den Volksempfängern kamen: keine Durchhalteparolen, keine Warnungen vor Luftangriffen, es meldete sich nicht der Reichssender München, der zwölf Jahre lang der Nazi-Propaganda gedient hatte. Stattdessen meldete sich der Sender der „Freiheitsaktion Bayern". Über sechs Stunden wies er auf die aussichtslose Lage hin:

„Achtung, Achtung! Sie hören den Sender der Freiheitsaktion Bayern! Achtung, Achtung! Hier spricht die Freiheitsaktion Bayern. Das Stichwort ‚Fasanenjagd' ist durchgegeben. Arbeiter schützt eure Betriebe gegen Sabotage durch die Nazis! Sichert Arbeit und Brot für die Zukunft, verwehrt den Funktionären den Zugang zu euren Anlagen. Die Panzerspitzen der Alliierten stehen schon am Ammersee, der Feind ist weit über Augsburg in Richtung München vorgedrungen. Die Freiheitsaktion Bayern hat heute Nacht die Regierungsgewalt erstritten Die Freiheitsaktion Bayern hat das Joch der Nazis in München abgeschüttelt."

Und der Sprecher forderte die Wehrmacht auf, die Waffen niederzulegen[1].

Wer stand hinter dieser Aktion? Es war eine letzte Widerstandsgruppe unter Führung von Hauptmann Ruprecht Gerngroß, dem Chef einer Dolmetscher-Kompanie, die in München stationiert war. Er kannte den Befehl, dass diese zusammengebombte, ausgehungerte, kriegsmüde Stadt zur Festung erklärt worden war, die man bis zum letzten Haus verteidigen müsse. Hinter diesem Plan stand der fanatische Gauleiter Giesler, der bereits 50 Tonnen Sprengstoff an den Münchner Isarbrücken hatte anbringen lassen, um die Amerikaner am weiteren Vormarsch zu hindern.

Um München zu retten, wagte Gerngroß ein gefährliches Spiel: Er musste so schnell wie möglich die heranrückenden Amerikaner von der Existenz einer Widerstandgruppe unterrichten, die bereit war, die Stadt kampflos zu übergeben. Es gelang, eine entsprechende Botschaft an die Alliierten zu senden. Nun wurde das Münchner Rathaus und das Verlagsgebäude des „Völkischen Beobachters", des Sprachrohrs der Nationalsozialisten, besetzt. Dabei hatte man zwar Gefangene gemacht, Gerngroß befahl jedoch, nicht zur Waffe zu greifen.

Das Problem war nun, wie die Freiheitsaktion Bayern möglichst viele Menschen mit ihrer Friedensbotschaft erreichen kann. Die Lösung hieß: Der Ismaninger Sender im Erdinger Moos muss erobert werden.

In der Nacht zum 28. April marschierten ca. 200 Mann von der FAB samt Gefangenen (darunter der gefürchtete Ratsherr Christian Weber) von Freimann Richtung Ismaning. Um 3 Uhr früh kamen sie am Sender an, überwältigten die Belegschaft, die eingesperrt wurde, und übernahmen den Sendebetrieb.

Von 5 Uhr früh bis 11 Uhr mittags hörten die völlig überraschten Hörer das Programm der FAB, und zwar in deutscher, französischer, englischer und russischer Sprache. Der

---

1 Zitiert nach: Gerngroß, Freiheits-Aktion Bayern 1945.

Die Straße der Gebirgsjäger

Aufruf mündete ein in die Hoffnung, „dass das deutsche Volk, befreit vom Nationalsozialismus, wieder ein gleichwertiges Mitglied der zivilisierten Menschheit werden möge".

Die Botschaft wurde nicht nur in München, sie wurde in ganz Bayern gehört. Um 11 Uhr verließ Hauptmann Gerngroß das Sendergebiet samt seinen Leuten und fuhr den Amerikanern entgegen. Kurz darauf marschierte die SS ein, wurde aber am selben Tag von Volkssturmmännern abgelöst, die sich ebenfalls stillschweigend absetzten – das Kriegsende näherte sich immer mehr.

Am Morgen des 30. April erschien noch einmal ein SS-Offizier mit dem Auftrag, die gesamte Senderanlage zu zerstören. Er konnte aber von dem leitenden Ingenieur, Herrn Wolf, daran durch List gehindert werden – da hörte man schon von Ferne den Lärm der heranrollenden amerikanischen Panzer – Herr Wolf gab den Befehl, die weiße Fahne zu hissen.

Um 4 Uhr nachmittags betrat der erste Amerikaner das Sendergebiet: Damit wurde noch am selben Tag aus dem Reichssender München der Sender der amerikanischen Militärregierung, Radio Munich.

Die Münchner hatten am 28. April die Aufrufe der FAB mit besonderem Interesse verfolgt, ging es doch vor allem um ihre Stadt, die verteidigt werden sollte. Und das hieß: Noch einmal Tote (6.000 waren in München in den Bombennächten schon ums Leben gekommen) und noch einmal zerstörte Häuser (zwei Fünftel aller Bauwerke lagen schon in Schutt und Asche). Also trugen immer mehr eine weiße Armbinde und wurden immer mehr weiße Tücher zu den Fenstern herausgehängt. Und es fanden sich ganz Mutige, die die Sprengsätze von den Brücken entfernten.

Ein letztes Mal aber wollte Gauleiter Giesler seine Macht und Menschenverachtung zeigen, indem er an die Truppen den Befehl gab, alle Träger einer weißen Armbinde standrechtlich zu erschießen. Doch der Befehl wurde nicht mehr ausgeführt.

Die Straße der Gebirgsjäger

Am 30. April 45 zog die 7. US-Armee kampflos in München ein, die Stadt war befreit, die Freiheitsaktion Bayern hatte damit ihr Ziel erreicht. Eine nicht unbedeutende Rolle spielte dabei der Ismaninger Sender. (Gauleiter Giesler floh in die sogenannte Alpenfestung nach Berchtesgaden, wo er seine Frau und sich selbst erschoss.)[2]

1947 wurde ein zentraler Platz in Schwabing, der Feilitzschplatz, in „Münchner Freiheit" umbenannt. Eine Gedenktafel erinnert an die Widerstandsgruppe der Freiheitsaktion Bayern, die München das Schicksal vieler deutscher Städte erspart hatte.

Dann kam der 30. April 1945. Das ganze Dorf war in Aufregung. Man konnte aus dem Westen und Nordwesten Schüsse der nahenden Amerikaner hören. Südlich von Ismaning errichtete der Volkssturm immer noch Barrieren, um die Panzer abzuwehren, was aber völlig unsinnig war, da die Panzer diese Hindernisse ganz einfach aus dem Weg geschoben hätten. Viele Menschen in Ismaning diskutierten über diese Situation auf den Straßen. Man fragte sich, was die nächsten Stunden wohl bringen würden? Die größte Sorge war das Schicksal des Dorfes. War es möglich, dass Ismaning den Amerikanern kampflos übergeben werden würde, oder würde es von den letzten Truppen der deutschen Soldaten verteidigt werden, wie Hitler es befohlen hatte? Das hätte bedeutet, dass das Dorf ein Kampfgebiet sein würde. Plötzlich hörte man eine Explosion. Die deutschen Pioniere zerstörten eine Brücke im Osten des Dorfes, und am gleichen Tag zerstörten sie andere Brücken, auf diese Weise war Ismaning vollkommen isoliert. Alle Straßen, die aus Ismaning führten, waren nun abgeschnitten.

Gleichzeitig beschossen die Amerikaner von Westen das Dorf und trafen die Papierfabrik. Einige Veteranen des 1. Weltkriegs vermuteten, dass dies eine Warnung war, um den

---

2 Quelle: Text einer Hörfunksendung des Bayerischen Rundfunks, die im Mai 1995 gesendet wurde.

Dorfbewohnern die Gelegenheit zu geben, eine weiße Fahne zu hissen. Die Soldaten hatten dies im 1. Weltkrieg getan und gaben der Bevölkerung 3 Stunden. Von Zeit zu Zeit kamen aus dem Wald sehr junge SS-Männer und zogen mühsam ihre Munition und Waffen mit sich. Anton Seidl, der Wirt des Gasthofs „Zur Mühle", diskutierte mit ihnen und überredete sie, ihre Waffen in den Seebach zu werfen und das Dorf zu verlassen, bevor die letzte Brücke zerstört würde. Zu seiner Überraschung beherzigten sie seinen Rat und verließen das Dorf, es folgten ihnen weitere Truppen. Es waren ungefähr 50 Männer. Dann kam ein SS-Offizier mit einigen Soldaten und bat den Wirt, ihn mit seinen Soldaten einige Tage lang im Keller zu verstecken. Der Wirt forderte ihn auf zu gehen, so dass es Ismaning nicht wie anderen Dörfern ergehen würde, die nicht kapituliert hatten und dann vollkommen zerstört wurden. Der Offizier zeigte Verständnis und folgte den vorausgegangenen SS-Männern. Als er mit seinen Soldaten ging, rief er zurück: „Von uns aus kann das Dorf übergeben werden!" Der Priester des Dorfes sowie Anton Seidl und einige Bauern dachten, dass es nun notwendig war, eine Entscheidung zu treffen. Unter keinen Umständen wollten sie irgendwelche Kämpfe im Dorf. Sie entschieden sich, am höchsten Punkt des Dorfes, auf der Nordseite des Kirchturmes, eine weiße Fahne zu hissen. Hier war sie für die herannahenden Amerikaner sichtbar. Diese gefährliche Aktion wurde von Anton Seidl ausgeführt.

    Aber Ismaning war noch nicht gerettet. Es hatte sich sehr schnell herumgesprochen, dass der Wirt des Gasthofs „Zur Mühle" die weiße Fahne gehisst hatte. Der Leiter des Volkssturmes kam sofort angerannt und sagte wütend zu Anton Seidl: „Sie haben mich in große Schwierigkeiten gebracht, für diese verräterische Tat könnte ich Sie erschießen." Bald erschienen immer mehr Leute, um zu hören was vor sich ging, und in diesem Getümmel gelang es dem Wirt zu verschwinden. Er konnte sich auf einem abgelegenen Bauernhof verstecken, bis die

Die Straße der Gebirgsjäger

Amerikaner in das Dorf einzogen. Die weiße Fahne wurde durch die Fahne mit dem Hakenkreuz ausgetauscht, da immer noch Gerüchte kursierten, dass noch SS-Männer im Wald waren. Sofort schossen die Amerikaner in den Kirchturm, was ein ungeheures Loch hinterließ.

Was genau mit dem Wasserturm geschah, kann ich nicht sagen. Was ich jedoch sagen kann ist dies: Wir hatten drei Tage lang kein Wasser, so dass wir es in Badewannen von Brunnen im Wald holen mussten. Dann riskierte es wieder ein sehr tapferer Mann, die weiße Fahne zu hissen, und dieses Mal blieb sie, bis die Amerikaner in das Dorf einzogen. Ein beherzter Mann, der nicht in Vergessenheit geraten soll. Herr Hartl wohnte mit seiner Frau und seiner Tochter in einem einfachen Haus in der Schlossfeldstraße. Er reparierte Radios und verdiente gerade genug zum Leben. Während die Amerikaner noch in der Heide stationiert waren, fuhr Herr Hartl mit seinem Fahrrad durch das Dorf und sagte den Bewohnern, dass sie nicht schießen sollten, wenn die Amerikaner in das Dorf einzögen. Er würde in die Heide fahren und mit den Amerikanern über einen friedlichen Einzug verhandeln. Sollte jemand schießen, würde es bestimmt sein Leben kosten. Er fuhr dann in die Heide und verhandelte mit den Amerikanern über Ismanings Kapitulation. Und so kam es, dass die Amerikaner am 1. Mai 1945 in das Dorf einzogen und kein Schuss gefeuert wurde, weder von den Bewohnern noch von den Amerikanern. Ismaning hatte sich ohne Zwischenfall den amerikanischen Besatzungstruppen ergeben. Teils mit Besorgnis und teils mit Erleichterung beobachteten die Bewohner von Ismaning die aufregenden Ereignisse vom Fenster und den Gehsteigen aus. Der Krieg war nach fast 6 Jahren endlich zu Ende, und die mächtigen Nationalsozialisten waren erledigt.

Die Straße der Gebirgsjäger

Zweiunddreißigstes Kapitel

Die Amerikaner sind in der Schule einquartiert.
Ein Amerikaner spricht deutsch.

Die Kolonne der Amerikaner erreichte Ismaning von Norden her und bog beim Neuwirt nach links ein. Einige Bewohner und Kinder standen am Gehsteig und beobachteten die Kolonne, als sie sich langsam in Richtung der Schulen bewegte, wo die Amerikaner einquartiert waren. Ich war eines der Kinder! 10 Jahre alt, ein kleines dünnes Mädchen in einem dünnen Fähnchen von einem Kleid und natürlich barfuß, mit langen roten Haaren, die ich in Zöpfen trug. Mein Gesicht voller Sommersprossen. Fast alle Kinder liefen im Sommer barfuß.

    Plötzlich hielt die Kolonne, und direkt vor mir hielt ein Jeep. Ein junger amerikanischer Soldat, der Fahrer, hatte seinen Ellbogen nonchalant ans Fenster gelehnt und schaute mir direkt in die Augen. Er hatte sehr dunkle Augen, und ich schaute direkt in sie. Es können nur ein paar Sekunden gewesen sein, aber ich wurde sehr verlegen, und aus Verlegenheit sagte ich: „Sprechen Sie Deutsch?" Zu meinem größten Erstaunen sagte er: „Ja, ich spreche Deutsch, ich spreche sehr gut Deutsch, ich wurde nicht weit von hier geboren." Ich schaute immer noch in seine dunklen Augen und fragte völlig überrascht: „Ist das wahr?" Er lächelte mich an, als er meine Überraschung sah und sagte: „Ja, das ist wahr." Diese Unterhaltung kann nur ein paar Sekunden gedauert haben, bevor die Kolonne sich wieder weiter bewegte. Mit seiner linken Hand winkte er mir zu, auch ich winkte ihm mit meiner rechten Hand zaghaft zu. Auch heute frage ich mich, ob er sich je wieder an das dünne kleine Mädchen erinnert hatte? Ich habe die Kolonne nicht länger beobachtet, als sie vorüber zog. Stattdessen ging ich gedankenverloren nach Haus. Sonst lief oder hüpfte ich immer, aber nicht dieses Mal. Ich fragte mich, warum dieser junge Mann bei den Amerikanern war, wenn er doch Deutscher war. Als

Die Straße der Gebirgsjäger

ich zu Hause ankam, erzählte ich Schorsch von dem jungen Soldaten, aber er war vollkommen abweisend und sagte: „Natürlich war er kein Deutscher, er hat dich angelogen." Aber heute weiß ich, dass es tatsächlich möglich war, vielleicht war er geflohen, um den Nazis zu entkommen. Was für einen Grund hätte er haben können, um ein kleines Mädchen zu belügen. Hätte das einen Sinn gehabt?

Dreiunddreißigstes Kapitel

Ismaning und die Konzentrationslager. Der berüchtigte Totenmarsch.
Berichte einiger Bewohner Ismanings.

Von der Existenz eines KZ-Lagers im benachbarten Dachau hat man natürlich im Dorf gewusst. Die Drohungen: „Halt Deinen Mund! Hör keinen Feindsender an! Gib Dich mit keinem Fremdarbeiter ab! ... sonst kommst Du nach Dachau!" sie lagen wie ein ständiger Albdruck über der Bevölkerung.

Aber diejenigen Ismaninger, die aus dem KZ entlassen wurden, schwiegen wie ein Grab, weil sie ansonsten Freiheit und Leben aufs Spiel gesetzt hätten.

In den letzten Kriegstagen jedoch, Ende April 1945, erlebten viele Ismaninger, vor allem die von der Freisinger und Aschheimer Straße, die Wirklichkeit, sahen die KZ-Häftlinge leibhaftig vor sich.

Als die deutschen Fronten nämlich gegen Kriegsende zusammenbrachen, wurden die Gefangenen in frontferne Konzentrationslager verlegt. Ein erschütterndes Beispiel ist die Evakuierung von 4.600 Buchenwalder Häftlingen: Am 8. April 1945 fuhr ein verschlossener Güterzug vom KZ Buchenwald bei Weimar ab, irrte 3 Wochen durch Deutschland und kam am 27. April in Dachau an. Von den 4.600 Gefangenen lebten nur noch 1.300, die sich mit letzter Kraft ins Lager schleppten. (Zu der totalen Unterernährung war auch noch der Flecktyphus gekommen.) Nach zwei Tagen kamen die Amerikaner und befreiten sie.

Berüchtigt ist auch der Todesmarsch von Dachau weg in Richtung Süden, der viele Opfer forderte, bis er schließlich in Tölz endete. Heute ist dieser Leidensweg gekennzeichnet durch 20 eindrucksvolle Mahnmale.

Solche Evakuierungsmärsche berührten auch Ismaning. Ein Teil der Gefangenen aus den Konzentrationslagern stammte

Die Straße der Gebirgsjäger

aus den KZ-Außenstellen, die über den Landkreis verbreitet waren und in den letzten Kriegstagen ebenfalls aufgelöst wurden. Dazu kommt, dass rund um das Dorf die Brücken gesprengt waren, so dass die KZ-Kolonnen ziellos umherirrten und das Chaos der letzten Kriegstage noch erhöhten.

Meine Cousine Leni Gutjahr, die zwei Jahre älter ist als ich und mit ihren Eltern und Geschwistern in der Aschheimer Straße wohnte, erinnerte sich, wie eine Gruppe von KZ-Häftlingen, total erschöpft, aber angetrieben von SS-Leuten, bei ihnen vorbeizog und dann in die Freisinger Straße einbog. Eingeprägt hat sich ihr vor allem, dass deren nackte Füße eingewickelt waren in Zeitungspapier, das Schnüre zusammenhielten. Lenis Bruder, Georg Prasch, war in diesen Tagen Zeuge eines anderen großen Evakuierungsmarsches, der sich von der Freisinger Straße heraufbewegte und in Richtung Aschheim zog. Warum die SS versuchte, nach Aschheim zu kommen, ist mir nicht bekannt. Ich kann nur annehmen, dass sie nichts von den zerstörten Brücken wussten. Georg schildert, wie sich ein endloser Zug aus Hunderten von Häftlingen stundenlang, völlig entkräftet und in gebückter Haltung, an ihrem Haus vorbeischleppten. Von Mitleid gerührt stellte seine Mutter wassergefüllte Eimer samt Schöpflöffel an den Straßenrand, worauf einer der SS-Leute sofort auf sie zukam und ihr mit Erschießen drohte, wenn sie die Kübel nicht verschwinden lasse.

Die Schilderung wird bestätigt in einer Mitteilung der Gemeindeverwaltung an das Landratsamt vom März 1952, und zwar auf Grund einer Anfrage der französischen Gräberkommission in München. Der neugewählte Bürgermeister Erich Zeitler berichtete, dass am 29. April 1945 aus der Richtung Freising eine Kolonne von Häftlingen zu Fuß in Ismaning aufgetaucht sei. Es seien ungefähr 350-400 Mann gewesen, die zunächst im Ismaninger Hain Rast machten und dann in Richtung Ebersberg weiterziehen wollten. Die Gruppe hätte sich aber in der Nähe von Ismaning aufgelöst.

Die Straße der Gebirgsjäger

Die Frage, ob bei dem Durchmarsch der KZ-Häftlinge im Ismaninger Gemeindegebiet Gefangene auch gestorben sind oder erschossen bzw. erschlagen wurden, bejahte er: Einige seien gestorben. Und er wies darauf hin, dass diese Toten in einem Sammelgrab auf dem Alten Ismaninger Friedhof beerdigt worden seien.

Einen längeren Kontakt mit KZ-Häftlingen hatte Frau Rosa Miller, die gegenüber dem Autohaus Speyerl in der Freisinger Straße wohnte. Sie hat miterlebt und bis heute nicht vergessen, wie Buchenwalder Gefangene in Ismaning ankamen und über das Kriegsende hinaus geblieben sind.

Detailliert berichtete sie von den etwa hundert Sträflingen, die sich von Freising heraufschleppten, auf dem alten Fußballplatz an der Freisinger Straße übernachteten, dann weiterzogen und schließlich im Hain endgültig Halt machten. Bewacht wurden sie von einem SS-Mann. Einen Tag später, am 1. Mai, rollten die amerikanischen Panzer auf Ismaning zu. Dieser Tag brachte den Zwangsarbeitern und den Kriegsgefangenen die Freiheit. Die Franzosen verließen so schnell wie möglich das ehemalige HJ-Heim, in dem sie vier Jahre lang unter Bewachung die Nächte verbringen mussten. Während des Tages mussten sie hart arbeiten.

Die Buchenwalder standen zunächst der neuen Situation hilflos gegenüber, denn der SS-Mann hatte sich den Amerikanern gestellt. Innerhalb kürzester Zeit bildete sich aber im Dorf eine Hilfsgruppe. Ihr Organisator war Herr Joseph Sixt, ein überzeugter Gegner des NS-Regimes. Zu den Helfern gehörte seine Frau und eine Reihe anderer Ismaninger, die unter der Naziherrschaft zu leiden hatten. Das Ziel war, den total verhungerten, verdreckten und verängstigten Menschen bestmöglich zu helfen.

Als Unterkunft stand das von den Franzosen verlassene Sportlerheim zur Verfügung. Dessen Reinigung mussten die ehemaligen Leiterinnen der NS-Frauenschaft übernehmen. Herr

Sixt kümmerte sich inzwischen um genügend Betten und um die richtige Ernährung: Der Neuwirt – es war die nächstgelegene Wirtschaft – übernahm diese Aufgabe. Dazu lieferte die Molkerei Kraus Milch und Butter, die Bäckerei Scharl das nötige Brot.

Als besondere Wohltat stand ihnen das Gemeinde-Wannenbad zur Verfügung: Das damalige Badehäusl befand sich im Seebach gegenüber dem Schloss, heute eine romantische Unterkunft. Ein vom zweiten Bürgermeister Fanderl ausgestellter „Bezugschein" half den „Hausrat" zu ergänzen: Das Kaufhaus Siebenbürger in der Mühlenstraße lieferte Eimer und Schüsseln, Teller und Tassen, Töpfe und Pfannen.

In den ersten Tagen hatte Frau Miller auch Gelegenheit, sich mit dem SS-Mann zu unterhalten: Nachdem er sich den Amerikanern gestellt hatte, musste er sich lediglich dreimal in der Woche bei ihnen melden. Sie erlebte einen gebrochenen Menschen, der mit der Wirklichkeit des NS-Regimes nicht mehr fertig wurde. Das Bild der vielen Toten entlang der Evakuierungsrouten ließ ihn nicht mehr los. Nach seiner endgültigen Verhaftung kam er in das Internierungslager Moosburg, wo er sich das Leben nahm.

Trotz aller Bemühungen von privater und gemeindlicher Seite her erlitt die Betreuung der Buchenwalder einen schweren Rückschlag: Der Flecktyphus brach aus. Seine Opfer forderte er nicht nur unter den ehemaligen KZ-Gefangenen, auch unter den Helfern: Frau Sixt, die sich von Anfang an rührend der armen Menschen angenommen hatte, starb an dieser Krankheit. Amerikanische Krankentransporter holten nun die Buchenwalder ab und brachten sie in eigene Lazarette. Zurückgeblieben im Dorf ist ein erschütterndes Bild von diesen erbarmungswürdigen Gestalten.

Die in Ismaning verstorbenen ehemaligen KZ-Häftlinge wurden alle in einem Sammelgrab auf dem Alten Friedhof beerdigt. Eine flache, waagrechte Platte mit einer Gedenkschrift bezeichnete bis 1958 die Stelle. In jenem Jahr wurden die Toten exhumiert und nach dem KZ-Ehrenfriedhof Flossenbürg überführt.

Die Straße der Gebirgsjäger

Vierunddreißigstes Kapitel

Ismaning nach dem Krieg. Amerikaner berufen einen Bürgermeister und einen Zweiten Bürgermeister.
Das Dorf wird von seinen eigenen Leuten und den befreiten Zwangsarbeitern geplündert.
Dorfbewohner wurden für ein Fahrrad umgebracht.
MPs suchen einen Freund meiner Familie.
Hausdurchsuchungen gab es in der ersten Woche täglich.
Die graue Wehrmachtsdecke.
Der Mann ohne Gesicht.

In den ersten Wochen im Mai 1945 herrschte im Dorf das Chaos. Die Amerikaner ernannten zwei Männer aus dem Dorf zum Ersten und Zweiten Bürgermeister, da sie versuchten, schnellstmöglich Ordnung im Dorf zu schaffen. Der ehemalige Bürgermeister, Korbinian Huber, Vaters Freund vor dem Krieg, wurde wie alle bekannten Nazis im Dorf verhaftet. Korbinians Tochter besuchte Vater völlig aufgelöst und sagte, dass ihr Vater verhaftet worden sei und er dachte, dass die Amerikaner ihn hängen würden. Vater brachte es im Brustton der Überzeugung fertig sie zu beruhigen, indem er sagte: „Warum sollten sie ihn hängen, er hatte niemanden denunziert, und ich bin sicher, dass er das hätte tun können, zum Beispiel mich. Er hat nur immer sehr laut „Heil Hitler" geschrien, und das taten wir alle, denn wir alle wollten leben. Mach' dir keine Sorgen, die Amerikaner haben bestimmt schnell herausgefunden, dass er keine Schuld auf sich geladen hat, und dann lassen sie ihn gehen." Was sie natürlich taten, aber vorher setzten sie ihn auf die Kühlerhaube eines Jeeps, fuhren ihn im Dorf herum und luden die Ismaninger ein, ihn anzuspucken. Ich habe jedoch nicht gehört, dass das jemand getan hatte. Nach drei Tagen konnte er nach Haus gehen. Und er lebte sein Leben, das er vor dem Krieg gelebt hatte, auch nach dem Krieg weiter: Er reparierte Uhren in seiner Küche. Hier war ein Nazi, der sich nicht bereichert hatte.

Die Straße der Gebirgsjäger

Viele Jahre nach dem Krieg erwähnte ich das in einer Unterhaltung mit einer Ismaningerin. „Naja", sagte sie, „er hatte guten Grund und wurde von den Bauern gut versorgt." Darauf antwortete ich: „Das wurden wir doch alle. Was wären wir ohne die Bauern gewesen?" Als alter Mann ging Korbi öfters im Schlosspark spazieren, wo ich ihn einmal traf. Ich grüßte ihn mit den Worten: „Grüß Gott, Herr Huber!" Er schaute auf und antwortete: „Kennst du mich?" „Ja, ich kenne Sie", antwortete ich, „ich bin die Tochter vom Huber Schorsch." Sein Gesicht strahlte, als er sagte: „Ah, du musst die Jüngste sein. Wie heißt du?" „Ich bin Lisa", antwortete ich. „Ja, jetzt kann ich mich erinnern!" rief er aus und wir sagten: „Behüt' Gott" und gingen unserer Wege. Aber das war eine lange Zeit nach dem Krieg, als es wieder ein Vergnügen war, im Park spazieren zu gehen.

Im Mai 1945 versuchten die beiden Bürgermeister und die Amerikaner ihr Bestes, Ordnung in das Chaos zu bringen. An Bäumen und Anschlagsäulen versuchten die Amerikaner die Bevölkerung darauf aufmerksam zu machen, dass die amerikanische Regierung jeden, der die vorgeschriebenen Gesetze überschreitet, zur Rechenschaft ziehen würde. Trotzdem wurde im Dorf wild geplündert. Viele Münchener Betriebe lagerten ihre Waren in Ismaninger Geschäften, um sie vor den Bomben zu retten, die auf München fielen. Das war jedoch kein Geheimnis, und die Leute, die das wussten, brachen in diese Geschäfte ein und plünderten sie. Sie fanden Stoffe, Schuhe, Genuss- und Lebensmittel und viel, viel Schnaps und Wein. Es war Anarchie! Eine Menge der geplünderten Sachen wurde verschwendet. Eine Person riss der anderen etwas aus der Hand. Es war sogar schlimmer, als der gelagerte Wein und Schnaps entdeckt wurde. Fässer wurden aufgebrochen, und der Wein floss heraus. Die Leute konnten nicht genug trinken, und sogar in ihrem betrunkenen Zustand tranken sie weiter, fielen auf den Boden und krochen im Wein umher. Wie schnell doch die strenge Disziplin des Dritten Reiches sich in Luft auflöste.

Die Straße der Gebirgsjäger

Und doch, in all diesem Chaos konnte man eine Gruppe von Leuten finden, die ihre Gesundheit und sogar ihr Leben riskierten, um jenen zu helfen, die in unglücklicheren Umständen waren als sie selbst. Der Bürgermeister sandte ein Bittgesuch an die amerikanische Militärregierung, mit der er sie informierte, dass Ismaning, 14 km von der Stadtmitte Münchens entfernt, wiederholt geplündert wurde. Besonders gefährdet war der Teil des Dorfes in Richtung Garching, eine Stadt auf der anderen Seite der Isar. (Das gleiche Garching, in dem mein Vater gebettelt hatte, als es noch ein Dorf war.) Hilfe war dringend nötig. Um den Ausschreitungen Einhalt zu gebieten, stellten einige Männer des Dorfes eine Art Bürgerwehr zusammen, die sich eiligst auf dem Schulhof versammeln musste, wenn sie die Sirene hörten.

In Ismaning waren immer noch Kriegsgefangene aus Polen. Die Transporte waren sehr langsam, und es dauerte eine beträchtliche Zeit, bis sie überhaupt daran denken konnten mit dem Zug oder mit dem Auto irgendwo hinzufahren. Wenn jemand Glück hatte, wurde er auf einem Lastkraftwagen transportiert. Ein Fahrrad war ein reiner Luxus. Wer ein Fahrrad hatte, fühlte sich reich. Die ehemaligen Kriegsgefangenen, meistens aus Polen, hielten jeden, der mit einem Fahrrad fuhr, auf und nahmen es ihm weg. Man tat gut daran, es abzugeben, da man ganz schnell getötet werden konnte, was einem jungen Mann passierte. Nachdem die ehemaligen Gefangenen so schlecht von manchen Deutschen behandelt worden waren, waren sie jederzeit bereit, einem Deutschen das Leben zu nehmen. Dieser junge Mann, Martin Ostermeier, kam aus Richtung Freimann. Er kam gerade zur Moll-Brücke, wo er ermordet wurde. Sein Fahrrad wurde nie wieder gesehen. Nach vier Tagen fand man ihn in der Isar. Der Weg über die Moll-Brücke war der einzige Weg nach München, da es die einzige Brücke war, die der Volkssturm nicht gesprengt hatte.

Hans Wild, ein sehr guter Freund meiner Familie, hatte ausgesprochenes Glück, dass er mit dem Leben davon kam. Auch er war mit seinem Fahrrad unterwegs und kam von München-Freimann über die Moll-Brücke, als zwei Männer versuchten, ihn aufzuhalten. Hans hatte einen alten rostigen Revolver in seiner Hosentasche. Er konnte nicht mehr damit schießen, da er zu rostig war, aber er machte Eindruck. Hans bremste ab, holte seinen Revolver aus der Hosentasche und richtete ihn auf die beiden Männer, die erschraken und zurückwichen. So hatte Hans genug Zeit, um ganz schnell wegzufahren. Es ging gut aus für Hans. Dieses Mal! Einige Tage später fuhr Hans mit seiner Schwester Betty die gleiche Strecke. München-Freimann, Moll-Brücke, Ismaning. Hans sagte zu Betty, dass sie ganz schnell weiterfahren sollte, falls die beiden Räuber wieder versuchen würden, sie aufzuhalten. Er würde ihnen wieder seinen Revolver zeigen und bis sich die beiden von dem Schrecken erholt hätten, wäre er längst über alle Berge. Und wie Hans und seine Schwester Betty erwartet hatten, standen die beiden Räuber am Straßenrand. Betty tat genau wie Hans ihr befohlen hatte. Aber dann hörte sie einen Schuss, und als sie zurückblickte, sah sie, wie Hans sein Fahrrad den Räubern vor die Füße warf und zu Fuß weiterging. Sie hatte große Angst, fuhr direkt in unseren Hof und erzählte Schorsch was geschehen war. Die ganze Familie war sehr bestürzt. Schorsch fragte sofort, ob sie noch einen Schuss gehört hätte. Als Betty das verneinte, war er beruhigt und ging Hans entgegen. Aber als Schorsch und Hans am Abend in die Wirtschaft zur Post gingen, sah Hans die beiden Räuber in der Wirtschaft sitzen. Sie grinsten ihn an. Hans war so wütend, zog seinen rostigen Revolver heraus und bedrohte sie. Die beiden Räuber machten eine ängstliche Gebärde, obwohl sie doch wussten, dass er nicht damit schießen konnte. Allerdings kam die Military Police sehr schnell, und Hans ergriff die Flucht. Er ran durch die Küche, in den Hof, warf den rostigen Revolver in den Gleissenbach und lief in die Heidi. Dort versteckte er sich drei Tage.

Die Military Police suchte ihn zwei Tage und gab es dann auf. Die beiden Räuber leugneten natürlich, dass sie sein Fahrrad gestohlen hätten. Sie stritten auch ab, dass sie auf Hans geschossen hätten. Das Vergehen, das Hans begangen hatte, war nicht die Bedrohung der beiden Ausländer, sondern dass er im Besitz einer Waffe war. Sobald die Amerikaner in Ismaning eintrafen, wurde bekanntgegeben, dass alle Waffen, sowie alle Ferngläser, Fotoapparate und Fotos von Soldaten oder Hitler oder irgendetwas, das mit den Nazis zu tun hatte, zur Gemeinde gebracht werden musste, um dort vernichtet zu werden. Schorsch hatte einen Revolver 08 aus seinen Tagen bei der Wehrmacht. Er wollte nicht, dass die Amerikaner ihn bekamen, deshalb vergrub er ihn im Garten ebenso wie seine und Tonis Fotos in Uniform, die im Haus an der Wand hingen. Ungefähr eine Woche lang durchsuchten die amerikanischen Soldaten die Häuser nach Waffen. Im Großen und Ganzen waren das sehr anständige und höfliche junge Männer. Man sah, dass sie nur ihre Pflicht taten. Sie schauten in ein paar Schubläden und gingen wieder.

Es war an einem solchen Tag, das Mutter einen amerikanischen Soldaten auf der Straße sah. Ich konnte sehen, dass sie nervös war. Sie lief in das große Schlafzimmer und ich hinter ihr her. Sie zog in vollkommener Panik die Wolldecke aus ihrem Bett. Das ganze Bett war durcheinander. Sie warf mir die Decke zu und sagte: „Schnell, wirf sie zum Fenster hinaus." Ich konnte es kaum glauben und fragte: „Warum?" In vollkommener Panik flüsterte sie: „Frage nicht, tu es", während sie das Bett in aller Eile machte. Ich nahm die Decke und warf sie aus dem Fenster an der Westseite des Hauses. Ich hatte keine Idee, warum ich das tun musste und hoffte, dass mich niemand sah. Ich wollte nicht, dass mich jemand fragte, warum ich eine Wolldecke aus dem Fenster warf. Dann gingen wir, als ob alles vollkommen normal sei, zurück in die Küche.

Wir mussten nicht lange warten, bis jemand an die Tür klopfte und ein junger Soldat eintrat. Wir wussten sofort, dass er eine Hausdurchsuchung machen würde. Es war keine richtige Hausdurchsuchung. Er schaute in den Küchenschrank und in eine

Schublade. Und er ging nicht in das Schlafzimmer! Als er ging, sagte er: „Thank you!" Mutter schätzte das. Sie sagte: „Das war ein netter junger Mann!" Aber so vollkommen traute sie ihm nicht. Sie schaute ihm nach, bis sie ihn nicht mehr sehen konnte, bevor sie zu mir sagte: „Jetzt kannst du die Decke wieder hereinholen." Es war eine deutsche Wehrmachtsdecke, die Schorsch mit nach Hause gebracht hatte. Sie hatte sich plötzlich daran erinnert und dachte, dass sie sicherlich bestraft werden würde, sollte der Soldat in das Schlafzimmer gehen und die Decke entdecken, weil sie die Decke nicht abgegeben hatte, was sie hätte tun sollen. Vater und Schorsch lachten, als ich ihnen erzählte, dass ich die Wehrmachtsdecke aus dem Fenster geworfen hatte. Diese Decke wurde später weinrot gefärbt, und es wurde daraus ein Mantel für mich.

Ein Mann ohne Gesicht, das ist ein Mann, an den ich mich immer noch erinnere und den ich immer noch in meine Gebete einschließe.

Es wurde immer noch geplündert. An einem dieser Tage erfuhr meine Mutter, dass wir ein Glas Marmelade ohne Lebensmittelmarken bekommen könnten. Natürlich sei es keine echte Marmelade, sondern irgendein dicker Saft, aber vielleicht süß, das allein wäre es wert gewesen, ihn zu haben. Wir konnten die Marmelade im Lebensmittelgeschäft Gröbmeier bekommen, was ungefähr 10 Minuten zu Fuß von unserem Haus entfernt war. Mutter dachte, dass es eine gute Abwechslung vom Zuckerrübensirup sei. Ich lief gleich los, aber als ich zur Hauptstraße kam, hatte ich ein mulmiges Gefühl. Ich traf Schorsch auf Vaters altem Fahrrad. Er hielt an und fragte mich, wohin ich ging. Ich erzählte ihm von der Marmelade.

Als ich mit ihm sprach, sah ich hinter ihm einen schwachen Nebel. Es war ein Nebel, durch den die Sonne ganz klar scheinen konnte. Ich fragte Schorsch: „Hast Du den Nebel gesehen?" Schorsch lachte, als er sagte: „Was sagst Du da, hier ist kein Nebel, die Sonne scheint." „Aber da war ein Nebel",

Die Straße der Gebirgsjäger

behauptete ich. „Gut, da war einer", gab er nach. Plötzlich war alles sehr hell und kristallklar. Hier war Schorsch auf Vaters Fahrrad, trug hellbraune Sandalen, und ich hatte Angst und versuchte Schorsch zu überreden mit mir zu kommen. Aber er versuchte mich zu überzeugen, dass ich überhaupt keinen Grund hatte nervös zu sein, indem er sagte: „Geh zu, da ist überhaupt nichts zu befürchten, hol' deine Marmelade, dann können wir alle eine Tasse Kaffee trinken und Brot mit Marmelade essen." Das überzeugte mich, dass alles vollkommen normal war. Als ich zum Gröbmeier kam, sagte die Verkäuferin, dass meine Mutter einen Fehler gemacht habe und sie keine Marmelade hätte. Während sie noch mit mir redete, hörten wir zwei Schüsse. Die Verkäuferin schloss ganz schnell die großen grünen Fensterläden und die Innentüren. Ich und andere Kunden, die mit mir im Geschäft waren, warteten eine Weile, aber nach den beiden Schüssen blieb alles ruhig. Ganz vorsichtig öffnete die Verkäuferin die Innentür, und als wir immer noch nichts hörten, öffnete sie auch die Läden, und wir machten uns alle auf den Heimweg.

Beim Neuwirt sah ich an der Ecke eine Gruppe von Leuten im Kreis stehen. Ich war neugierig und fragte mich, warum sie da wohl stehen. Ich zwängte mich durch und niemand nahm eine Notiz von mir. Ich stand vor einem Mann, der am Boden lag. Einen Moment lang stockte mir der Atem. Es war das gleiche Gefühl, als wenn einem ein starker Windstoß direkt ins Gesicht bläst und einem den Atem nimmt. Dann hob sich meine Brust und ich begann ganz schnell zu atmen. Denn was ich sah, war so unaussprechlich erbärmlich, so mitleiderregend, dass mir noch heute die Worte fehlen, um zu beschreiben, was ich gesehen hatte. Das Gesicht des Mannes war nicht zu erkennen. Es war wie ein Ballon und rot, blau und schwarz. Er war nicht tot; er bewegte seine rechte Hand. Da ich selber sehr oft nach meinem Taschentuch suchte, habe ich angenommen, dass er auch sein Taschentuch suchte. Ich hatte mein Taschentuch nicht bei mir, das ich ihm so gern gegeben hätte. Dann verließ ich den Kreis

Die Straße der Gebirgsjäger

rückwärts, ohne dass mich jemand bemerkte. Ich lief nach Hause, natürlich barfuß, und war ganz außer Atem, als ich zu Hause ankam. Ich weinte bitterlich, so dass ich meiner Mutter nicht sagen konnte, warum ich weinte. Mein ganzer Körper bebte. Dann kam Schorsch nach Hause und fragte: „Warum weint sie?" Mutter antwortete: „Ich weiß es nicht, sie sagt immer: ‚Er war nicht tot!'" „Oh, nein", sagte Schorsch, „sie hat hoffentlich nicht den Mann gesehen." Nun wurde Mutter wirklich böse und fuhr ihn an: „Nicht du auch noch, nun sag mir, was sie gesehen hat." Er erzählte ihr, was er wusste. Der Mann war ein Pole und hatte geplündert. Eine Gruppe von Männern hatte ihn gefangen und mit Stöcken, Zaunlatten und was sie sonst noch finden konnten, auf ihn eingeschlagen. Ungefähr ein Jahr später hörte ich, wie Herr Sixt Schorsch genau erzählte, was geschehen war. Dieser Mann hatte geplündert und er, Herr Sixt, bemerkte, dass sich mehrere Männer sammelten. So hatte er beschlossen, diesen Mann zur Polizei zu geleiten, da er dachte, er würde dort sicher sein. Jedoch wurde die Menge immer bedrohlicher. Der Mann versuchte, sich von Herrn Sixt loszureißen, und am Ende konnte er ihn nicht mehr halten. Er versuchte davonzulaufen, aber die Menge holte ihn ein und benahm sich unbeschreiblich. Ich werde ihn nie vergessen und werde nie aufhören für ihn zu beten.

    Wer hat gesagt – Zivilisation ist nur hauchdünn?
    Und das ist sie tatsächlich!

Die Straße der Gebirgsjäger

Fünfunddreißigstes Kapitel

Die Meister des Dorfes.
Eine Freundin mit der Geduld einer Heiligen.
Die Amerikaner und der hiesige Doktor.
Amerikanische Soldaten und Kinder.
Frauen waschen für Amerikaner.
Der tragische Tod von Heini, ein Freund meiner Cousine.

Von Mai bis August 1945 regierten die Amerikaner im Dorf. Sie waren in beiden Schulen, der Buben- und der Mädchenschule, einquartiert, was bedeutete, dass wir Kinder nicht in die Schule gehen konnten. Der kommandierende US-Captain hielt es für notwendig, die Gemeindeverwaltung immer wieder darauf aufmerksam zu machen, dass sie es den Bewohnern von Ismaning untersagen sollte, Kontakt mit den amerikanischen Soldaten aufzunehmen. Jedoch hatte der Captain keinen Erfolg. Die amerikanische Schokolade und der bis dann unbekannte Kaugummi und die exotischen Früchte waren einfach zu verlockend. Auch amerikanische Seife war sehr willkommen. Die Soldaten merkten schnell, dass es für die Bevölkerung unmöglich war, Seife zu kaufen. Bald entwickelte sich ein Handel. Denn die Hausfrauen stellten fest, dass es sehr willkommen war, wenn sie den Soldaten anboten, ihre Wäsche zu waschen. Sie bezahlten dafür mit einem, manchmal auch zwei, Stück Seife. Und manchmal gaben sie sogar noch eine Tafel Schokolade für die Kinder dazu. Das erscheint heutzutage sehr wenig, und ich finde, dass es wirklich wenig war. Ein Bündel Wäsche mit der Hand zu waschen (Waschmaschinen gab es noch nicht) und dafür ein oder zwei Stück Seife und vielleicht eine Tafel Schokolade zu bekommen, hört sich heutzutage unglaublich an. Aber da ein Stück Seife etwas Wertvolles war, und das war es wirklich, war es eine gute Bezahlung.

Eines Tages ging ich am Mädchenschulhaus vorbei, als ein junger Soldat aus dem Schulhaus kam und mir ein Bündel

Wäsche unter meinen Arm schob. Er bedeutete mir nach Hause zu gehen, indem er sagte: „To Mama!" Er hatte keine Vorstellung davon, was er von mir verlangte. Meine Mutter hat nicht für die amerikanischen Soldaten gewaschen. Ich denke, dass sie den Amerikanern die Schuld zuschob, dass wir immer noch nichts von Toni gehört hatten. Ich bin sicher, dass sie einen Schuldigen suchte. Sie sagte immer: „Die Amerikaner sollen ihre schmutzige Wäsche selber waschen, ich brauche ihre Seife nicht, ich mache meine eigene." Und das tat sie. Sie bekam vom hiesigen Metzger alte stinkende Knochen, mit denen man noch nicht einmal Suppe kochen konnte. Sie verwendete irgendeine Säure, ich glaube es war Salzsäure, und Wasser. Ich kann mich nicht mehr erinnern, ob sie noch irgendwelche anderen Zutaten verwendete. Das Gemisch wurde auf dem Küchenherd gekocht. Der Geruch war unerträglich, sogar wenn die Fenster und Türen geöffnet waren. Wir zogen es vor, im Hof zu bleiben. Aber das Resultat war erstaunlich. Als der Sud lang genug gekocht hatte und etwas abgekühlt war, schöpfte Mutter den Schaum ab, und der Rest wurde in viereckige Büchsen gegossen. Dieser Sud wurde sehr hart und konnte in Stücke geschnitten werden. Es war erstaunlich gute Seife. Sogar die Nachbarinnen kamen und bettelten um ein Stück Seife. Mutter machte auch schwarze Schuhcreme. Sie verwendete dazu den Ruß vom Kochherd und Terpentin, auch hier kann ich mich nicht genau erinnern, ob sie noch etwas anderes verwendete. Mutter war sehr einfallsreich, alle Bewohner waren das. Wir lebten von einem Tag zum anderen.

  Da Mutter so einfallsreich war, hielt sie es nicht für notwendig, für die Amerikaner zu waschen. Und da kam ich die Straße entlang mit einem Bündel Wäsche unter meinem Arm, als Fanni (Franziska Wäsler) mich sah und sagte: „Ich habe nicht gewusst, dass deine Mutter für die Amerikaner wäscht." „Oh, Fanni", sagte ich besorgt, „sie wäscht auch nicht für sie, aber der Soldat gab mir das Bündel und sagte, ich solle es meiner Mama geben. Sie wird so böse mit mir sein." Voller Mitleid sagte sie:

Die Straße der Gebirgsjäger

„Oh, gib es mir, ich wasche es." Da hatte ich Bedenken und sagte: „Aber du weißt ja nicht, welcher Soldat es mir gegeben hat." Aber so eine Kleinigkeit machte ihr keine Sorgen, sie beruhigte mich ganz schnell. „Mach Dir keine Gedanken, die sortieren das selber aus." Diese Frau war ein wirklicher Engel. Nichts war zu viel für sie und nichts bereitete ihr Sorgen. Nur einmal war sie trotz ihrer Besonnenheit vollkommen außer sich vor Kummer.

Das war, als zwei Buben ihre jüngste Tochter, Irmgard, nach Hause brachten. Sie hatte sich beide Handgelenke und ihren linken Arm gebrochen. Einige ältere Buben hatten ein Seil an einem dicken Ast eines Baumes in der Au befestigt, der über einem großen Erdloch hing. Die Kinder schwangen sich mit dem Seil über das Loch, was ihnen viel Spaß bereitete. Eines Tages, als Irmgard schwingen wollte, sagte ein Junge zu ihr: „Du kannst nicht schwingen, denn das Seil hat sich um den Baum gewickelt und ist jetzt zu kurz. Du kommst nicht hinüber." Doch die kleine Irmgard hat es ihm nicht geglaubt. Sie fing an zu schwingen, und direkt in der Mitte des Lochs gab es einen Ruck, und das Seil rutsche aus Irmgards kleiner Hand, so dass sie in das Loch fiel. Sie brach sich beide Handgelenke und den linken Oberarm. Zwei Buben konnten sie aus dem Loch holen und nach Hause bringen. Für Fanni war es ein unglaublicher Schock. Irmgard musste 6 Wochen im Krankenhaus bleiben. Fanni hatte 8 Kinder zu Hause, für die sie sorgen musste. Alle Kinder wuchsen zu angesehenen Mitgliedern der Gemeinde heran.

Aber noch sind wir im Jahr 1945. Die militärische Regierung machte sich auf vielerlei Art bemerkbar. Es war verboten, das Dorf ohne Passierschein zu verlassen. Neben dieser Beschränkung wurde auch die Sperrstunde eingeführt. Anfangs war es verboten, nach 19 Uhr, und später nach 20 Uhr, auf die Straße zu gehen. Jeder, der gegen diese Vorschrift verstieß, würde bestraft werden; das wurde am 20. Juni 1945 bekanntgegeben. Wir haben nicht herausgefunden, was die Amerikaner getan hätten, wenn jemand gegen diese Vorschrift verstoßen hätte. Aber der unerschrockene Doktor Josef Schmitt, der damalige Dorfarzt, verstieß gegen diese Vorschrift, als er zu einem amerikanischen Offizier gerufen wurde, der medizinische Hilfe brauchte. Der tapfere Doktor Schmitt machte es zur Bedingung: „Wenn ich jetzt, nach der Sperrstunde, mein Haus verlassen darf, um den Amerikaner zu behandeln, dann will ich es auch verlassen, wenn es um meine Ismaninger Patienten geht." Infolgedessen bekam er die Erlaubnis dafür. Es half auch, dass sich der amerikanische Offizier schnell erholte.

Allmählich entspannte sich das Verhältnis zwischen den Amerikanern und den Dorfbewohnern. Man sah oft amerikanische Soldaten, die nach 20 Uhr mit ihren Jeeps das Dorf patrouillierten. Die Bewohner fürchteten sich nicht mehr vor ihnen. Kinder waren immer in den Schulhöfen zu sehen, in der Hoffnung, kleine Leckerbissen zu bekommen. Im Bubenschulhaus war die Küche, und gelegentlich erhielten wir Kleinigkeiten wie Kaugummi oder irgendwelche Süßigkeiten, die uns fremd waren, aber herrlich schmeckten. Die Köche stammten hauptsächlich aus Polen. Es waren Kriegsgefangene, die noch keinen Transport nach Polen bekommen konnten. Transport war das Hauptproblem. An einem Abend, als ich um die Schule herumschlenderte, bedeutete mir ein junger polnischer Koch, ich sollte hinter die Schule gehen, was ich gerne tat, in der Hoffnung etwas zu essen zu bekommen. Ich wurde nicht enttäuscht. Der Seebach floss an der Schule vorbei, als sie noch existierte. Ich stand ungefähr eine Minute lang auf dem Steg, als er mit einer großen Büchse kam. Dann sprang ich schnell auf die kleine Brücke hinter der Metzgerei Kunz, und er konnte seine Arme soweit ausstrecken, dass ich ihm die Büchse abnehmen konnte. Sie hatte keinen Deckel. Sie war sehr warm und schwer und oben schwamm eine vielleicht zwei Zentimeter dicke Fettschicht. Richtiges Fett! Das war etwas, das ich lange nicht gesehen hatte. Die Büchse enthielt bestimmt zwei Liter. Voller Freude ging ich nach Hause und ging in die Küche. Mutter fragte voller Neugier: „Was hast du denn da?"

Die Straße der Gebirgsjäger

Ich war froh, als sie es mir aus der Hand nahm und sagte: „Ich weiß nicht was es ist, aber es riecht sehr gut!" Und es war sehr gut. Mutter rührte es um. Es war eine sehr dicke Suppe mit Kartoffeln und Gemüse. An diesem Abend hatten wir alle ein Fest. Bald fanden wir heraus, warum der junge polnische Koch so nett zu mir war. Heini, das war sein Name, war der Freund meiner sehr hübschen Cousine Loni. Sie fingen an, miteinander zu gehen. Heini wollte sie heiraten, aber er wollte erst nach Polen gehen, um seine Familie zu sehen. Er versprach, dass er zurückkommen würde. Aber es war nicht so leicht wie die beiden dachten. Als Heini zurück in Polen war, wurde sein Antrag, nach Bayern zurückzugehen, abgelehnt. Er war jedoch wild entschlossen, nach Bayern zurückzukehren und versuchte zu fliehen. Er wurde an der Grenze erschossen.

Ein Krieg endet nie an einem Tag, er geht immer weiter.

Im Laufe des Sommers verschwanden nach und nach die ehemaligen Kriegsgefangenen, die Zwangsarbeiter und die befreiten Häftlinge. Im besten Fall konnten sie in ihre Heimat zurückkehren. Auch die Amerikaner verließen das Dorf Anfang August 1945. Nun bestand die wichtigste Aufgabe darin, die Schulen wieder herzurichten, da sie die Besatzungstruppen nicht gerade in einem makellosen Zustand verlassen hatten.

Sechsunddreißigstes Kapitel

Das Kriegsende bringt die Nonnen zurück.
Der erste Schultag ist im Oktober.
Entnazifizierung der ehemaligen Parteimitglieder.
Hunger regiert in Deutschland.

Mit dem Kriegsende kehrten die Schulschwestern in das Kloster zurück, das sie 1939 verlassen mussten. Im Jahr 1945 fing die Schule im Oktober an und nicht wie normalerweise im September.

Am 3. Oktober versammelten sich Lehrkräfte und Schüler lärmend vor der Mädchenschule. Lehrkräfte standen aufgrund des Entnazifizierungsprogramms nur in geringer Zahl zur Verfügung. Daher mussten die wenigen Lehrkräfte, die verfügbar waren, in Schichten unterrichten. Alle Akademiker in Deutschland waren Mitglieder der NS-Partei. Das hatte auf gar keinen Fall bedeutet, dass jeder Akademiker ein überzeugtes Mitglied war. Aber als die NS-Partei regierte, traten alle Akademiker automatisch in die Partei ein. Andernfalls hätten sie Zwangsarbeit verrichten müssen – und das ganz sicher nicht in ihrem Beruf. 1945 mussten sie dann doch Zwangsarbeit verrichten, auch hier hatten sie keine Wahl. Im Rahmen des Entnazifizierungsprogramms mussten die 60 Mitglieder der NS-Partei in Ismaning Holz schneiden, Bombentrichter einfüllen, von denen in den umliegenden Feldern des Dorfes eine ganze Menge existierten, Straßen räumen und Straßenbauarbeiten ausführen. Bis 1946 mussten sie jeden Samstag zur Inspektion antreten. Wenigstens wussten sie, dass es irgendwann vorbei sein würde, und sie konnten zu Hause wohnen. Das war der Grund, dass es Jahre dauerte, bis der Schulunterricht wieder reibungslos verlief.

Die Beseitigung der Kriegsschäden erwies sich für die Gemeinde als sehr arbeitsintensiv. Insbesondere die Wiederherstellung der zerstörten Brücken, ohne die Ismaning ziemlich abgeschnitten war. Am wichtigsten war die

Die Straße der Gebirgsjäger

Wiederherstellung der Eisenbahnlinie zwischen Ismaning und München. Da ging es hauptsächlich um den Wiederaufbau der Brücke über den Isarkanal, erst dann konnte die Restauration der Eisenbahn beginnen. Würde die Besatzungsbehörde ihre Erlaubnis erteilen, könnte die Arbeit im Februar 1946 beginnen. Die Erlaubnis wurde erteilt.

Das Hauptproblem der Nachkriegszeit war die Versorgung mit Lebensmitteln. Der Hunger regierte ganz Deutschland. Der Mangel an Kunstdünger, Saatgut, landwirtschaftlichen Geräten und Arbeitskräften machte eine ausreichende Ernte unmöglich. Auch der Verlust der agrarischen Überschussgebiete jenseits von Oder und Neiße im Osten machten sich stark bemerkbar. Die Zuteilung auf den Lebensmittelkarten lag deutlich unter dem Maß, das für eine normale Ernährung notwendig ist. Eine tägliche Ration bestand aus 700 statt der üblichen 2000 Kalorien. Die Münchener durchsuchten die Wälder des Münchener Umlandes nach Pilzen und Beeren, und aus den Bucheckern gewannen sie ein bisschen Öl. Der Tausch mit Waren aller Art war an der Tagesordnung. Was die Stadtbewohner entbehren konnten, wurde gegen Lebensmittel eingetauscht, sogar Eheringe. Als dann die Züge wieder im Einsatz waren, kamen die Leute aus der Stadt in der Hoffnung, Kleidung, Betttücher, Spielsachen, oder was die Bauern sonst noch interessant fanden, gegen Butter, Eier, Milch oder anderes Essbares einzutauschen. Aber nicht immer brachten sie ihre Schätze heim. Die Kontrolleure prüften und hatten weder Erbarmen noch Verständnis. Jene Leute, die erfolgreich tauschten und einen Sack Kraut oder Kartoffel erhielten, mussten ihn an der Dorfgrenze an die hiesige Polizei abgeben. Ich konnte nicht ausfindig machen, was mit all den Waren geschah, die den armen Leuten weggenommen wurden. Ich glaube, es ist nicht schwer zu erraten. Als die Leute merkten, was passierte, lagerten sie ihre Waren im Hof der hiesigen Hausbewohner und holten sie in kleinen Mengen ab. Es war den Leuten gestattet, einen Krautkopf, ein paar

Kartoffeln oder zwei Eier mitzunehmen. Sie mussten entweder mit dem Fahrrad, wenn sie eines hatten, oder mit dem Zug, als der Zug wieder fuhr, kommen, um diese kleinen Mengen abzuholen. Aber wenn man Hunger hat, dann nimmt man eine Reise von 15 km in Kauf. Ich kann mich so gut an die Kraut-Haufen hinter der Hütte unseres Hauses erinnern. Eine andere Möglichkeit, den Hunger zu stillen, war der Schwarzmarkt. Das hatte nur einen Nachteil, der Wert des Geldes war sehr niedrig. Aber wenn man eine große Menge hatte, konnte man noch etwas am Schwarzmarkt, in der Möhlstraße in München kaufen. Für ein Pfund Butter musste man gut über 100 Reichsmark bezahlen.

Es wurde immer schwieriger, Lebensmittel zu bekommen. Ismaning war nach wie vor der Hauptproduzent von Kraut. Jedoch betrug die Ernte nur 30 % der Ernte eines normalen Jahres. Allerdings verringerte sie sich durch das unverantwortliche Benehmen der Leute noch mehr. Es war die Krautinvasion, wie sie von den Bewohnern Ismanings genannt wurde. Es war den Bauern unmöglich, ihre Felder zu bewachen. Sie waren gegenüber den nächtlichen Plünderungen vollkommen machtlos. Drohungen, Bauernhöfe in Brand zu stecken und Gewalttaten gegen Bauern waren an der Tagesordnung.

Für einen Krautkopf wurden 5 Reichsmark geboten. Um dem ein Ende zu bereiten, fühlten sich die Behörden verpflichtet, die Polizei zur Hilfe zu rufen, um die Felder zu bewachen. Auf diese Weise konnte das Kraut ohne Zwischenfall geerntet werden, und die Bewohner konnten wenigstens mit einer Ration Sauerkraut für den kommenden Winter rechnen.

Dies war die Zeit, da wir Kinder bei den Bauern zu betteln anfingen. Entweder morgens oder nachmittags, das kam darauf an, wann wir Unterricht hatten. Morgens bettelten wir um Brot und abends um Milch. Wir bekamen meistens ein Stück Brot und abends immer einen halben Liter Milch, oder wenn wir zu viele waren, einen viertel Liter in unserem kleinen Kübel (auf Bayerisch das hübsche Wort „Milebitschal"). 17.00 Uhr war die

Melkzeit der Bauern. Dann marschierten wir ausgerüstet mit unseren kleinen Kübeln los. Jedoch kam es manchmal vor, dass nicht alle Kinder Milch bekamen. Wir waren ganz einfach zu viele, und die Bauern mussten ein bestimmtes Quantum abliefern. Es gab zwei Bauern, die ich nur besuchte, wenn ich keine Milch bekam, egal wie viele Bauern ich auch besuchte, während es immer später wurde. Sie waren die Freunde meiner Mutter, der Fischer Bauer und der Frühauf Bauer. Mutter sagte immer: „Die sind sehr gut zu uns, sie geben uns immer reichlich zu essen, wenn ich ihnen aushelfe. Es ist nicht recht, dass wir ihre Güte ausnützen."

Aber ich tat es! Wenn es immer später wurde und ich immer noch keine Milch hatte, waren dies die Bauern, die mich nie ohne Milch wegschicken würden, und das wusste ich. Ich habe das nie meiner Mutter erzählt und sie haben mich nie verraten.

Schwester Maria Richlinda, unsere Lehrerin in der 7. und 8. Klasse

Siebenunddreißigstes Kapitel

Und immer noch keine Nachrichten von Toni oder Sepp.
Sepp war in einem Lazarett in Oslo. Toni in einer Kaserne in der Nähe von Trondheim.
Toni rettete einen Zug.
Toni, Karl und Walter wurden gute Freunde.
Ihre nächtlichen Eskapaden.

Wir hatten immer noch keine Nachrichten von Toni oder Sepp. Sepp war immer noch in einem Lazarett in Oslo, Toni war noch in einer Kaserne in Störn, einem Dorf in der Nähe von Trondheim. Aber jetzt hatten die Norweger das Kommando übernommen. Das ganze deutsche Militärpersonal wurde interniert. Allerdings hatten die deutschen Offiziere immer noch das Sagen im Internierungslager. Was die Soldaten anbelangte, veränderte sich nichts. Ihr Leben nahm seinen gewöhnlichen Lauf. Die Offiziere sahen dazu, dass die Disziplin nicht gelockert wurde. Aber natürlich gab es da einen wie Toni, der nicht der einzige war, der sich nach Kräften bemühte, die strenge deutsche Disziplin so gut es ging zu untergraben. Schließlich war jetzt der Krieg zu Ende, und sie würden alle in einigen Wochen zu Hause sein. Es war jetzt Juni 1945 und die Engländer waren angekommen, so dass die Soldaten dachten, dass es nur noch ein paar Wochen dauern würde, bis alles erledigt sei und sie nach Hause gehen könnten. Daher versuchten diese jungen Männer, denn genau gesagt konnte man sie nicht mehr Soldaten nennen, sich abends so gut wie möglich zu amüsieren.

   Eines Abends, als Toni zurückkam und die Brücke überquerte, die er einige Wochen zuvor hätte bewachen sollen, hörte er ein seltsames Geräusch, eine Art Rauschen. Dort unten gab es einen kleinen Fluss, aber es war nicht nur der Fluss. Toni wusste, dass bald ein Zug bald kommen würde. Er ging in die Eisenbahnhütte, in der er geschlafen hatte, nahm die Laterne und ging unter die Brücke, um zu sehen was er gehört hatte. Zu seinem Schrecken sah er, dass die Böschung abgerutscht war und

Die Straße der Gebirgsjäger

die Eisenbahnschienen vollkommen zugedeckt hatte. Toni kletterte darüber, lief die Schienen entlang und schwang dabei die Laterne. Der Zugführer konnte den Zug gerade noch vor dem Erdhaufen anhalten. Der Zugführer sprang aus der Lokomotive, schüttelte Tonis Hand und richtete einen Schwall norwegischer Worte an ihn, die Toni nicht verstand. Aus reiner Höflichkeit sagte er: „Ja, Ja, Ja." Er kehrte zu seiner Kaserne zurück, hing aber vorher die Laterne wieder in die Eisenbahnhütte.

Er hatte es niemandem erzählt, da er dachte, es sei klüger die Sache zu verschweigen, da er keinen Ausgang gehabt hatte. Am nächsten Tag mussten alle Soldaten in Gegenwart des deutschen, englischen und norwegischen Offiziers antreten. Toni wurde gebeten vorzutreten. Toni dachte, was ist jetzt wieder los? Der Zugführer hat mich wahrscheinlich verraten. Zu seiner großen Überraschung salutierten ihm die drei Offiziere und schenkten ihm eine Flasche Wein, ein Päckchen Tabak, zwei Päckchen Zigaretten und zwei Tafeln Schokolade, weil er durch seine tapfere Tat vielen Leuten das Leben gerettet hatte. Aber er hatte sehr wenig von seinen Geschenken, da es normal für ihn war, sie mit seinen Freunden zu teilen.

Acht Tage nach diesem Vorfall musste die Kompanie wieder antreten, aber dieses Mal war es nicht, um eine Belohnung zu empfangen. Die Disziplin im Lager wurde gelockert, so dass die Soldaten diesen Vorteil ausnützten. Besonders die drei Freunde Toni, Karl und Walter. Was dem einen nicht einfiel, fiel gewiss dem anderen ein. Sie sahen kein Grund, warum sie nicht zusammen ausgehen sollten. Zusammen hatten sie viel mehr Spaß. Aber es dauerte nicht lange, bis die diensthabenden Offiziere bemerkten, dass die drei Freunde abends normalerweise nicht zu sehen waren. Alle Soldaten gingen manchmal aus, aber nicht so häufig wie die drei Freunde. Anfangs brachten sie es fertig, abwesend zu sein, ohne dass es jemand bemerkte. Das glaubten sie jedenfalls. Diesmal bekamen die drei Freunde jedoch Hausarrest wegen schlechten Betragens. Tonis Strafe war 10

Tage, Karl und Walter bekamen 21 Tage. Warum Toni nur 10 Tage Arrest bekam, wusste er nicht. Sie konnten nicht mehr ihre nächtlichen Eskapaden unternehmen, da sie immer unter Beobachtung standen. Das war ihre Strafe, doch dann wurden sie getrennt. Toni wurde in eine andere Kaserne verlegt.

Dann geschah etwas sehr Seltsames, als Walter eines Tages zur Toilette ging. Er traf dort zwei junge Offiziere an, die an der Zimmerdecke arbeiteten, aber sofort aufhörten, als Walter eintrat. Er fragte sich, was die beiden wohl machten. Er spähte durch eine Ritze in der Türe und beobachtete die beiden und sah, dass sie eine kleine Platte an der Zimmerdecke abschraubten. Sonst konnte er aber nichts sehen. Als er Karl erzählte was er gesehen hatte, gingen beide und taten das Gleiche. Sie fanden zwischen dem Dach und der Zimmerdecke Kisten voller Wein, Schnaps und Weinbrand. Am folgenden Tag suchte Toni nach Karl und Walter, konnte aber sie nicht finden. Er fragte den Soldaten, der sie bewachen musste, wo er die beiden finden konnte. Dieser zeigte dann nur auf ihre Betten, auf denen sie vollkommen betrunken lagen. Als sie schließlich Toni von ihrem Schatz erzählten, verlor er keine Zeit und trug in seinem Rucksack 32 Flaschen in seine Kaserne zurück. Dann kam für Walter und Karl die Entlassung mit der ersten Gruppe. Das gab eine große Aufregung, aber mit all dem Alkohol konnten sie richtig Abschied feiern, besonders jetzt, da die Entlassungen begonnen. Sie alle dachten: Nächste Station: Heimat!

Die Straße der Gebirgsjäger

Eisenbahnlinie bei Störn, wo Toni eine Katastrophe verhinderte

Achtunddreißigstes Kapitel

Tonis Entlassung. Er dachte, die nächste Station sei die Heimat!
Die Soldaten wurden von den Alliierten überlistet.
Gefangenenlager auf dem Lehmhügel. Die Reise nach Belfort in Frankreich. Der Marsch zum Château.

Am 14. Juli 1945 wurde Toni von den Engländern entlassen. Er hatte nichts als Bewunderung für das englische Militär. Als er seine Entlassungspapiere erhielt, konnte er alles behalten, was er besaß. Es war ohnehin nicht besonders viel, abgesehen von seiner Uniform hatte er so gut wie nichts. Einige englische Soldaten fragten, ob sie möglicherweise einiges zum Andenken bekommen könnten. Ein Soldat fragte ihn, ob er nicht die Gürtelschnalle haben könnte, in der die Worte „Gott mit uns" eingraviert waren. Toni gab sie ihm mit Vergnügen, da er alles hasste, das mit dem Krieg und den Nazis zu tun hatte.

Die Soldaten merkten rasch, dass alles, was sie vom deutschen Militär hatten, für die englischen Soldaten begehrenswert war. Dann gaben alle Soldaten aus Tonis Gruppe den englischen Soldaten alles, was sie hatten und bekamen dafür Büchsenfleisch, Brot, Rasierklingen und Schokolade. Toni konnte sogar sein Kochgeschirr und Besteck und die Medaillen, die er bei sich hatte, verschenken. Meine Eltern hatten einige seiner Medaillen, die er ihnen gegeben hatte, als er Heimaturlaub machte. Er wollte nichts, das ihn an die deutsche Wehrmacht erinnerte. Er fühlte sich betrogen! Er hatte gerade seine Lehre beendet und hatte nie in seinem Beruf gearbeitet. Stattdessen wurde er gezwungen, etwas zu tun, das er hasste, in Ländern, die er nur von der Landkarte kannte, und auch das nicht sehr gut. Soweit es ihn betraf, hatte die deutsche Wehrmacht ihn um Jahre seines Lebens betrogen. Es war daher keine Überraschung, dass er manchmal log und die Armee betrog, wenn er dazu Gelegenheit hatte, und sich sogar unberechenbar benahm. Toni schaute sehr gut aus und war ein Charmeur, was er zu seinem Vorteil nutzen konnte. Dieses Benehmen entsprach aber nicht seinem eigentlichen Charakter. Hier war ein guter bayerischer junger Mann, der nie gelogen oder betrogen hatte. Die deutsche Wehrmacht zwang ihn zu einem Leben der Gewalttätigkeit.

Er hatte nur einen Gedanken: „Lang genug zu überleben, um nach Hause zu kommen." Er dachte, dass es nun an der Zeit war. Er und eine Gruppe Soldaten wurden mit dem Ziel Halle an der Saale in Deutschland eingeschifft. In Halle übernahmen die Amerikaner den Transport. Sie versprachen hoch und heilig, dass sie mit dem Zug nach Baden Baden transportiert werden würden, um dann entlassen zu werden. Die deutschen Soldaten glaubten das. Sie sahen keinen Grund, warum sie das nicht glauben sollten. Sie hatten doch ihre Entlassungspapiere vom englischen Militär in der Tasche! Aber die nächste Haltestelle war nicht Baden Baden, sondern Kreuznach, an der deutsch-französischen Grenze. Hier wurden sie vom französischen Militär übernommen. Nun wurde ihnen klar, dass sie von Anfang an betrogen wurden. Auf diese Weise versicherten sich die Alliierten, dass keiner der Soldaten versuchte zu fliehen und vor allem, dass die Soldaten gewillt waren, alle Befehle bereitwillig auszuführen. Als den Soldaten dies bewusst wurde, war es zu spät, viel zu spät! Wenn Toni nur die geringste Ahnung gehabt hätte, dass sie betrogen werden, wäre er derjenige gewesen, der versucht hätte zu entkommen, er hätte jedes Risiko auf sich genommen. Allerdings wäre keinesfalls sicher gewesen, dass es ihm gelungen wäre. Er wäre sehr wahrscheinlich gefangen genommen oder auf der Flucht erschossen worden.

In Kreuznach stellte die französische Wache in jeden Waggon eine Kiste Proviant für die Soldaten, aber kein Wasser. Jeder Waggon war schwer bewacht. Wenn sie fragten, was mit ihnen geschehen würde oder wo der nächste Aufenthalt sein würde, wurden sie angewiesen ruhig zu sein, was dadurch bekräftigt wurde, dass man ein Gewehr auf sie richtete. Toni war untröstlich; er war davon überzeugt, dass er irgendwie fliehen könnte. Aber die Soldaten in seiner Gruppe überredeten ihn, diesen Gedanken aufzugeben. Alle hofften, dass Frankreich vielleicht nicht so schlecht sein würde und dass sie vielleicht ohnehin bald nach Hause gehen könnten; Frankreich war nicht zu weit weg von Deutschland. Dann wurde der Befehl gegeben auszusteigen, und unter strengster Bewachung führte der Marsch zu einem Gefangenenlager. Allerdings hatte es die Bezeichnung Gefangenenlager kaum verdient. Der Marsch führte auf einen Hügel, wo sie zum ersten Mal Stacheldraht vorfanden. Der Lehmboden war steinhart. Das war alles, es gab keine Überdachung, nur einen großen Platz, der mit Stacheldraht eingezäunt war. Die Soldaten nannten diesen Platz „Lehmhügel". Dieser Hügel war berüchtigt. Jahre nach dem Krieg hörte ich, wie Toni und seine Freunde, mit denen er auf diesem Lehmhügel in Gefangenschaft war, über dieses Höllenloch sprachen. Sie verbrachten 8 Tage auf diesem Hügel, ohne Essen und mit nur sehr wenig Wasser. Ein Schlauch versorgte das ganze Lager nur unregelmäßig mit Wasser, und nur, wenn die Wache es für nötig hielt, das Wasser anzudrehen. Viele Soldaten starben in diesem Höllenloch. Die Wache, Elsässer und Marokkaner, hatten Spaß daran, in dieser Hölle zu schießen. Die Gefangenen, die auf der Erde saßen, waren einigermaßen sicher, aber die Soldaten, die gerade auf der Latrine saßen, waren es nicht. Im Großen und Ganzen machte es den Wachposten Spaß, in dem sogenannten Lager herumzuschießen. Keiner der überlebenden Soldaten kannte die Namen der erschossenen Soldaten, da sie sich zum ersten Mal auf dem Transport von Norwegen begegnet waren. Die überlebenden Soldaten konnten nicht ausfindig machen, ob die Familien der erschossenen Soldaten je über ihr tragisches Schicksal benachrichtigt wurden.

    Auf dem Lehmhügel fand Toni wieder zwei gute Freunde, und die drei blieben ihr ganzes Leben lang befreundet.

Die Straße der Gebirgsjäger

Ich habe beide kennengelernt: Peter Fassnauer und Franz Leopold.

Anfang August 1945 mussten sie erneut mit dem Zug reisen, diesmal nach Belfort in Frankreich. Als die geschwächten Soldaten den Zug verließen, wurden sie zu ihrer großen Überraschung von den Einwohnern mit faulen Tomaten und anderem faulen Gemüse beworfen, und zwar auf dem ganzen Weg zu einem Château, das nun ihr nächstes Gefangenenlager wurde.

Ich war überrascht, dass Toni darüber vollkommen ohne Bitterkeit sprach, er zeigte sogar Verständnis für die damaligen Bewohner von Belfort. Aber sicher lag es daran, dass die Bitterkeit, die er vielleicht damals verspürte, mit der Zeit verblasste.

Die Bewohner von Belfort machten ihrem Ärger auf die einzige Art Luft, die sie hatten, und die Soldaten waren nun einmal da. Sie waren noch nie in Frankreich, und sie wollten auch jetzt nicht dort sein. Die Schuldigen waren schon lange verschwunden. Niemand fragte, ob sie etwas mit der Zerstörung von Frankreich zu tun hatten. Sie waren jetzt dort, und sie waren dem Zorn der Bewohner ausgesetzt.

Toni wurde Küchenarbeit zugewiesen. „Hurra!", dachte er, „endlich bekomme ich etwas zu essen!" Aber er hatte sich wieder getäuscht. Er musste Kartoffeln schälen. Dabei stand er unter der Bewachung der sehr pflichtbewussten Augen eines wachhabenden französischen Soldaten, der immer zu einer Ohrfeige bereit war, sollte Toni schnell einen Bissen von einer Kartoffel nehmen. Aber eines schätzten die Soldaten sehr: Wasser. Mittags und abends konnten sie so viel Wasser trinken wie sie wollten. Schlafen mussten sie auf dem Zementboden in einer großen Garage.

Neununddreißigstes Kapitel

Die Firma Mischler stellt Jalousien her und verlangt deutsche Kriegsgefangene.
Kleine Leute mit wenig Macht.
Mischlers Architekt holt sie jeden Tag ab.
Brutale Wachen werden freundlich.
Die Firma Mischler respektierte sie.
Toni sägt Holz für Mischler.
Weihnachten 1945.

Im September forderte eine große Firma, ein Hersteller von Jalousien, deutsche Kriegsgefangene vom Château an. Sie brauchte dringend Arbeitskräfte, da die Firma am Kriegsende übervolle Auftragsbücher hatte. Die Verwaltung dieser Firma wusste, dass die deutschen Kriegsgefangenen helfen mussten, Frankreich wieder aufzubauen und nicht in Frankreich waren, um ausgehungert zu werden. Aber wie so oft, können unbedeutende Menschen ohne Macht manchmal gefährlich sein. Ein Beweis dafür war die Wache auf dem Lehmhügel und in dem Château. Toni, Sepp Fassnauer und Franz Leopold boten sofort ihre Dienste an. Sie hatten keine Ahnung, wofür sie ihre Dienste anboten. Das war ihnen gleich, wenn es nur bedeutete, dass sie wenigstens für einige Stunden dieses verhasste Château verlassen konnten. Als erstes wurden ihre Haare geschnitten, und dann kam die Entlausung. Toni war an der Entlausung nicht interessiert, da er keine Läuse hatte. Die Entlausung wurde in einem Wasserbunker durchgeführt. Dazu wurde ein Loch ausgegraben und mit eiskaltem Wasser gefüllt, in das die Soldaten getaucht wurden. In dem Durcheinander brachte Toni es fertig, sich den Soldaten anzugliedern, die schon entlaust waren. Jetzt wurde auch die nächtliche Unterkunft besser. Die Garage wurde mit Etagenbetten ausgestattet, und es gab Stroh und Wolldecken. Nun mussten sie zwar nicht mehr auf dem Zementboden schlafen, aber dafür hatten sie Flöhe. Aber das war nur eine kleine Unannehmlichkeit, die sich leicht beseitigen ließ. Neben Toni, Sepp und Franz wurden auch andere Gefangene den Bauern zugewiesen, um Bäume zu fällen. Das war ihre erste Arbeit, aber unter der Federführung der Firma Mischler. Essen und Wasser war den ganzen Tag erhältlich, etwas, an das sich die Soldaten kaum erinnern konnten.

Mischlers Architekt holte sie am Morgen ab und brachte sie am selben Abend wieder zurück. Er versprach ihnen, sie am nächsten Morgen wieder abzuholen. Aber nachdem sie so oft belogen worden waren, konnten sie das kaum glauben. Sie versuchten, es philosophisch zu betrachten, indem sie sagten: „Wir hatten einen wunderbaren Tag, wir konnten essen so viel wir wollten und Wasser trinken, wenn wir durstig waren, so gut ging es uns schon lange nicht mehr." Sie hatten jedoch eine Überraschung am nächsten Morgen! Wie versprochen kam der Architekt wieder, um sie abzuholen. Er erzählte den Männern, dass Mischler Schwierigkeiten mit den Behörden hatte, was die Gefangenen vom Château anbetraf. Er schien zornig zu sein, als er sagte:

„Ich werde euch jeden Tag abholen. Mischler will euch aus dem Château heraus haben, und wenn die denken, dass wir euch nicht haben können, dann können sie euch auch nicht haben. Wen er mit „sie" meinte, fanden die Männer nicht heraus, es war ihnen auch gleichgültig, solange sie jeden Tag aus dem Château herauskamen. Von nun an wurde das Leben für diese jungen Männer angenehmer. Nun hatten sie eine Wache, die täglich für den Transport verantwortlich war.

An den Wochenenden konnte einer von ihnen im Lager zurückbleiben, um es sauber zu halten. Nun änderte sich das Benehmen der Wache. Waren sie erst brutal, wurden sie nun annehmbar. Aber sie wurden von den gefangenen Soldaten, die sie ganz einfach missachteten, nie respektiert.

Die Firma Mischler hatte nun freie Hand was die Gefangenen anbetraf und behandelte sie respektvoll und höflich. Allerdings durfte sie den Gefangenen nicht erlauben nach Hause zu schreiben. Das war etwas, war nur die Regierung entscheiden konnte, und die Regierung hatte keine Eile. Aber die Firma Mischler brachte es fertig, die Gefangenen aus dem Château in ein Gefangenenlager in Fretigney zu verlegen. Dezember 1945 nahte, es war ein bitterkalter Winter. Wieder war Weihnachten, aber nicht zu weit weg von der Heimat. Toni arbeitete nun ausschließlich für Bauern, für die er hauptsächlich Holz sägte und vor allem Weihnachtsbäume schlug. Diese Arbeit heiterte ihn aber nicht gerade auf, obwohl er ausgezeichnet behandelt wurde. Es war ein bayerischer junger Mann, für den Weihnachten von besonderer Bedeutung war. Aber er wusste nichts von seiner Familie, und seine Familie wusste nichts von ihm. Dieses Mal konnte er keinen Christbaum mit den Schnürsenkel seiner Ski-Stiefel schmücken, was er einige Jahre zuvor getan hatte, und er versuchte noch nicht einmal, ein Weihnachtslied zu singen. Doch Weihnachten rückte unaufhaltsam heran.

Alle Gefangenen erhielten von der französischen Regierung das Geschenk, dass sich alle Gefangenen von ganzem Herzen wünschten. Es war eine Doppelkarte mit Perforation, die sie nach Hause schicken konnten.

Auf beiden Karten stand die Adresse vom Lager in Fretigney. Es war Platz für eine Zeile. Toni schrieb auf seine Karte: „Mir geht es gut, ich arbeite für Mischler. Wie geht es euch?"

Meine Eltern bekamen die Karte am 31. Dezember 1945. Zu sagen, dass sie außer sich vor Freude waren, ist keine Übertreibung. Nicht nur die Familie, sondern die ganze Straße feierte, dass Toni am Leben war. Der Postbote winkte mit der Karte die ganze Straße entlang. Was für ein wunderbarer Anfang des Jahres 1946. Meine Eltern trennten die Karten, und auf ihrer Karte schrieben sie zurück: „Uns geht es gut, wir warten auf Dich." Das war unser richtiges Weihnachten, wenn auch ein bisschen spät für uns und Toni. Nach drei Monaten wurde den Gefangenen erlaubt, Briefe zu schreiben und zu empfangen.

Die Straße der Gebirgsjäger

Mit dem Material, das Toni zur Verfügung hatte, fing er an im Lager Hofbesen anzufertigen, um ein bisschen Geld zu verdienen. Den Gefangenen war es gestattet, für kurze Zeit das Lager zu verlassen. Toni wusste nur ein Wort auf Französisch: „Madame". In seiner Freizeit ging er zu Bauernhöfen und bot seine Besen mit den Worten an: „Madame, brauchst an Besn?" Mit diesen Worten hielt er den Besen vor sich hin, und er verkaufte sie immer. Er verdiente nicht viel Geld, er war jedoch zufrieden mit dem, was ihm gegeben wurde. Nur einmal dachte er, dass die Bezahlung etwas zu wenig war. Er ging in ein Haus, in die Küche, und bot der Dame einen Besen an. Die Dame war sehr nett, bat ihn einzutreten und bot ihm neben dem Küchentisch einen Stuhl an. Toni lehnte den Besen an die Wand neben der Tür. Die Dame schenkte ein Glas Wein ein und gab es Toni. Toni trank den Wein und erwartete ein bisschen Geld. Aber er bekam kein Geld. So stand er auf, bedankte sich für den Wein und auf dem Weg durch die Tür nahm er den Besen wieder mit. Er fand, dass die Bezahlung zu gering war. Die Dame muss so überrascht gewesen sein, dass sie ihn mit dem Besen gehen ließ.

Die Straße der Gebirgsjäger

Toni in Frankreich

Toni (rechts) als Kriegsgefangener in Frankreich

Vierzigstes Kapitel

Cousin Sepp.

Die beiden Cousins, die den ganzen Krieg gemeinsam durchgemacht hatten, wurden am Ende des Krieges getrennt, da die Erfrierungen an Sepps Füßen zu tiefgreifend waren. Er wurde sofort auf dem Krankenschiff Monte Rosa an der Küste von Norwegen aufgenommen. Am 6. Mai 1945 wurde er von der Monte Rosa entlassen und auf die Akershus Festung verlegt, wo er vom englischen Militär übernommen wurde. Nach dem relativen Luxus auf der Monte Rose war die Akershus Festung schockierend, da sein Lager für zwei Wochen ein Munitionslager war. Nach zwei Wochen wurden die verwundeten Gefangenen nach Drammen, einem Lager mit medizinischen Einrichtungen, verlegt. Sepp blieb bis zum 18. August 1945 in Drammen, dann wurden alle deutschen Gefangenen auf einem Schiff nach Bremerhaven eingeschifft. Hurra! Wieder dachten alle Gefangenen: Nächste Haltestelle „Heimat".

Sepp war sehr einsam ohne Toni, besonders da er keinen blassen Schimmer hatte, wo Toni war. Er fragte sich, ob Toni die Wirren der letzten Kriegstage überlebt hatte. Wenn nicht, was konnte er nur zu seiner Tante und seinem Onkel, Tonis Eltern, sagen, wenn er alleine nach Hause kam? Wie alle anderen Soldaten glaubte auch er, dass diese Zeit nicht in allzu weiter Ferne lag. In Bremerhaven wurden alle Gefangenen in einen Zug nach Rüdesheim am Rhein, und nach Bretzenheim, in der Nähe des berüchtigten Gefangenenlagers Bad Kreuznach, geladen. Die Gefangenen fielen immer noch unter die Zuständigkeit der Amerikaner.

Am 1. September 1945 übernahm die französische Armee die Verantwortung für die deutschen Gefangenen, und man nahm ihnen alles ab, was sie hatten. Was Sepp auch hatte, es wurde ihm weggenommen, sogar sein Kochgeschirr und die Gabel, die zum

Die Straße der Gebirgsjäger

Kochgeschirr gehörte, wurde entzwei gebrochen. Nun hatte er nichts als die inzwischen schäbige Uniform, die er am Leib trug. Für Sepp war es kein großer Verlust, da ihn jeder Zug weiter in Richtung Heimat bringen würde. Er hatte zum ersten Mal Bedenken als sie in Rottweil ausstiegen und alle Soldaten in ein Gefangenenlager marschieren und dort vier Wochen lang bleiben mussten. Nach diesen vier Wochen folgte wieder eine Zugreise, und dieses Mal ging der Transport näher in Richtung der französischen Grenze, bis nach Tuttlingen. Nun war Sepp sicher, dass es keine Reise nach Hause war, sondern eine Reise in das nächste Gefangenenlager. Tuttlingen war ein Sammelpunkt für deutsche Kriegsgefangene, und hier wurden sie in Gruppen eingeteilt. Die Gruppe, in der Sepp war, fuhr weiter nach Schönberg, in der Nähe von Berlin. Hier musste er auf Lastkraftwagen arbeiten, um Munition zu sammeln. Von hier konnte er nach Hause schreiben. Seine Mutter (also meine Tante) und seine Cousine (meine Schwester), die sich jeder Herausforderung stellten, brachten es fertig, ihn zu besuchen und ihm Geld zu geben.

Während der Weihnachtsfeiertage 1945 hatte er wieder Probleme mit seinen Füßen. Wegen der schweren Arbeit und des kalten Wetters brach die Haut an seinen Füßen wieder auf. Dadurch wurde er in ein Gefangenen-Krankenhaus weiter im Süden, in Biberach, das vom französischen Militär besetzt war, transportiert. Er dachte, wenigstens bin ich jetzt tatsächlich in Süddeutschland. Sobald er das Krankenhaus verlassen konnte, wurde ihm leichtere Arbeit zugeteilt. Er musste Holz für Familien des französischen Militärs hacken und dafür sorgen, dass die Familien in diesem besonders kalten Winter genügend Kohlen hatten. Von den Familien erfuhr er Respekt und Güte. Aber er war immer noch ein Gefangener. Jeden Abend um 18 Uhr kam ein Lkw und holte alle Gefangenen, die für die französischen Familien arbeiteten, und fuhr sie zum Lager zurück.

Die Straße der Gebirgsjäger

Am 17. Februar 1946 konnte er es nicht mehr länger aushalten, so nahe seiner Heimat zu sein und doch ein Gefangener zu sein. Er versuchte etwas wirklich Gefährliches. Er versteckte sich mittags in einem kleinen Kohlenbunker in den Gaswerken bis 18 Uhr. Dann begann er, zu Fuß in Richtung Ulm zu gehen, das von den Franzosen und den Amerikanern besetzt war. Er wusste sehr gut, dass er mit Sicherheit erschossen werden würde, falls er entdeckt wurde. Er folgte der Eisenbahnlinie und kam zu einem Bahnwärterhäuschen. Er klopfte an, aber es meldete sich niemand auf sein Klopfen. Er wusste, dass jemand zu Hause war, denn er hatte Stimmen gehört, aber nun war alles ruhig. Er klopfte immer wieder, denn er brauchte Hilfe. Er wusste, es würde wieder eine bitterkalte Nacht sein. Schließlich wurde die Tür vorsichtig geöffnet. Eine Mutter war allein mit ihren Kindern, da ihr Mann in Biberach arbeitete. Sie hatte Angst, aber als sie sah, dass Sepp ein Kriegsgefangener auf der Flucht war, tat sie was sie konnte, um ihm zu helfen. Sie gab ihm zu essen und entschuldigte sich, dass sie ihm nicht mehr geben konnte. Aber sie gab alles, was sie entbehren konnte. Sie gab ihm auch einen blauen Arbeitsanzug ihres Mannes, was eine zusätzliche Lage über seiner Uniform war, außerdem war er nun weniger auffällig. Um 23 Uhr verließ er das Haus und ging wieder entlang der Eisenbahnlinie. Er kam zu einer Scheune, die mit Heu gefüllt war, in der er die Nacht verbrachte. Am Morgen ging er ungehindert nach Ulm und fand einen Zug nach München, wo er am 20. Februar nachmittags um 15 Uhr ankam. Er machte den kurzen Weg zum Volksbad zu Fuß und lieh sich von einem Freund ein Fahrrad. 30 Minuten später kam er zur übergroßen Freude seiner Eltern und seiner Schwester zu Hause an.

Aber nicht jeder war so erfreut ihn zu sehen. Als er sich auf dem Gemeindeamt zurückmelden wollte, damit er eine Lebensmittelkarte bekam, war der Empfang keinesfalls freundlich. Der Bürgermeister herrschte Sepp an: „Geh hin, wo du hergekommen bist, ich gehe wegen dir nicht ins Gefängnis!"

Die Straße der Gebirgsjäger

Sepp fand das außergewöhnlich hart. Aber dann wurde ihm klar, dass dies eigentlich nicht so überraschend war, nachdem er erfahren hatte, unter welchem Regime die Bewohner so viele Jahre lang versucht hatten zu überleben. Ein Blick in die andere Richtung hätte eine Reise in ein Konzentrationslager bedeuten können.

Der Bürgermeister musste mit dem ganzen Durcheinander, das mit dem Ende des Krieges verbunden war, fertig werden und ein entflohener Kriegsgefangener war zu viel für ihn. Es war keine Feindseligkeit seinerseits. Er wusste ganz einfach nicht, was mit einem entflohenen Kriegsgefangenen zu tun war, und er hatte ebenso wie wir alle Angst vor der Militärpolizei. Es war schwer, die früheren Erfahrungen zu vergessen.

Nachdem er vom Bürgermeister so schroff abgewiesen worden war, hatte Sepp nicht den Mut nach München zu gehen, um dort bei den Behörden um eine Lebensmittelkarte anzusuchen. Er fürchtete, dass ihn die Amerikaner nach Frankreich zurückschicken würden. Aber all diese Befürchtungen erwiesen sich als grundlos. Der Bürgermeister änderte seine Meinung, und Sepp bekam seine Lebensmittelkarte.

Während der ersten paar Tage zu Hause und nach dem Empfang des Bürgermeisters war Sepp etwas besorgt. Er dachte, die französische Regierung könnte ihn vielleicht zurückbeordern. Diese Bedenken erwiesen sich jedoch als grundlos. Die französische Regierung hatte genug mit den vielen deutschen Kriegsgefangenen und mit dem Ende eines Weltkrieges zu tun, so dass sie nicht einen Kriegsgefangenen suchen konnten, der erfolgreich entflohen war. Aber Sepp brauchte etliche Zeit, um sich an seine Freiheit zu gewöhnen. Das zeigte sich, als einmal ein Jeep auf der Straße vor dem Haus seiner Eltern hielt. Als Sepp das sah, lief er durch die Hintertür aus dem Haus in ein Weizenfeld und legte sich auf den Boden. Er dachte, die Amerikaner seien gekommen, um ihn abzuholen und nach Frankreich

Die Straße der Gebirgsjäger

zurückzuschicken. Aber seine Sorgen waren umsonst. Seine Mutter suchte ihn, und als sie ihn gefunden hatte, beruhigte sie ihn, indem sie ihm erklärte, dass der polnische Freund seiner Schwester zu Besuch gekommen war. Er fuhr einen Jeep, da er für die Amerikaner arbeitete. Langsam gewöhnte sich Sepp an seine Freiheit und rannte nicht mehr davon, wenn er einen Jeep sah.

Einundvierzigstes Kapitel

Ismaning und Kohle.
Die Gefangenen in Frankreich.

1945 hatte Ismaning 4400 Einwohner, überwiegend landwirtschaftliche Bevölkerung. In Friedenszeiten, an die man sich kaum mehr erinnern konnte, war Bier ein besonders wichtiges Getränk in Bayern. In dem Durcheinander nach dem Krieg verkauften die Wirtschaften jedoch „Dünnbier", aus Molke hergestellt. Ich kann mich gut an diese Molke erinnern, da ich sie immer von der Wirtschaft Blum im Maßkrug holte. Sie schmeckte nach verfaulten Früchten. Die Raucher hatten auch eine sehr schwere Zeit. Bezugsscheine für Zigaretten wurden sehr oft gegen Lebensmittelkarten eingetauscht. Männer fingen an, Zigarettenstummel zu sammeln, die von amerikanischen Soldaten weggeworfen wurden. Aber bald schaffte eine neue Pflanze Abhilfe. Die Tabakpflanze wurde bald im großen Stil in den Dorfgärten angebaut, nachdem die Krautpflanzen auf die Felder umgesetzt worden waren. Die Pflege und Verarbeitung der Tabakpflanze wurde sehr bald die wichtigste Beschäftigung für die Männer.

Auch die Versorgung mit Brennmaterial war ein sehr großes Problem. Am 20. Juni 1945 gab die Gemeinde bekannt, dass vorübergehend keine Kohlen zugeteilt werden würden. Daher sei es nutzlos, sich um Kohlen bei der Gemeinde zu bewerben. Das war ein doppelter Schlag für das Dorf. Kohlen wurden nicht nur zum Heizen, sondern auch zum Kochen verbrannt. Der Torf von Ismaning und die Krautstrünke wurden sehr populär, aber alle Frauen hassten den Ruß, den die Krautstrünke produzierten. 1946 waren Kohlen immer noch Mangelware. Die Schulkinder hatten wegen des Kohlenmangels häufiger schulfrei. Der Gemeinde wurde klar, dass etwas getan werden musste. So wurde beschlossen, im Forst Bäume zu fällen. Die Bedingung war, dass

Die Straße der Gebirgsjäger

aus jedem Haushalt ein Mann 36 Stunden pro Woche im Forst mit seinem eigenen Werkzeug arbeiten würde. Nur dann hatte der betreffende Haushalt das Recht, das ihnen zugeteilte Holz zu beanspruchen. Bald wurde die schwere Arbeit leichter, als die Waldarbeiter mit schweren Motorsägen angestellt wurden. Die Arbeiter durften sich aber nicht selbst bedienen. Es waren immer noch Bezugsscheine nötig, um das ihnen zustehende Holz zu bekommen. Nicht nur das Holz wurde rationiert, sondern auch Lebensmittel und Kleidung. Es erübrigt sich zu sagen, dass die Gemeinde die Bezugsscheine nicht überaus großzügig austeilte, da es vollkommen unmöglich war, alle Bewohner mit allem Notwendigen zu versorgen. Bezugsscheine hatten immer noch den Vorrang. Die Bauern taten was sie konnten, aber auch sie konnten keine Wunder bewirken.

Schließlich mussten die Alliierten einsehen, dass es gefährlich werden könnte, die deutsche Bevölkerung weiterhin dem Hunger auszusetzen. 1947 gab es Lebensmittelpakete der amerikanischen Organisation Welfare Care, die sogenannten „Care-Pakete". Ärzte gingen in die Schulen, um die Kinder zu untersuchen. Die meisten von uns waren unterernährt. Dann bekam jedes Kind eine tägliche Schulspeisung. Es ist schwer, sich heutzutage vorzustellen, mit welchem Heißhunger wir über die Suppen und den Milchreis hergefallen sind. Es gab eine Mahlzeit, die ich am liebsten hatte. Sie hieß Hohberger Schulfrühstück. Wir alle liebten dieses Frühstück der Firma Hohberg. Ich weiß sonst nichts von der Firma, aber ihr Frühstück habe ich nie vergessen. Es ist kein Wunder, dass wir es liebten. Es war süß, etwas das wir schon lange nicht mehr geschmeckt hatten. Wenn ich Zucker bekam, war es an meinem Geburtstag: einen Teelöffel voll in meinem Kaffee zum Frühstück.

1947 kam auch General George Marshall nach Deutschland zu einem Treffen mit Dr. Konrad Adenauer, dem ersten deutschen Kanzler nach dem 2. Weltkrieg. Bald wurde der berühmte Marshallplan durchgeführt. Die Alliierten, die Sieger, halfen dem besiegten Land. Wenn sich aber zwei Menschen aus zwei unterschiedlichen Ländern treffen und mit der Sprache des anderen nicht besonders vertraut sind, kann es natürlich zu Missverständnissen kommen, ohne dass weder der eine noch der andere sich dessen bewusst ist. Dies war auch bei der Konferenz zwischen Dr. Adenauer und General Marshall der Fall.

So kam es, dass sich das deutsche Volk durch einen Berg von Mais essen musste. Die Unterhaltung der beiden Herren verlief in etwa wie folgt:

General Marshall fragte: „Was braucht das deutsche Volk am notwendigsten?"

Dr. Adenauer antwortete: „Wir brauchen Korn*!" Ja, Deutschland brauchte am dringendsten Getreide, um daraus Mehl herzustellen. (*Korn bzw. Corn heißt im US-Amerikanischen Mais.)

General Marshall: „Sie brauchen Korn. Sie können so viel Korn haben wie Sie wollen!"

Wir bekamen nicht so viel wir wollten, sondern viel, viel mehr. Getrockneter Mais war vollkommen unbekannt in Bayern. Die Leute bezeichneten es als „Saufutter". Doch was blieb uns anderes übrig? Wir mussten uns durch einen Berg Mais essen. Wir aßen monatelang Maisbrot und Maissemmeln, Mais wurde auch zu Gries gemahlen. Jedes Gericht war so trocken, dass man es ohne Getränk oder ohne gekochte Früchte nicht schlucken konnte. Ich bin sicher, dass ich es nicht übertreibe, wenn ich sage: „Es war wirklich entsetzlich." Alles war gelb und trocken, und es schmeckte wirklich nicht gut. Nach drei Monaten bekamen wir Getreide, und das deutsche Volk konnte nun wieder mit Mehl kochen.

Am Sonntag, den 1. Juni 1948, wurde die Reichsmark in deutsche Mark umgetauscht. Die Reichsmark, die die Leute noch hatten, war nun wertlos. Jede Person bekam 40 deutsche Mark. Das reichte, um Lebensmittel für eine Woche zu kaufen. Zusammen mit dem Geld, das in dieser Woche verdient wurde, konnte man weitere Lebensmittel, und was sonst noch notwendig war, einkaufen. Deutschland konnte wieder importieren. Nun konnte das deutsche Volk wieder zu leben beginnen.

Während all das in Deutschland vor sich ging, war Toni immer noch ein Kriegsgefangener in Frankreich. Im August arbeiteten Toni und sein Freund Sepp Fassnauer noch für Mischler. Sie hatten Erlaubnis, ohne Wache zu arbeiten. Dann wurde Sepp nach Noidans-le-Ferroux überwiesen, da er Elektriker war und dort benötigt wurde. Sepp und Toni hatten ein Zimmer über Mischlers Kantine, das er nun mit seinem Freund Walter teilte. Fast alle der älteren Gefangenen waren schon entlassen. Toni und Walter wurden von Mischler ausgezeichnet behandelt, und jetzt bekamen sie einen kleinen Lohn, was die beiden besonders begrüßten. An den Wochenenden entsprach der Lohn dem der französischen Facharbeiter. Das Schönste für Toni war das Versprechen, dass sie im Dezember entlassen werden sollten. Dann bekam die Firma Mischler einen Brief von der französischen Regierung, dass die beiden Gefangenen, Toni und Walter, zurück in das Gefangenenlager nach Belfort fahren mussten. Mischlers Architekt fuhr sie in seinem Auto und versprach ihnen, dass er nicht ohne sie nach Fretigney, Haute-Saône, zurückfahren würde. Er dachte nicht, dass die beiden Anlass zur Sorge hatten, da sie im Dezember ohnehin entlassen werden würden. Als sie im Lager ankamen, stellten sie fest, dass viele von ihren Freunden vor ihnen angekommen waren und genauso verblüfft waren wie sie. Doch bald fanden sie heraus, was die französische Regierung mit ihnen vorhatte. Die französische Regierung hatte sich entschieden, dass Frankreich diese jungen Handwerker wenigstens noch ein Jahr länger bräuchte. Sie stellten die jungen Männer vor die Wahl: Wenn diese deutschen Gefangenen mit der Regierung vertraglich vereinbaren, in Frankreich ein Jahr lang in ihrem Beruf zu arbeiten, würden sie wie die Zivilarbeiter behandelt werden und den gleichen Lohn und sogar drei Wochen Heimaturlaub bekommen. Sollten sie sich entscheiden, dieses Angebot nicht anzunehmen, müssten sie alle in einem Kohlenbergwerk arbeiten. Das stand zur Wahl! Keiner von ihnen glaubte, dass sie wirklich Heimaturlaub bekämen, aber die Alternative hörte sich nicht sehr verlockend an. Daher unterschrieben sie den Vertrag, um noch ein Jahr in Frankreich zu arbeiten.

Die französische Regierung hielt jedoch ihr Wort. Jeder Kriegsgefangene bekam einen Urlaubspass für drei Wochen. Im Dezember wurde Walter entlassen, da er älter als Toni war. Toni war nun allein und wartete auf seinen Urlaubspass. Er wartete und wartete. Er konnte nicht verstehen, warum es so lange dauerte. Im Dezember war es Zeit für ihn, auf Urlaub zu gehen, er hatte doch den Vertrag unterzeichnet. Was war bloß los! Er ging zu Mischlers Architekt und erkundigte sich wegen der Verzögerung. Der Architekt schaute ihn einen Moment lang an und sagte dann: „Es tut mir leid, Toni, aber du gehst nicht nach Hause!"

Zuerst dachte Toni, dass der Architekt einen Witz machte, fand ihn aber nicht sehr komisch. Er antwortete: „Das ist doch nicht Ihr Ernst. Ich habe den Vertrag unterzeichnet."

„Ja, das hast du", antwortete er zögerlich. „Und du wirst nach Hause gehen, nach einem Jahr, aber jetzt nicht. Ich bin davon überzeugt, dass du nie mehr zurückkommen wirst, wenn du jetzt nach Hause gehst."

Toni versprach hoch und heilig, dass er wieder zurückkommen würde. Er flehte ihn an: „Ich weiß, mein Ruf ist nicht sehr gut, aber ich halte in der Regel meine Versprechen. Sie können mir glauben, wenn ich sage, dass ich zurückkommen werde."

Aber der Architekt hatte nicht nachgegeben. Stattdessen sagte er: „Ich weiß, dass Du unbedingt nach Hause gehen willst, du hast immer davon gesprochen. Aber wir brauchen dein Fachwissen. Wir können es uns nicht leisten, dir Heimaturlaub zu geben."

Die Straße der Gebirgsjäger

Nun wurde Toni böse und er schrie den Architekt an: „Wäre es besser gewesen, wenn meine Arbeit schäbig gewesen wäre?" Der Architekt lächelte nur und sagte: „Du hättest das nicht tun können. Ich habe dich bei deiner Arbeit beobachtet, du warst immer sehr präzise und du bist stolz auf deine Arbeit. Aus diesem Grund möchten wir dich nicht verlieren. Wir brauchen dringend deine gute Arbeit."

Toni war außer sich vor Ärger und schrie zurück: „Glauben Sie mir, wenn ich eine blasse Ahnung gehabt hätte, was Sie mit mir vorhatten, hätte ich mich bei der Arbeit so dumm angestellt, dass Sie mich selber zur Grenze gefahren hätten."

Der Architekt konnte ihm nicht glauben, dass er nach einem Urlaub von drei Wochen in Ismaning für ein weiteres Jahr nach Frankreich zurückkehren würde. Immer noch verärgert ging Toni auf sein Zimmer, setzte sich auf sein Bett und weinte bitterlich. Er fühlte sich mutterseelenallein. Es ärgerte ihn, dass er sich selber die Schuld gab. Er sprach am liebsten davon, was er alles tun würde, wenn er endlich wieder daheim wäre. Doch bald hörte er auf, sich selbst Vorwürfe zu machen. Plötzlich erinnerte er sich an den Vertrag, den er unterzeichnet hatte. Folglich war er nun kein Gefangener mehr, sondern ein Zivilist. Die Wachen waren alle verschwunden, er hätte fliehen können, aber was für ein Heimkommen wäre das gewesen! Nein, das kam nicht in Frage! Er war jetzt ein Zivilist und er würde sich wie ein Zivilist benehmen. Am nächsten Tag fuhr er mit dem Zug nach Vesoul und ging zur Präfektur für Kriegsgefangene. Er fragte nach dem Offizier, der für deutsche Kriegsgefangene verantwortlich war und wurde von einem Offizier mittleren Alters empfangen, der Toni nach dem Grund seines Besuches fragte. Nun hatte Toni Gelegenheit, sein Herz auszuschütten. Vollkommen ehrlich erzählte er dem Offizier von seinem nicht so guten Ruf. Er erzählte dem Offizier, dass er gelogen und betrogen und in der deutschen Armee gestohlen hatte, doch nicht, weil das seinem Charakter entsprach, sondern weil er die Wehrmacht und den

Die Straße der Gebirgsjäger

Krieg so sehr hasste. Er wollte nie von zu Hause weggehen und er machte nie ein Geheimnis daraus.

„Und nun", sagte er, „bin ich der einzige, der bestraft wird." Der Offizier gab darauf eine gute Antwort. „Wir brauchen euch, um Frankreich wieder aufzubauen. Ihr habt es zerstört, nun ist es eure Pflicht es wieder aufzubauen."

Toni hatte eine ebenso gute Antwort, als er sagte: „Ich war nicht einmal in der Nähe von Frankreich. Ich war oben in Nordfinnland und habe Erfrierungen an meinen Füßen erlitten. Diejenigen, die Ihr Land zerstörten, sind schon weit weg und überließen es uns, das Land wieder aufzubauen."

Der Offizier lächelte, da er diesen jungen Mann so gut verstehen konnte. Er erzählte Toni, dass auch er ein Kriegsgefangener in Deutschland war und an nichts anderes denken konnte als nach Hause zu kommen. Dann gab er Toni das beste Weihnachtsgeschenk, das ihm jemand geben konnte. Der Offizier gab ihm einen Urlaubspass für drei Wochen nach Weihnachten. Toni konnte ihm nicht genug danken und versprach ihm hoch und heilig, dass er zurückkommen würde, um noch ein Jahr in Frankreich zu arbeiten. Zu Tonis Überraschung sagte der Offizier: „Ich weiß, dass Sie zurückkommen werden, und wissen Sie, warum ich so sicher bin?" Toni schaute ihn voller Überraschung an.

Der Offizier fuhr fort: „Sie zeigten solche Entschlossenheit und solche Hoffnung, dass Sie nach Hause gehen können. Sie würden das nie gefährden."

Als er nach Fretigney zurückkam, zeigte er dem Architekten den Urlaubspass. Dieser konnte nur lachen und sagte: „Ich habe erwartet, dass du irgendetwas tun würdest, aber ich sage dir eines: wenn du nicht zurückkommst, werde ich dich persönlich holen."

Nun lachte Toni und sagte nur: „Warten Sie nur, Sie werden schon sehen."

Die Straße der Gebirgsjäger

Im Januar 1948 hatte Toni die Erlaubnis, nach Hause zu kommen. Er kam nach Hause und wurde wie ein Held empfangen. Die ganze Straße war auf den Beinen, um ihn willkommen zu heißen. Meine Eltern schmückten die Haustüre mit Girlanden und den Worten „Herzlich Willkommen Toni". Die drei Wochen vergingen so schnell wie drei Minuten. Kaum war er gekommen, da musste er schon wieder gehen. Vater sagte: „Ich dachte, er wird für drei Wochen kommen, doch wir haben ihn kaum gesehen."

Das war die Wahrheit, da er von allen Seiten Einladungen bekam. Er hatte keinen ganzen Tag zu Hause. Die Ismaninger wollten ihn willkommen heißen, da sie wussten, dass er sich bald wieder verabschieden musste. Aber Toni wäre nicht Toni gewesen, wenn er nicht etwas versucht hätte. Nach seinem 3-wöchigen Urlaub fuhr er nach München zur französischen Botschaft und zeigte dem diensthabenden Sekretär seinen Urlaubspass und erklärte ihm, dass er verpflichtet sei, sich wieder in Fretigney zu melden. Leider habe er aber nicht mehr das nötige Geld, um die Fahrkarte für den Zug zu kaufen. Wäre es möglich, dass die französische Botschaft die Fahrkarte bezahlte, da er ja für Frankreich arbeiten musste? Doch der Sekretär antwortete höflich, aber bestimmt: „Nein, auf gar keinen Fall." Darauf antwortete Toni: „Gut, dann kann ich nicht zurückfahren." Der Sekretär ließ sich davon nicht beeindrucken und sagte nun in gebrochenem bayerischem Dialekt: „Ah, Kopf reiß nix ab!"

Sepp, unser Cousin, der 1945 von der französischen Armee erfolgreich geflohen war, fragte Toni: „Was glaubst du würde geschehen, wenn du tatsächlich nicht mehr zurückgingest?" Toni dachte einen Moment lang nach, aber erinnerte sich dann daran, was der Architekt gesagt hatte und sagte zu Sepp: „Der Architekt sagte, dass er mich holen würde, sollte ich nicht zurückkommen." Sepp bezweifelte das und fragte Toni: „Glaubst du, dass er das wirklich tun würde?" Toni war sich nicht sicher, aber er musste zugeben: „Es ist möglich, da er nicht besonders erfreut war, dass ich die Erlaubnis bekam auf Urlaub zu gehen. Daher glaube ich, es ist besser, dass ich beweise, dass er mich falsch eingeschätzt hat."

Aber er blieb 4 Wochen und nicht nur 3.

Dieses Jahr verging schneller für Toni als jedes vorangegangene Jahr, das er in Frankreich verbracht hatte. Wie versprochen behandelte ihn die französische Regierung wie jeden Zivilisten. Er verdiente genau so viel wie jeder Franzose in seinem Beruf. Von den Angestellten der Firma Mischler wurde er schon von Anfang an mit Respekt behandelt, sogar als er ein Gefangener war.

Im März 1949 kam er nach Hause, und dieses Mal für immer. Die Bewohner von Ismaning waren voller Bewunderung. Er kehrte nicht mit leeren Händen zurück; er brachte tatsächlich ein gelbes Rennrad mit, das er in Frankreich gekauft hatte. Er hätte nicht mehr Aufmerksamkeit erwecken können, wenn er mit einem Porsche nach Hause gekommen wäre.

Junge Männer und Buben standen um ihn herum und bewunderten seinen Renner, wie sie ihn nannten und fragten: „Toni kann ich ihn ausprobieren?"

Sie drehten alle eine Runde um Ismaning. 1949 war ein Fahrrad etwas Besonderes in Ismaning, und einen Renner hatte man vorher noch nie gesehen. Tonis Schwiegersohn ist nun der stolze Besitzer des Renners.

Toni erhielt ein Zeugnis von der Firma Mischler als Nachweis darüber, dass er in seinem Beruf gearbeitet hatte, da er nach seiner Lehre nie in Bayern arbeitete.

Ab Mai 1945 kamen die überlebenden Soldaten langsam zurück. Sehr oft nach einer ungeheuren Wanderung, da alle Transportwege vollkommen zusammengebrochen waren. Mehr als 300 derer, die nach Hause kamen, hatten Gesundheitsprobleme. Zu dem körperlichen Schmerzen kam auch noch psychische Probleme. Sie wurden ihrer Jugend beraubt.

Die Straße der Gebirgsjäger

Der letzte der jungen Männer, der nach Ismaning zurückkam, war Franz Hungerhuber. Er wurde 1940 in die deutsche Wehrmacht einberufen und kam erst 1955 nach Hause. Die letzten 11 Jahre musste er in einem Bergwerk in Sibirien, in der Nähe von Karagonda, arbeiten. Erst das Treffen von Dr. Adenauer, des deutschen Kanzlers, und Nikita Chruschtschow machte es möglich, dass er und die übrigen deutschen Gefangenen entlassen wurden.

Ludwig Zott, der junge Mann, der mit seiner Frau in unserem Haus im oberen Stockwerk wohnte, war auch so ein Gefangener, der von Sibirien zurückkam. Es fiel ihm schwer, sich an seine Freiheit zu gewöhnen. Seine Frau fand eine Zeit lang Brotstückchen und Zuckerwürfel in seinen Socken.

Am 18. Oktober 1955 wurde Franz Hungerhuber in Ismaning wie ein Held willkommen geheißen.

189 Soldaten aus Ismaning sind im 2. Weltkrieg gefallen, und von den 81 jungen Männern, die vermisst wurden, hörte man nichts mehr.

Die Straße der Gebirgsjäger

Zweiundvierzigstes Kapitel

Ismaning und die Vertriebenen aus dem Sudetenland.
Wer hat bloß gesagt, der 2.Weltkrieg endete im Mai 1945? Nicht für die Deutschen und nicht für die Vertriebenen aus der Tschechoslowakei.
Die vergessenen Leute.

Das Kämpfen hatte ein Ende, aber Krieg ist ein Ungeheuer, das seinen Kampf nicht leicht aufgibt. Zu all den Wirren der Nachkriegszeit mit Hunger, Mangel an materiellen Gütern und seelischen Nöten kam ein nahezu unlösbares Problem: Mehr als 1000 Heimatvertriebene, hauptsächlich aus dem Sudetenland, mussten ein unglaubliches Elend erdulden und wurde gezwungen, ihr Heim und ihr Land zu verlassen und nach einer haarsträubenden Reise in einem Dorf zu leben, von dem sie bis dahin nie etwas gehört hatten.

Im 12. und 13. Jahrhundert holte der böhmische König und Kirchenfürst Bauern, Handwerker und Kaufleute aus dem deutschen Reich, um die unbesiedelten Randgebiete von Böhmen und Mähren zu erschließen. Jahrhundertelang lebten sie Seite an Seite mit Tschechen, heirateten untereinander und sprachen die jeweils andere Sprache.

Kurz vor Kriegsende marschierte die amerikanische Armee in die Tschechoslowakei ein. Nach wenigen Wochen räumten die Amerikaner das Gebiet, um es gemäß der Abmachung, den Russen zu überlassen.

Frauen und Mädchen mussten sich über längere Zeit versteckt halten, da die russische Armee vor Vergewaltigung und Mord nicht zurückschreckten. Nun wurden auch Tschechen in die öffentlichen Ämter eingesetzt – die Willkür begann, die Deutschen wurden rechtlos: Die öffentlichen Verkehrsmittel durften nicht mehr benutzt werden, die ärztliche Versorgung war

Die Straße der Gebirgsjäger

nicht mehr gewährleistet, die Zuteilung von Lebensmitteln auf ein Minimum beschränkt.

Sämtliche Wertgegenstände mussten abgeliefert werden, auch Radios, technische Geräte und Fahrräder. Die wachsende Angst vor Repressalien, Verhaftungen und Deportationen war der ständige Begleiter.

Nach der Jahreswende 1945/46 sickerte durch, dass die Deutschen aufgrund des Potsdamer Abkommens ausgewiesen werden sollten.

Am 10. Juli 1946 wurden fünf Familien mit insgesamt 23 Personen aus Neukaunitz abtransportiert. Nur zwei Stunden vorher wurden die Menschen aufgefordert, mit 50 kg Gepäck pro Person an einer Sammelstelle zu erscheinen. Doch oftmals waren 50 kg alles, was eine ganze Familie tragen konnte, da die Kinder für eine solche Last zu klein waren. Die Gepäckstücke wurden wiederholt durchsucht und Brauchbares, einschließlich Kinderspielzeug, beschlagnahmt. Nur ganz wenige blieben zurück in den Dörfern, meistens Facharbeiter.

Der Transport ging in das Aussiedlerlager Tepl, wo die Menschen vier Wochen blieben. Die Hälfte dieses Lagers, ein ehemaliges KZ, war durch Stacheldraht abgeteilt und mit Wachttürmen versehen. Aus allen Orten des Kreises Tepl wurden die Menschen in dieses Lager verfrachtet. Hier erfolgte die Zusammenstellung der Transporte. Deren Ziele waren die russische Zone (spätere DDR) und die westlichen Zonen.

Als Verpflegung gab es morgens und abends schwarzen Kaffee und eine Scheibe Brot, mittags einen Mehlbrei. Nach vierwöchigem Lagerleben wurde am 5. August 1946 der Transport Nr. 11 auf den Weg gebracht. Es war einer von 15 Transporten und umfasste 60 Güterwagen mit insgesamt 1.211 Personen. Spätabends verließ er den Bahnhof Tepl in Richtung Grenzübergang Wiesau – zur amerikanischen Zone. Im Lager Wiesau folgte auf die Registrierung, Untersuchung und Entlausung endlich eine Mahlzeit. Am Abend ging es weiter über das zerbombte Regensburg (am Bahnhof gab es hier einen Liter Wasser pro Person) in das Durchgangslager Dachau.

Die ersten 30 Waggons wurden über den Münchner Ostbahnhof nach Perlach geleitet und blieben dort über Nacht. Am Morgen fuhr der Zug zurück zum Ostbahnhof, wo die Menschen auf bereitgestellte Busse verteilt wurden, um sie am 8. August 1946 nach Ismaning zu bringen. Hier mussten sie versuchten, einen Neuanfang zu machen – ein Anfang mit Nichts, nur auf der Arbeit ihrer Hände bauend.

Emmy Kaplan - Eine erstaunliche Dame

„Als im Mai 1945 der Krieg zu Ende war, wusste keiner von uns, wie es weitergehen sollte. Zu uns kamen nun die Russen, das Standrecht wurde ausgerufen und die Deutschen zum Freiwild erklärt.

Die Russen kamen meist am Abend in die Häuser, soffen ihren Wodka, und mein Vater musste sogar einmal für sie ein Schwein schlachten. Wir drei Mädchen hatten uns währenddessen auf dem Heuboden versteckt, wo wir viele Nächte verbrachten. Und die Russen plünderten: Fahrräder, Uhren, Schmuck und anderes wurden uns weggenommen. Bald gab es in Lichwe die ersten Toten: Zum Teil solche, die das Leben nicht mehr ertragen konnten, wie die vergewaltigten Frauen und Mädchen, und daher Selbstmord begangen: Es gab aber auch Ermordungen: Nachdem mein Vater das Versteck seiner Töchter nicht verriet, haben ihn betrunkene Russen erschossen, ebenso den Landarbeiter Wenzel Vinzens.

Am 10. Mai wurden dann sämtliche Männer von Lichwe verhaftet, zum Teil nach Auschwitz transportiert, nach vier Monaten aber wieder entlassen. Im Juli 1945 hat man die Besitzer von Höfen und Häusern vertrieben: Binnen 10 Minuten mussten sie auf der Straße stehen, sich dann auf einer Wiese versammeln, von hier aus ging es in ein leerstehendes Fabrikgebäude. Tschechische Bauern suchten sich nun täglich brauchbare Deutsche für ihre Arbeit aus – es war ein richtiger Sklavenmarkt.

In die verlassenen Höfe und Häuser zogen Tschechen als Verwalter ein. Die wenigsten verstanden etwas von der Landwirtschaft und waren froh, als unsere Mutter ihnen mit Rat und Tat beistand.

Die Schikanen nahmen immer weiter zu. So mussten wir gelbe Armbinden tragen, die uns als Deutsche kennzeichneten, und durften keine öffentlichen Verkehrsmittel benutzen, nur mit tschechischer Begleitung. Als ich zu meinem toten Vater ins Krankenhaus fuhr, hat mich unsere ehemalige tschechische Magd begleitet.

Auch war es Pflicht, die tschechischen Soldaten zu grüßen. Als ich es einmal unterließ, drohte der Soldat voller Wut meiner Mutter: ‚Wenn Sie wollen, dass Ihre Tochter noch weiter Ihre schwarzen Haare hat, dann sagen Sie ihr, dass sie uns grüßen muss!'

Mit der Potsdamer Konferenz (17.7. bis 2.8.1945) kam dann unsere Ausweisung. Der Verlauf war immer gleich: Zuerst die Benachrichtigung, dann die Vorschrift, wie viel Gepäck wir mitnehmen durften (es hing vom Wachpersonal ab, ob 20, 30 oder 50 kg erlaubt waren.) Eine große Schikane war die Leibesvisitation, bei der sich die Frauen völlig ausziehen mussten. Auch wurde den Vertriebenen noch einmal viel weggenommen.

Dann ging es für drei Wochen ins Lager Wildenschwert bei Niederlichwe. Das Essen war sehr mäßig. Wir mussten aber dem Wachtsoldaten deutsche Volkslieder vorsingen.

Nach diesen drei Wochen wurden wir in Viehwaggons verladen, 30 Personen samt Gepäck in einem Waggon, der Boden war mit Stroh bedeckt. Drei bis vier Tage waren wir nun unterwegs, zu essen gab es meist eine Rübensuppe; wenn der Waggon geöffnet wurde, standen draußen Tschechen mit

Maschinengewehren: Von einer humanen Ausweisung, wie in Potsdam vereinbart, konnte keine Rede sein.

    Der erste Transport erfolgte am 16. Februar 1946 – er ging nach Hessen. Der zweite Transport, das waren wir, ging Anfang April 1946 nach Oberbayern, erreichte nach einigen Tagen Dachau und dann kamen 120 Lichwer in Ismaning an, wo wir auf die Gasthöfe Mühle, Post und Hillebrand verteilt wurden."

Edith Tomaschko

Hier ist die Geschichte von Edith Tomaschko (Edith Zellner nach ihrer Heirat). Edith Tomaschko war nach dem Krieg für ein Jahr meine Lehrerin. Sie hat nie gewusst, wie sehr ich sie bewunderte. Natürlich hatte ich die Nonnen zuerst verehrt. Aber Edith Tomaschko war die einzige Lehrerin, die ich nachahmen wollte. Sie hatte alles, was eine Lehrerin in meinen Augen können musste. Sie war sehr hübsch und außerdem sehr klug. Diese junge Dame war mit Leib und Seele Lehrerin und versuchte uns alles beizubringen, was sie wusste. Sie versuchte sogar, uns einfache Physik zu lehren, aber ich habe nicht viel davon verstanden. Doch was ich verstanden habe, habe ich nie vergessen. Es reichte, um mein Interesse an Physik, insbesondere Astrophysik, zu wecken.

Aber zurück zum Juni 1946. Hier die Schilderungen von Edith Zellner: „Meine Mutter und wir vier Schwestern kamen von Budweis über Pilsen und Furth im Walde nach Deutschland. Tagelang und nächtelang sind wir umhergefahren und landeten schließlich – es war im Juni 1946 – in Dachau. Hier wurden wir verköstigt, ärztlich untersucht und entlaust. Weiter ging es nach Perlach, wo uns Herr Deinwallner, der Ismaninger Fuhrunternehmer, abholte. Inzwischen waren wir alle so erschöpft und von Sinnen, dass wir einfach in die Lastwagen stiegen, ohne zu fragen, wohin wir gebracht wurden oder wo der nächste Halt sein würde. Selbst wenn wir gefragt hätten, hätte es uns nicht weitergeholfen, da wir nicht die geringste Ahnung hatten, wo wir uns befanden, geschweige denn, wo Ismaning war.

Wir waren eine Gruppe von ca. 50 Budweisern. Bei strömendem Regen kamen wir im Schlosshof an. Da öffnete sich ein Fenster und der damalige Zweite Bürgermeister rief herunter: ‚Was soll i denn mit de Leit, warum bringt's mir immer no Leit, san doch eh scho gnua da?' Er hatte ja Recht gehabt, aber wir konnten die Situation auch nicht ändern."

Die Leute, die nicht dafür konnten, dass sie aus ihrem Heim und ihrem Land vertrieben wurden und alles verloren hatten, mussten sich das anhören. Aber wie schon früher, als mein Cousin Sepp als ein entflohener Kriegsgefangener nach Hause kam, wusste der Bürgermeister keinen Ausweg. All diese Vertriebenen wurden gezwungen, in ein verwüstetes Land zu gehen, dem es an Unterkunft und Lebensmitteln mangelte. Evakuierte aus München, die ihr Heim durch Bomben im Krieg verloren hatten, wohnten ebenfalls in Ismaning.

Aber die Vertriebenen aus dem Sudetenland konnten die Situation auch nicht ändern. Der Zweite Bürgermeister brachte seine Frustration nur zum Ausdruck, weil er wusste, dass er seinen Verpflichtungen den Vertriebenen gegenüber nicht nachkommen konnte.

Auch einige der Bewohner konnten es nicht verbergen, dass sie nicht damit einverstanden waren, den Vertriebenen Unterkunft zu geben.

Es war wieder mal typisch: Die Menschen hatten keine Schuld, aber sie waren nun einmal da! Diejenigen, die für alles verantwortlich waren, hatten schon lange ihre erfolgreiche Flucht ergriffen. Von einigen Bewohnern mussten sich die Vertriebenen als „Rucksackdeutsche" oder „Zigeuner" beschimpfen lassen.

Ich fand es immer erstaunlich, dass alle Vertriebenen mit mir so bereitwillig über diese Zeiten sprachen, und nicht eine Person trug es den Ismaningern nach, trotz ihres schweren Anfangs. Wenn ich in den Gesprächen auf diese Ereignisse einging, war die Antwort immer die Gleiche: „Ach, das war vor langer Zeit!". Und das war es ja auch tatsächlich.

Doch lassen wir Edith Zellner ihre Geschichte weiter erzählen:

„Schließlich wurden wir in den Gasthof zur Post eingewiesen. Da standen schon Feldbetten, die die Amerikaner zurückgelassen hatten. Jeder durfte sich ein Feldbett schnappen und im Postsaal einen Platz suchen. Eine Waschgelegenheit hat es

Die Straße der Gebirgsjäger

nicht gegeben, da haben einige den Gleissenbach für die Morgentoilette benutzt. Die Postwirtin hatte dann ein Einsehen gehabt und uns die Waschküche zur Verfügung gestellt.

Eines Tages entdeckten wir die Isar und die Isarau. Wir waren ganz glücklich, wie schön dieser Fluss und wie klar sein Wasser war. Und da haben wir uns künftig in der Isar gewaschen. Die Ismaninger haben schon sehr gestaunt, als wir in der Isar sogar unsere Haare gewaschen haben. Nach ca. vier Wochen wurden wir in Wohnungen eingewiesen. Nun waren wir fünf Leute, und die waren schwer unterzubringen. Schließlich kamen wir in der sogenannten ‚Torfbahn' unter, einem Arbeiterwohnhaus neben dem Torfbahnhof, aber nicht im Haupt-, sondern im Nebengebäude. Da waren zwei Räume und die waren voller ‚Graffl'. Meine Mutter war sehr traurig, der Herr vom Landratsamt aber, der uns einwies, meinte dazu: ‚Seien Sie doch nicht so traurig, Sie haben hier einen Ofen, da können Sie kochen und heizen und brauchen niemand belästigen.' Wir hatten nur unsere Feldbetten, aber die Nachbarn von der Torfbahn waren so hilfsbereit und haben uns Stühle gebracht und einen alten Tisch. Auch haben sie uns zwei Töpfe zur Verfügung gestellt, einen für die Kartoffeln und einen fürs Kraut. Mit der Zeit kamen immer wieder Einheimische zu uns und brachten uns etwas mit, zum Beispiel zwei Gabeln und zwei Löffel, da haben wir eben hintereinander gegessen; so hat sich die Lage immer mehr gebessert.

Ein Problem war das Heizmaterial: Wir gingen immer in die Isarau oder in den Hain und sammelten Holz. Einmal haben wir einen Baum gefunden, er war nicht übergroß, aber jedenfalls zum Tragen zu schwer. Da haben wir den Baum zu dritt geschultert und ihn durchs Dorf nach Hause getragen – es war für die Ismaninger eine Schau. Unsere guten Nachbarn von der Torfbahn haben uns immer wieder geholfen, sie haben uns eine Säge geborgt, auch eine Hacke und ein Leiterwagerl für unseren Holztransport.

Die Straße der Gebirgsjäger

Auf dem Weg in die Isarau sind wir aber eines Tages dem Förster begegnet: ‚Was, mit der Säge durch den Wald, das geht doch nicht!' ‚Wir haben doch kein Brennmaterial und der Winter steht vor der Tür.' Als er unsere verzweifelten Gesichter sah, schlug er einen freundlicheren Ton an und vereinbarte mit uns einen Tag, an dem er mit uns in Richtung Grüne Heide ging, und da durften wir zwei Bäume fällen. Unsere guten Nachbarn und andere Einheimische halfen uns, die Bäume zu fällen und zu zersägen, zu spalten und die Scheite zu transportieren. Wir mussten mehrmals hin- und hergehen, aber das machte uns nichts aus. Im Vorraum unserer kleinen Wohnung haben wir sie gestapelt. In diesem Vorraum lagerten auch Kartoffel und Kraut, das wir erbettelten (oder auch nicht!), so dass es recht eng war.

Trotz unseres Holzvorrats froren wir in dem eiskalten Winter 1946/47 so sehr, dass sich in unserem Schlafraum an der Wand Eiskristalle bildeten. Als das warme Wetter begann, fiel das ganze Eis auf unsere Betten.

Das Ziel von uns Schwestern war es, möglichst bald in unseren erlernten Beruf zurückzukehren, für mich war das der Lehrberuf. In diesem Zusammenhang möchte ich am Schluss noch dankbar Herrn Franz Richter erwähnen, den Ismaninger Schulleiter und Rektor von 1931-1945. Er hat uns jungen, heimatvertriebenen Lehrerinnen Wege aufgezeigt, wie wir dieses Ziel erreichen konnten.

Als im September 1946 das neue Schuljahr begann, tauchten im Durcheinander des Schulhofs drei neue, sehr junge und fesche Lehrerinnen auf, ein Frl. Tomaschko aus Budweis, ein Frl. Emmy Kaplan und ein Frl. Vinzens aus Lichwe – für das Dorfgespräch gab es wieder neuen Stoff.

Die Straße der Gebirgsjäger

*6. Klasse, direkt nach dem Krieg, mit unserer Klassenlehrerin
Edith Tomaschko (links außen). Ich stehe in der 2. Reihe, die Dritte
von rechts*

Die Familie Wittmann:
Ebenfalls ein schwieriger Anfang in Ismaning

1946 kamen wieder Heimatvertriebene, meistens Familien, aus Neukaunitz, Egerland (Tschechoslowakei), in Ismaning an. Auch sie hatten einige Geschichten zu erzählen. Wieder ganz andere, aber nicht weniger herzzerreißend. Es waren die Familien Wittmann, Hagn, Beck und Köhler sowie einige aus Reichenberg; insgesamt dreißig Personen.

Hier der persönliche Bericht von Familie Wittmann:

„Nachdem wir in Ismaning angekommen waren, wurden wir auf die Notquartiere verteilt. Mit unseren wenigen Habseligkeiten zogen wir in den damaligen Saal des Gasthofes „Zur Mühle" ein. Insgesamt waren wir 30 Personen, die in einem Saal untergebracht waren, was gelinde gesagt nicht gerade einfach war.

Geschlafen wurde in der ersten Zeit auf dem Fußboden oder auf Bänken. Später stellte uns die Gemeinde Strohsäcke zur Verfügung, um das Stroh mussten wir uns selber kümmern. Dieses Betteln, es war der erste Berührungspunkt mit Einheimischen ... ein paar mitleidige Seelen gab es, so dass wir unsere Strohsäcke füllen und künftig etwas komfortabler schlafen konnten.

Es war halt für uns Neuankömmlinge und für die Einheimischen schwer, mit der Nachkriegssituation fertig zu werden.

Von der Gemeinde erhielten wir Lebensmittelmarken, sie reichten jedoch nicht aus für eine Dauerverköstigung im Gasthof, und einen Herd hatten wir nicht. Wir mussten uns etwas einfallen lassen, und Not macht erfinderisch: In den Isarauen fanden wir ein großes Blech – es hatte einmal als Reklame für eine Münchner Brauerei gedient – und daraus wurde ein ‚Ofen' gebaut. Im Hain, nahe der alten Turnhalle, hoben wir eine flache Grube aus, legten das Blech auf einige zusammengesuchte Ziegelsteine, und der Ofen, der für die nächsten Wochen und Monate ein sehr begehrtes

Die Straße der Gebirgsjäger

Objekt sein sollte, er war fertig. Schwierig war es nur an Nebeltagen, denn erstens brannte das Feuer schlecht und zweitens konnte man nicht mehr sehen, ob das Wasser schon kochte.

Viel zu kochen gab es nicht. Wir waren so froh, als wir den Bauern bei der Ernte helfen konnten, denn dafür bekamen wir Kartoffel, Kraut, Milch. Auch durch ‚Hamstern' versuchten wir unseren Hunger zu stillen, das aber war nicht immer leicht, man kam sich wie ein Bettler vor. Es klopften aber nicht nur wir an die Tür, auch viele ausgebombte und evakuierte Städter hatten Hunger.

Inzwischen wurden von der Gemeinde Wohnräume beschlagnahmt und die Familien aus den Massenlagern in diese Quartiere eingewiesen. Es war dringend notwendig, denn als die letzten Vertriebenen die Mühle verließen, war es bereits bitterkalt: Der Winter 1946/47 stand vor der Tür. Für den Anfang musste jede Familie mit einem Raum auskommen. Im August 1947 bekamen wir wenigstens einen Bezugsschein für einen eigenen Küchenherd. (Es war damals alles nur über Bezugsscheine zu haben: Für Tauschgeschäfte auf dem Schwarzen Markt, der in dieser Zeit blühte, hatten wir nichts anzubieten.)

Neben dem Kampf ums tägliche Brot versuchten wir verzweifelt, unsere Angehörigen, Verwandten und Freunde wiederzufinden. Keiner kannte zunächst den Aufenthaltsort des anderen. Über das Deutsche Rote Kreuz, das sich mit Hilfe von Suchlisten um die Familien-Zusammenführung annahm, fanden wir endlich die Gesuchten."

Therese Hanke

Eine zierliche, sehr hübsche 18 Jahre alte Heimatvertriebene aus Brünn, der Hauptstadt von Böhmen und Mähren, heiratete am 18. Oktober 1952 unseren Cousin Sepp in Ismaning. Der Priester Franz Osner, der mit Sepp und Toni in Finnland war, vollzog die Hochzeitszeremonie. Therese wurde nun Resl genannt.

Alle Vertriebenen hatten verschiedene Erfahrungen zu erzählen, von denen hier nur einige niedergeschrieben sind. Resl erzählte mir ihre Erfahrungen vor vielen Jahren, auch wieder ganz anders, aber nicht weniger herzzerreißend.

Die Straße der Gebirgsjäger

„Im April 1945 marschierten die Russen in Brünn ein. Die deutsche Bevölkerung wurde sofort nach ihrer Ankunft in ein Internierungslager in Olmütz getrieben. Die Häuser der Deutschen wurden beschlagnahmt. Die Tschechen konnten mit den Deutschen sechs Wochen lang tun, was sie wollten und behandelten sie wie Sklaven.

Sie kamen jeden Morgen und suchten sich so viele Arbeiter aus wie sie wollten, ganz gleich welchen Alters. Manchmal wurde ein Sohn oder Ehemann, der aus der Gefangenschaft entlassen worden war und seine Familie im Lager fand, ohne Verhandlung erhängt. Alle Deutschen wurden dabei gezwungen, 'Heil Hitler, Du Sau' zu rufen.

Ich wurde von einem Bauern und seiner Frau ausgesucht, um auf ihrem Bauernhof in Teinitz, einem 12 km von Olmütz entfernten Dorf, zu arbeiten. Ich hatte unglaubliches Glück, der Bauer und die Bäuerin waren die gütigsten Leute, die ich mir wünschen konnte. Ich konnte essen so viel ich wollte. Manchmal, wenn es mir erlaubt wurde, meine Mutter und meinen kleinen Neffen Dieter zu sehen, konnte ich sogar für sie etwas zu essen in das Lager schmuggeln. Meine Mutter musste für meinen kleinen Neffen sorgen, da seine Mutter Trudi, meine Schwester, im Gefängnis war, weil sie mit einem deutschen Soldaten verheiratet war, der im Krieg gefallen war. Nach drei Monaten wurde sie entlassen und bekam die Erlaubnis, ihrer Mutter und ihrem kleinen Sohn in das Lager in Olmütz zu folgen, wo auch sie für Bauern arbeiten musste. Dann teilte der diensthabende Offizier den Lagerinsassen im März 1946 eines Abends um 5 Uhr mit, dass sie sich für die Ausweisung vorbereiten und mit ihrem Gepäck von 50 kg je Familie außerhalb des Lagers an ihrem Versammlungspunkt melden sollten. Da ich kein Insasse des Lagers in Olmütz war, sondern für einen Bauern in Teinitz arbeitete, wurde zu mir gesagt, ich müsste bei dem Bauern, für den ich arbeitete, bleiben. Ich war verzweifelt und meine Mutter und Schwester auch. Sie weigerten sich zu gehen und sagten: ‚Wenn Resl nicht mit uns kommt, dann erhängen wir uns.'

Dies wirkte so überzeugend, dass der Kommandant nachgab und ich die Erlaubnis erhielt, mit meiner Mutter und Schwester und dem kleinen Dieter zusammen ausgewiesen zu werden. Glücklicherweise konnten wir nun zusammenbleiben. Hätte ich zurückbleiben müssen, dann hätte mein Leben bestimmt eine andere Wendung genommen, aber bestimmt nicht zu meinem Vorteil. Der Bauer und die Bäuerin, für die ich arbeitete, fuhren mich mit Pferd und Wagen nach Olmütz und gaben mir sogar etwas zu essen für die Reise mit. Sie waren beide aufrichtig traurig, dass ich sie verlassen musste.

Am folgenden Tag, um 6 Uhr morgens, wurden wir mit einem Lkw zum Versammlungspunkt in der Nähe des Bahnhofs von Olmütz gebracht. Dort bekamen wir einen halben Sack Zucker, aber sonst nichts. Als wir den Kommandanten fragten, warum wir sonst nichts zu essen bekämen, antwortete er knapp: ‚Ihr habt keine Lebensmittelkarten; folglich bekommt ihr sonst nichts. Seid froh, dass ich euch den Zucker gegeben habe. Ihr könnt wieder an eurem Bestimmungsort essen, wo immer das auch ist!'

Er deutete sofort auf sein Gewehr. Das sorgte dafür, dass wir alle ruhig waren, sogar die Tapferen waren eingeschüchtert. Nach drei Tagen wurden wir alle in Viehwaggons geladen. Alle Leute des Lagers füllten 40 Waggons. Je Waggon waren es 20 Personen mit Gepäck. Einige der Frauen hatten Babys und Kleinkinder. Welche Richtung die Waggons nehmen würden, wussten wir nicht. Als die Türen der Waggons mit einem Klick einrasteten, fragten wir uns, ob es wohl nach Sibirien gehen würde.

Wir versuchten, durch die Ritzen im Waggon zu schauen, waren aber nicht klüger als zuvor. In jedem Waggon gab es Kübel, die wir als Toilette benützen konnten. Tschechische Soldaten begleiteten die Waggons. Die Reise bis Furth im Wald in

Die Straße der Gebirgsjäger

Deutschland dauerte 3 Wochen, nachdem unsere Waggons mehrere Male auf leere Gleise geschoben wurden, um Personenzügen die Vorfahrt zu geben. Kurz vor Furth im Wald öffneten tschechische Soldaten die Waggons, um die Kleinkinder und Babys, die auf dieser unsäglichen Reise gestorben waren, den Müttern abzunehmen.

Erst jetzt bekamen wir etwas Brot und Suppe. Schwach und müde wie wir waren fragten wir nicht einmal, wo wir angekommen waren, da wir dachten, dass uns die tschechischen Soldaten nur wieder ihre Gewehre zeigen würden. Dann folgte eine kurze Fahrt zum Bahnhof, wo uns das amerikanische Militär übernahm. Die erste Frage war: ‚Habt ihr etwas zu essen bekommen?'

‚Ja', war unsere Antwort, ‚ein bisschen Brot und Suppe, nach drei Wochen!'

Jetzt konnten wir zum ersten Mal fragen: ‚Wohin werden wir gebracht?' Und dieses Mal bekamen wir tatsächlich eine Antwort: ‚Nach Bayern, in Richtung München-Allach.'

‚Wo ist das?' fragten wir uns gegenseitig. Jemand sagte: ‚Ich denke, das ist ein ziemlich großer Ort, wir sollten dort leben können.'

Und wieder ging es zurück in die Waggons, und alle 40 wurden in das Verteilungszentrum in München-Allach gebracht. Wir blieben dort eine kalte Nacht, zu müde, um uns die Gegend anzuschauen und ohne die geringste Ahnung, wo unser Bestimmungsort sein würde. Wir kauerten uns zusammen, zu müde, um zu weinen oder zu reden. Am nächsten Morgen kamen Lkws, um die Leute von 20 Waggons nach Rosenheim zu fahren. Der Rest von uns in den übrigen 20 Waggons war für Ismaning bestimmt.

Herr Deinwallner war der erste der Fuhrunternehmer, der ankam und so viele von uns wie möglich in seinen Lkw verfrachtete. Wieder war alles, das wir wissen wollten, wohin die Reise geht und wie weit es sein würde.

Die Straße der Gebirgsjäger

Der nette Mann versuchte uns Mut zu machen, indem er zu uns sagte, dass es bis Ismaning kaum eine Stunde dauern würde. Sein Blick zeigte uns, wie leid es ihm tat, dass wir wie Vagabunden aussahen. Allerdings wären Vagabunden nicht so vollkommen niedergeschlagen gewesen. Wir konnten sehen, dass es ihm schwerfiel zu sprechen, und er war einen Moment lang sprachlos. Als er dann nach einer Weile anfing zu reden, versuchte er zuversichtlich zu klingen.

,Ihr kommt alle nach Ismaning. Das ist das Dorf, das von nun an eure Heimat sein wird. Da könnt ihr von nun an in Frieden leben, und das Leben wird viel besser sein als mit den Tschechen und den Russen.'

Wir nahmen unsere Bündel, kletterten auf die Lkws, und alle Lkws mit allen Leuten von 20 Viehwaggons ratterten durch München. Sie ratterten tatsächlich, da die Stadt München noch in Ruinen lag. Jetzt bemerkten wir, dass die Menschen auch hier sehr zu leiden hatten.

Als wir in der Gemeinde ankamen, begrüßte uns der Bürgermeister und versuchte mit uns zu sprechen, konnte uns aber kaum verstehen. Nach all dem Elend, das wir erdulden mussten, fiel es uns schwer, die richtigen Worte zu finden. Er war auch erschöpft, da er sich nun schon wieder um eine Menge Vertriebener kümmern musste und da er uns nicht sofort verstehen konnte, schloss er daraus, dass wir Tschechen sein mussten. Dies ärgerte ihn, und sagte zu den Lkw-Fahrern: ,Ich kann nicht verstehen, warum sie uns Tschechen geschickt haben.'

Er war fest entschlossen, dass in seinem Dorf keine Tschechen wohnen sollten, und so befahl er den Fahrern: ,Fahrt sie zurück!' Und er sagte erneut: ,Ich weiß nicht, warum sie mir Tschechen geschickt haben?'

Aber bald kam der Zweite Bürgermeister zu unserer Rettung, da er den Fehler bemerkte. Er nahm die Sache in die Hand und schickte uns in die Turnhalle, die wir mit Reisig kehrten. Dann sah er zu, dass uns einige Bauern Stroh brachten. Er war sehr gut zu uns.

Kurz vor Ostern konnten wir in ein Zimmer in das Haus einer Familie einziehen. Ich hatte Glück und bekam Arbeit in der Krautfabrik, und nach sechs Monaten wurde mir eine Stellung im Postamt angeboten. Zu Ostern gingen wir alle in die Kirche und wir fühlten uns wieder fast wie normale Menschen.

Einige Jahre später sprach ich Herrn Deinwallner darauf an, und sogar nach Jahren erzählte er mir voller Mitgefühl: ‚Ich musste mehrere Male Vertriebene in München-Allach abholen, und jedes Mal fand ich es ungeheuer schwer, passende Worte zu finden, die ihnen vielleicht etwas Mut machen konnten. Ich glaube nicht, dass ich erfolgreich war, da es keine Worte gibt, die den Menschen, die auf nach einer entsetzlichen Reise mit all ihrem Hab und Gut in kleinen Bündeln auf Lkws klettern, hätten Mut machen können.'"

Die Straße der Gebirgsjäger

Ursula Hanke

Dies ist einer der erschütterndsten Berichte, die ich gehört habe.
Ursula Hanke war die Schwägerin von Resl Hanke. Ursula, von der Familie und Freunden Ursel genannt, wohnte mit ihrem kleinen drei Monate alten Jungen mit ihren Eltern, Cousinen, und noch zwei Familien, die auch eine Wohnung im selben Haus hatten, im Keller. Danzig wurde unerbittlich von den Russen bombardiert. Die Keller wurden in den Städten normalerweise auch als Luftschutzkeller benützt.

Im Sommer 1987 verbrachte ich einen Urlaub mit meiner Familie und Verwandten in Ismaning. Als ich ihnen von meinem Vorhaben, ein Buch über Ismaning vor, während und nach dem Krieg zu schreiben, erzählte, wurde mir von allen Seiten geraten, wen ich zu dieser Zeit befragen sollte und was ich nicht vergessen durfte. Jedoch jede Person, die ich fragte, riet mir, mit Ursel Hanke zu sprechen. Ich wusste das meiste, das ich hörte, da ich mich an alles sehr gut erinnern konnte. Ich wollte eigentlich nur die Daten wissen. Ich war nicht auf Ursels Erlebnisse vorbereitet. Ich hatte ja keine Ahnung.
Hier war ich also im Sommer 1990, und saß neben ihr auf der bequemen Couch in ihrer geräumigen Wohnung in der Lindenstraße von Ismaning. Ihr Mann Kurt saß auf der anderen Seite von ihr. Es war eine sehr hübsche Wohnung; durch ein Fenster konnte man über die Straße auf einen Fußballplatz schauen. Auf der Rückseite der Wohnung konnte man von einem Balkon in die wunderschöne Isarau mit ihren vielen Vögeln und anderen kleinen Waldbewohnern, wie Kaninchen und vielleicht sogar Rehen, schauen.
Als wir so bequem saßen, erzählte ich ihnen von meinem Vorhaben. Ich sagte ihr, dass ich gern, natürlich mit ihrer

Die Straße der Gebirgsjäger

Erlaubnis, ihre und Kurts Erlebnisse in mein Buch einschließen möchte. Sie schaute mich an, und ich sah sofort wie sich ihr Gesicht verdüsterte, und ihr Mann nahm zärtlich ihre Hand. Ich fühlte, dass ich einen Fehler gemacht hatte und entschuldigte mich sofort mit den Worten: „Ursel, ich habe vollstes Verständnis, wenn du es als zu schmerzhaft empfindest, über deine Erfahrungen zu sprechen. Vielleicht wäre es besser für dich, nicht darüber zu sprechen."

Zu meiner größten Überraschung fing sie langsam, ganz langsam, an zu sprechen.

„Du musst dich nicht entschuldigen. Ich möchte darüber sprechen. Ich möchte dir alles erzählen, es ist sehr wichtig, besonders, da du darüber schreiben willst. Vielleicht, nur vielleicht weil meine Erfahrungen und die Erfahrungen von so vielen anderen irgendwie helfen, einen weiteren Weltkrieg zu vermeiden. Ich werde dir alles erzählen, aber es wird eine Weile dauern."

Ich versicherte ihr, dass ich alle Zeit der Welt hätte. Langsam fing sie an, mir ihre Erlebnisse zu erzählen.

„Am 20. Januar 1945 waren wir drei Familien, die im Keller wohnten, da Danzig von den Russen immer noch schwer bombardiert wurde. Ich mit meinem Baby Jürgen, drei Monate alt, meinen Eltern und Cousinen und noch anderen Familien, die im gleichen Haus wohnten. Es war ein Mehrfamilienhaus. Wir hatten alle eine Wohnung gemietet. Die Leute benützten die Keller als Luftschutzraum und als das Bombardieren fast ununterbrochen vor sich ging, wohnten wir alle im Keller. Wenn das Bombardement kurz unterbrochen wurde, rannten wir schnell hinauf in unsere Wohnung und holten kleine Möbelstücke, Bettzeug und Kleidung und was wir sonst noch brauchten, um dort unten zu wohnen. Es war immer noch möglich, Milch für mein Baby zu bekommen.

Dann kamen deutsche Soldaten und die SS mit dem Befehl, die Stadt zu räumen und sie niederzubrennen, um zu

Die Straße der Gebirgsjäger

vermeiden, dass sie in die Hände der Russen fallen würde. Das war die übliche Strategie der Nazis. Ich schob meinen Kinderwagen, und alle Familien, die in unserer Straße wohnten, gingen ziellos herum. Wir waren alle wie benommen. Plötzlich befanden wir uns in einem Park, fanden einen Platz auf einer Bank, setzten uns und warteten. Ich dachte: Wir warten nun auf unseren Tod.

Da waren so viele Leute! Plötzlich hörte ich einige Leute von einem großen Schiff im Hafen sprechen. Es hieß Wilhelm Gustloff, sicherlich nach einem großen Nazi benannt, das Evakuierte nach Westen transportierte, nur Frauen und Kinder. Verzweifelt versuchte ich, einen Platz auf der Gustloff zu bekommen, aber leider mussten wir, wie so viele andere potenzielle Flüchtlinge, zurückbleiben und uns mit unserem Schicksal abfinden.

Am 30. Januar stach die Wilhelm Gustloff in See, um 9.000 Frauen und Kinder zu retten. Doch die Russen sahen darin nur eine Gelegenheit, ein deutsches Schiff zu torpedieren, und die 9.000 Frauen und Kinder einschließlich der Mannschaft verloren ihr Leben. Aber da die Deutschen als Feinde betrachtet wurden, wurde darüber kaum berichtet. Jene, die darüber berichteten, bezeichneten es als Kriegsverluste. Es wurde nicht einmal als eine Katastrophe bezeichnet.

Die Russen waren schon an der Stadtgrenze von Danzig. Sie forderten das deutsche Volk über Lautsprecher auf, ihnen zu vertrauen, in der Stadt zu bleiben und nicht zu fliehen. Alle Leute würden gerecht und mit Respekt behandelt werden. Vor allem würde es genug zu essen geben. ‚Ergebt euch und lasst uns in die Stadt hinein, ohne noch mehr Kriegsopfer zu verursachen. Wenn ihr kämpft, werdet ihr alle sterben.' Nach all dem Leid, das wir erfahren hatten, war es kein Wunder, dass wir ihnen glauben wollten. Wir hungerten nach Frieden. Schließlich dachten wir, dass wir nichts mit den Nazis zu tun gehabt hatten, diese Verbrecher waren schon lange geflohen. Hitler hat ja gesagt, die

Die Straße der Gebirgsjäger

Guten sind alle gefallen, und die Übrigen sind alle Untermenschen. Da gab es überhaupt keinen Grund, uns zu helfen oder uns zu verteidigen, ganz im Gegenteil: Er hatte sogar den Befehl gegeben, alle deutschen Städte zu zerstören, da sie sonst in die Hände der Feinde fallen würden. Der Feind sollte nichts als Städte in Ruinen vorfinden. Und genau das fanden wir vor, als wir in unser Haus zurückgingen und wieder im Keller wohnten.

Nachdem die Russen all die Versprechen von Frieden und Essen gemacht hatten, hingen wir gern weiße Tücher vor die Fenster oder besser gesagt Löcher, die einmal Fenster waren. Welche Wahl hatten wir, wo hätten wir hingehen sollen? Das Bombardieren ging weiter. Die Wasserversorgung wurde nun zu einem Problem. Der einzige Ort, an dem ich Wasser bekommen konnte, war das Feuerwehrhaus. Ich war die Älteste, daher lief ich zwischen den Bombenangriffen zum Feuerwehrheus, um Wasser zu holen. Einmal war ich nicht schnell genug, als ich die Stalin-Orgel hörte. Ein deutscher Soldat lief in meine Richtung und als er mich einholte, zog er mich schnell auf den Boden. Er rettete mein Leben und wurde selbst getötet. Ich habe nicht einmal seinen Namen gekannt. Ungefähr alle zwanzig Minuten kam ein Luftangriff, und zwischen den Angriffen verließen alle Leute die Keller, um so schnell sie konnten etwas Wasser zu holen. Plötzlich konnte ich mich erinnern, dass ganz in der Nähe ein Wasserhydrant war. Dann fing ich an, ihn zu suchen und zu meiner Freude fand ich ihn unter Schutt. Mit Freude erzählte ich es einigen Männern, die ihn öffnen konnten. Nun hatten wir so viel Wasser wie wir wollten. Die Männer fanden auch ein Holzhütte, die zugenagelt war. Sie brachen sie auf, da sie dachten, sie würden vielleicht Lebensmittel darin finden. Aber sie hatten nicht mit dem gerechnet, das sie tatsächlich fanden. Die Hütte war voller Leichen, und alle waren nackt. Es war schrecklich!

Dann marschierten die russischen Truppen in Danzig ein, und entgegen ihrer Versprechungen schossen sie als erstes wild im Keller herum, um uns einzuschüchtern. Dann fingen die

Vergewaltigungen an. Meine Cousine Irmgard ging mit ihnen freiwillig in den Kohlenbunker nebenan, da sie dachte, sie könnte ihrer Schwester die Vergewaltigung ersparen, da sie noch eine Jungfrau war. Aber sie konnte ihrer Schwester nicht helfen. Alle Frauen wurden vergewaltigt. 15 russische Soldaten standen Schlange, und das war nur der Anfang.

Bald fanden wir Unterkunft in einigen Baracken, die im Krieg als behelfsmäßige Krankenhäuser benützt wurden. Hier bekamen wir einige Matratzen, aber nur sehr wenig Milch für mein Baby Jürgen, die ich über einer Kerze wärmte. Das Leben nahm jedoch seinen grausamen Lauf. Jeden Tag kamen die Russen und vergewaltigten uns. Eine meiner Cousinen hatte Tuberkulose, daher hatte sie für ein paar Tage ihre Ruhe, aber danach wurden sie genauso behandelt wie wir alle. Nach einer Woche gingen die Russen und die Polen kamen, aber das änderte nichts an der Behandlung. Einige der jungen Mädchen, die bei uns waren, versuchten sich zu verstecken. Dann drohten die Polen, alle Mütter und Kinder zu erschießen, wenn die Mädchen sich nicht aufgeben würden. Aber es fiel den Polen nicht zu schwer, die Mädchen zu finden. Es gab nicht sehr viele Verstecke in den Baracken, wo die Mädchen sich verstecken konnten. Sie wurden innerhalb weniger Minuten entdeckt. Sie wurden mit Fußtritten und Schlägen malträtiert, bevor sie vergewaltigt wurden. Diese Behandlung gab den Mädchen den Mut, sich sofort dem Oberbefehlshaber vorzustellen, der sie bat, Platz zu nehmen. Dies lehnten sie jedoch ab, da ihnen das Sitzen Schmerzen bereitete. Er befahl einem Soldaten, ein Glas Wasser für jedes Mädchen zu bringen und versicherte ihnen, dass dies nie wieder vorkommen würde; und so war es auch. Die zwei Wochen, die die Hölle waren, waren zu Ende. Nun konnten wir wenigstens wieder ausgehen und versuchen, etwas Essbares auf den Feldern zu finden, hauptsächlich Kartoffeln."

Die Straße der Gebirgsjäger

Ursel hörte für eine Weile auf zu sprechen. Ich konnte sehen, wie schwer es für sie war fortzufahren. Ich sagte nichts und wartete nur. Jetzt konnte sie ihre Tränen nicht mehr zurückhalten.

Ich erwartete, dass der nächste Bericht besonders herzzerreißend sein würde, da sie Zeit brauchte, um sich zu sammeln. Als es ihr mit einiger Mühe gelang weiterzusprechen, übertraf das Gehörte meine schlimmsten Erwartungen. Während ich dem Bericht zuhörte, konnte auch ich meine Tränen nicht mehr zurückhalten.

„Von Kurt, meinem Mann, hatte ich keine Nachrichten. Ich konnte keine Milch für mein Baby bekommen. Weder die Russen noch die Polen gaben mir etwas für mein Baby. Die Deutschen konnten nicht, da sie nichts hatten. Dann hörte er nach einer Weile auf zu weinen. Mein Baby Jürgen starb an Hungertyphus. Ich trug ihn zum Friedhof und begrub ihn selber. Ein Priester sah mich und kam, um uns zu segnen." – Ursel bekam nach Jürgen keine Kinder mehr.

„Alle Männer wurden von den Russen verhaftet. Mein Onkel wurde getötet und mein Vater kam in ein Gefängnis in Graudenz, einer Stadt in Nordpolen. Von dort kam er wieder zurück in ein Lager in Danzig, wo ich Erlaubnis bekam, ihn zu besuchen. Da ich die Älteste in der Familie war, fing ich an, für die Familie zu sorgen. Ich hatte einen Bruder, der sieben Jahre und eine Schwester, die 15 Jahre alt war. Wir hatten nur Kartoffeln zu essen, die wir auf den Feldern fanden. Meine Cousine kam immer mit mir, und manchmal gingen wir 30 km, um welche zu finden. Wenn uns die Polen sahen, nahmen sie uns direkt von der Straße mit, und wir mussten für sie arbeiten. Für die Arbeit bekamen wir nichts zu essen, und es ist wohl unnötig zu sagen, dass wir nicht bezahlt wurden. Dreimal erwischten sie uns, und jedes Mal war es uns möglich zu fliehen. Meine Mutter war immer sehr erleichtert, wenn wir nach Hause kamen. Jetzt wohnten wir wieder in unserem alten Haus und taten, was wir konnten, um es wieder bewohnbar zu machen.

Vater war immer noch im Gefangenenlager und musste schwer arbeiten, bekam aber sehr wenig zu essen. Wenn ich ihn besuchte sah ich, dass er dünner geworden war und krank aussah. Als ein alter Mann, der aufgrund des wenigen Essens sehr schwach geworden war, war er für die Polen nutzlos. Sie wollten ihn auf gar keinen Fall pflegen, daher haben sie ihn entlassen. Wenigstens haben sie ihn nicht erschossen, was Vater erwartet hatte. Ich erhielt die Erlaubnis, ihn vom Lager abzuholen. Er war sehr alt, ein vollkommen gebrochener Mann, aber es war wunderbar, ihn zu Hause zu haben.

Da ich eine gelernte Näherin war, hatte ich das Glück, für polnische Frauen arbeiten zu können. Für eine Frau musste ich einen Pelzmantel aufbessern. Als ich ihr den geänderten Mantel in das Büro brachte, war sie so beeindruckt, dass sie mehr Arbeit für mich fand. Nun hatte ich Arbeit und verdiente 350 Zloty in der Woche. Ich konnte Brot und Kartoffeln kaufen. Ein kleiner Laib Brot kostete 25 Zloty. Sie achteten aber darauf, dass ich nicht zu viel verdiente. Obwohl es sehr wenig Geld war, das ich für meine Arbeit bekam, reichte es, um etwas zu essen für die Familie zu kaufen. Vater erholte sich langsam aber sicher. Nun konnte er rasten und hatte regelmäßige Mahlzeiten, wenn sie auch spärlich waren. Bald war er wieder zu Kräften gekommen. Wir waren wieder eine Familie.

Ohne ein richtiges Heim und sehr wenig zu essen waren wir entschlossen, nach West-Deutschland zu gehen. Wir verkauften alles, das wir hatten, an die Polen. Im Dezember 1945 erhielten wir die Genehmigung, mit dem ersten Transport von Danzig nach Deutschland zu gehen. Normalerweise dauerte diese Reise sechs Stunden. Unsere Reise dauerte eine Woche. Wir hatten nur das Brot, das wir mitgenommen hatten. Wenn der Zug anhielt, sammelten wir schnell Schnee in Büchsen und wärmten sie in unseren Händen, so dass wir ein bisschen Wasser hatten. Wenn der Zug durch Dörfer fuhr, stiegen immer mehr Passagiere ein. Sie hatten Decken und Bettzeug in Rucksäcken bei sich.

Die Straße der Gebirgsjäger

Unser Abteil war vollgepfropft mit Passagieren und deren Gepäck. Als nicht noch mehr Passagiere in den Zug steigen konnten, erschossen die Polen diejenigen, die keinen Platz mehr im Zug finden konnten. Dezember 1945 war ein bitterlich kalter Winter. Der Zug hatte kein einziges Fenster, entweder waren sie durch Bombenangriffe oder von den Polen zerstört worden. Die Temperatur betrug im Zug jedenfalls gut unter null Grad. Viele alte Leute starben sehr schnell, und als sich der Zug wieder in Bewegung setzte, hörten wir Leute im Korridor stöhnen. Die meisten Leute, die stöhnten, starben sehr schnell. Die Kälte war so streng, dass wir überhaupt nichts mehr fühlen konnten. Wir wollten nichts als den Zug verlassen.

Nach einer Woche kamen wir in Pommern an. Hier mussten wir den Zug verlassen. Wir sahen eine Frau, die auf der Straße lag und um Hilfe bettelte, aber es war uns nicht erlaubt ihr zu helfen, wir wurden angetrieben. Wir merkten, dass wir wieder einmal betrügt worden waren. Unser Reiseziel war nicht West-Deutschland. Die Polen hatten ein anderes Reiseziel für uns bestimmt. Für Frauen war ein Transport nach Sibirien organisiert. Aber nicht jede Frau wurde für dieses schreckliche Reiseziel ausgewählt. Zu unserem Entsetzen wurde meine Cousine Irmgard ausgewählt, um in den Zug nach Osten zu steigen. In ihrer Verzweiflung ging sie zum diensthabenden Offizier und bat ihn, sie doch nicht von ihrer Familie zu trennen, da sie zwei jüngere Brüder hatte, für die sie sorgen musste. Außerdem hatte sie nichts mit den Nazis zu tun gehabt, sie war eine Lehrerin. Er war verständig und sagte, dass auch er ein Lehrer war und gab ihr die Erlaubnis, zu ihrer Familie zurückzugehen.

Die Leute, die nicht für Sibirien auserkoren wurden, wurden auf die Insel Rügen transportiert, wo ein anderes Lager auf uns wartete. Und dann kam Weihnachten. Weihnachten? Sollte das nicht fröhlich sein, wir hatten vergessen, was das war. Jedoch schlich sich das Gefühl von Weihnachten ganz heimlich bei uns ein. Warme Baracken warteten auf uns, und wir konnten kochen. Unser Weihnachtsgeschenk waren Kartoffeln und Kraut mit ein bisschen Butter. Es gab reichlich Kartoffeln, gekocht haben wir in Blechdosen. Wir waren überglücklich. Wir konnten wieder leben.

Traurigerweise fanden nicht alle von uns ein neues Leben auf der Insel Rügen. Die beiden jüngeren Brüder von Irmgard bekamen Gehirnhautentzündung und starben.

Im Januar 1946 fand Vater Arbeit, und zu dieser Arbeit gehörte eine Dachwohnung mit drei Zimmern. Ich wusste nichts von Kurt, meinem Mann. Ich wusste, dass er in einem Gefangenenlager sein würde, falls er am Leben war. Ich ging zum Roten Kreuz auf Rügen, um zu fragen, ob sie mir vielleicht helfen könnten ihn zu finden. Die Angestellten waren außerordentlich nett und verständnisvoll und fragten mich nach der letzten Adresse meines Mannes. Aber sie machten mich darauf aufmerksam, dass ich geduldig sein müsste, da ich eine Person unter vielen war, die alle entweder Freunde oder Verwandte finden wollten. Ich erwartete das und versicherte ihnen, dass ich solange warten würde wie es nötig war. Als jedoch eine Woche nach der anderen verging, wurde das Warten zu einer unerträglichen Last. Gedanken rasten durch meinen Kopf und ich hatte die schlimmsten Vorstellungen. Was würde geschehen, wenn er am Ende des Krieges gefallen sei; niemand würde ihn finden. Oder wenn ihn die Russen gefangen und erschossen hätten, ich würde es nie erfahren. Aber alle meine Ängste waren unbegründet.

Nachdem ich wochenlang gewartet hatte, was mir endlos erschien, erhielt ich einen Brief mit der Bitte, zum Roten Kreuz zu kommen. Mir wurde gesagt, dass sie ihn möglicherweise ausfindig gemacht hatten. Die letzte Adresse, die ich ihnen gegeben hatte, war richtig und es könnte sein, dass er auf einem Minensucher in Travemünde, in Deutschland war. Er wurde von den Engländern gefangen genommen und arbeitete auf einem Schiff in der Ostsee. Das Rote Kreuz gab mir seine Adresse, und ich bekam von den Behörden die Erlaubnis ihm zu schreiben. Er bekam meinen Brief und schrieb sofort zurück. Es ging ihm gut! Es war noch einmal Weihnachten. Seine erste Frage war: ‚Wie geht es meinem Sohn?'

Nun musste ich ihm die herzzerreißende Nachricht schreiben, dass sein Sohn gestorben war und dass ich ihn in Danzig begraben musste, was bedeutete, dass wir nicht einmal sein Grab besuchen konnten.

Dann übergab die englische Marine das Schiff der russischen Marine, die auch die deutschen Gefangenen übernahmen. Als die russischen Marine-Offiziere an Bord kamen, boten sie den deutschen Gefangenen an, mit ihnen nach Russland zu gehen und in ihrem Beruf zu arbeiten. Sie würden wie russische Zivilarbeiter behandelt werden. Die englischen Offiziere hörten davon und rieten den deutschen Gefangenen davon ab. Es war mehr eine Warnung als ein Rat. Keiner der Gefangenen meldete sich, glücklicherweise wurden sie nicht gezwungen, aber die deutschen Gefangenen mussten zusammen mit den russischen Matrosen arbeiten. Das war vielleicht eine Erfahrung! Die deutschen Gefangenen verrichteten alle Arbeiten, und wenn sie ihre Zigarettenstumpen auf den Boden warfen, stürzten sich die russischen Matrosen sofort auf die Stumpen und drehten sich mit den Resten selber Zigaretten. Trinken war ihre liebste Beschäftigung, solange es nicht Wasser war. Alles, das im Schiff abmontiert werden konnte, wurde gegen Alkohol eingetauscht. Sogar der Alkohol im Schiffskompass wurde zu einem willkommenen Getränk. Diese Erfahrung bestätigte den deutschen Gefangenen, dass ihre Entscheidung, nicht nach Russland zu gehen, weise war."

Als ich sagte, dass es ein wahres Glück sei, dass sie nicht gezwungen wurden nach Russland zu gehen, sagte Kurt in seinem sarkastischen Humor: „Die russischen Behörden dachten höchstwahrscheinlich, dass wir ohnehin von einer Mine in die Luft gejagt werden würden. Aber das geschah nicht, obwohl es schon manchmal gefährlich aussah, besonders da wir das tun mussten, was uns die betrunkenen Matrosen befahlen. Es wurde manchmal sehr gefährlich, wie sehr wir auch versuchten, ein Unglück zu vermeiden. Dann gelang es uns, jenen Matrosen zu erklären, dass nicht nur wir in die Luft gejagt werden, sondern auch sie, wenn sie uns nicht in Ruhe arbeiten ließen. Dann mussten wir genauso schwer arbeiten, aber wenigstens konnten wir dann mehr oder weniger unsere Arbeit in Ruhe verrichten."

„1949 wurde Kurt entlassen, und im Dezember des gleichen Jahres bekamen wir die Erlaubnis, die Insel Rügen zu verlassen. Zur Freude unserer Verwandten konnten wir nach Ismaning, unserer neuen Heimat, reisen."

Hannelore McMahon

Das ist die Geschichte meiner Freundin Hannelore McMahon, die als junge Frau in die deutsche Luftwaffe eingezogen wurde und nach dem Krieg von der russischen Armee fliehen musste.

Hannelores Nachname war Pfeffer, bevor sie heiratete. Wir lernten uns im Jahr 1980 in Norfolk kennen. Wir wohnten beide in dieser Grafschaft und gingen zur gleichen Kirche. Hannelore wohnt noch in Dersingham, ein bildhübsches Dorf in Norfolk. Ich jedoch zog 2012 nach Nottingham. Wir sind auch heute noch gut befreundet. Als ich ihr gegenüber erwähnte, dass ich vorhatte, ein Buch über den 2. Weltkrieg zu schreiben, also über die Zeit vor, während und nach dem Krieg, bot sie mir begeistert an, auch ihre Geschichte zu erzählen. Ich dachte, dass dies tatsächlich eine Geschichte sei, die dokumentiert werden sollte. Hannelore, war immer und ist auch jetzt noch unter dem Namen Hanne bekannt. Hier erzählt sie von ihrem Traum und der Wirklichkeit, da in den Jahren des Reichskanzlers Adolf Hitler so viele Träume schnell zerstört wurden. Dies ist ihre Geschichte!

„Ich wurde in Fürstenberg an der Weser, in Westfalen, im Jahr 1926 geboren. Als ein junges Mädchen träumte ich davon, Zahnärztin zu werden und stellte mir vor, wie es sei, Studentin einer Universität zu sein. Aber das Dritte Reich zerstörte diesen Traum sehr schnell. Der Führer benötigte junge Menschen, die Deutschland in eine Nation verwandelten, die die Welt erobern würde. Da war kein Platz für den Traum des Einzelnen, wenn Befehle ausgeführt werden mussten. Anstatt Zahnärztin zu werden, wurde ich wie alle jungen Leute in den Reichsarbeitsdienst eingezogen. Ich war nun als Kindermädchen in Fürstenberg angestellt. Der Arbeitsdienst dauerte offiziell ein Jahr, aber 1942, als der Krieg in vollem Gange war, wurde der Arbeitsdienst sehr oft verkürzt. In meinem Fall dauerte der Arbeitsdienst nur sechs Monate, bevor ich nach Gütersloh, in Nordrhein-Westfalen gesandt wurde, um eine dreimonatige Lehre als Telefonistin zu machen. Aber nur drei Monate nach Beginn meiner Lehre, dachte die Behörde, die für mich verantwortlich war, dass ich in der Deutschen Luftwaffe viel nützlicher sein könnte. Es ging alles so schnell. Bevor ich mich versah, wurde ich in die Deutsche Luftwaffe eingezogen und zum Flugplatz Finow, in der Nähe von Eberswalde, nahe Berlin, gesandt.

Nun begann ich zusammen mit zwei weiteren Mädchen eine Ausbildung zur Fernschreiberin. Wir mussten sicherstellen, dass die notwendigen Ersatzteile für die Kampfflieger immer vorhanden waren. Wir waren dort bis Mai 1945 beschäftigt, bis die russische Armee in Berlin einmarschierte. Damit endete die Arbeit für uns drei Mädchen. Aber wir waren nicht mutig genug, um das Büro zu schließen, da die SS es auf gar keinen Fall erlaubt hätte. Wir konnten nichts weiter tun als abzuwarten. Aber ein

Die Straße der Gebirgsjäger

netter Offizier erinnerte sich an uns und rief uns an, um uns zu sagen, dass wir unsere Sachen nehmen und sofort das Büro verlassen sollten und versuchen nach Westen zu gehen, um die englische Armee zu finden. Wir nahmen das bisschen, das wir hatten – eine Handtasche und eine Armeewolldecke. Zu unserer Freude sahen wir einen deutschen Soldaten mit einem Lkw vor unserem Bürogebäude, der uns und anderem Personal anbot, uns zu einem wartenden Boot auf dem nahegelegenen Fluss nur 12 km vom Flugplatz zu fahren. Das Boot fuhr nach Westen, was für uns Mädels ideal war. Froh und glücklich kletterten wir auf den Lkw, und bald würden wir auf dem Boot sein, das uns nach Westen in Sicherheit bringen würde. Aber auf der Straße waren viele Menschen, die Karren zogen, auf denen ihr Hab und Gut gestapelt war, andere schoben Fahrräder und auch die waren mit ihrem Hab und Gut überlastet. Der Lkw kam nur langsam vorwärts, aber wir alle hofften, das Boot würde warten. Nach 10 km ging das Benzin aus und wir mussten uns der Menschenmenge anschließen.

Als wir dann endlich zum Fluss kamen, war das Boot schon weg. Da konnten wir nichts anderes tun als mit der Menge zu Fuß zu gehen. Zunächst machten wir gute Fortschritte, aber nach einigen Stunden wurden wir sehr hungrig und durstig. Wasser konnten wir von kleinen Flüssen und Bächlein bekommen. Unsere Schritte wurden langsamer, und der Hunger bereitete uns große Pein. Die Nächte waren noch kalt, und wir konnten mit nur einer Wolldecke nur für eine oder zwei Stunden unter einem Baum schlafen. Dann ging das langsame Wandern wieder weiter. Während der wenigen Stunden, in denen wir schlafen konnten, wurde meine Handtasche gestohlen. Sie enthielt nur meinen Ausweis, einen Reisewecker, ein wenig Geld und ein Taschentuch. Wenn der Dieb dachte, dass er etwas Wertvolles erobert hätte, war er bestimmt enttäuscht, aber in jenen Tagen war sogar eine leere Handtasche für Diebe interessant. Manche Leute hatten Brot, aber sahen über unsere hungrigen Blicke hinweg. Nach einer zwei Tage langen Wanderung kamen wir entsetzlich hungrig an einem Feld mit Karotten vorbei. Freudig bedienten wir uns, rieben sie aber mit unseren Händen so gut wir konnten sauber und begannen heißhungrig zu kauen. Außerdem nahmen wie so viele wie wir tragen konnten mit. Wir taten das Gleiche, wenn wir Kraut fanden, aber Karotten waren uns lieber."

Als sie mir das nach all den Jahren erzählte, lächelte sie und sagte: „Du kannst dir nicht vorstellen wie wunderbar rohe Karotten schmecken, wenn man zwei Tage lang nichts zu essen hatte."

„Nach drei Wochen kamen wir hungrig und schmutzig am Flughafen von Flensburg in Norddeutschland an und wurden von dem Geschwader des Luftwaffenstützpunktes Werner Mölders empfangen. Die jungen Piloten hatten nichts zu tun als auf das Kriegsende zu warten. Flensburg war die letzte Stadt, die von den Engländern bombardiert wurde, da sie versuchten, die Flugzeuge zu zerstören. Obwohl wir ziemlich unordentlich waren, wurden wir freundlich aufgenommen, besonders als sie erfuhren, dass wir die Mädchen waren, die für sie immer die Ersatzteile für ihre Jagdflugzeuge organisiert hatten. Wir bekamen zu essen und warmes Wasser, um uns zu waschen. Nach einer Woche hatten wir uns genügend erholt, so dass wir unseren Marsch nach Hause fortsetzen wollten. Die Piloten rieten uns ernstlich davon ab und dachten, dass es sicherer war, den Krieg am Flughafen auszusitzen. Jedoch wollten wir ohne Aufenthalt wieder weiter wandern, da wir nicht in Gefangenschaft geraten wollten.

Wir versuchten wieder in Richtung Westen zu gehen und kamen zu einem Lager, das von einem Maschendrahtzaun eingezäunt war. Wir sahen Frauen und Kinder in einer friedlichen Situation und dachten, dass wir hier vielleicht eine oder zwei Nächte bleiben konnten. Wir wollten nur eine Kleinigkeit zu essen und eine Ecke zum Schlafen. Es war ein friedliches Lager, in dem hauptsächlich Frauen aus Norwegen lebten, die Babys von deutschen Soldaten hatten. Zu unserem Erstaunen waren die Lagerleiterinnen englisch und trugen eine Uniform der englischen

Die Straße der Gebirgsjäger

Armee. Und da wanderten drei deutsche Mädchen in ihr Lager. Sie nahmen uns zuallererst alles ab, das wir hatten. Man nahm mir meine überaus wertvolle Wolldecke ab. Meine zwei Freundinnen verloren ihre Handtaschen und ihre Wolldecken. Dann folgte die Entlausung auf eine unmenschliche Weise, zumal wir nicht einmal Läuse hatten. Das Essen an diesem Tag war eine Krautsuppe. Sie bestand aus in Wasser gekochten Krautblättern, ohne Salz oder sonst irgendetwas, ein Stück Brot, mit ein bisschen ranziger Butter und eine sehr dünne Scheibe Schweinefleisch. Wir dachten, zu mindestens haben wir ein bisschen Butter, ranzige Butter ist besser als keine. Als wir in das Lager gingen, erwarteten wir freundliche Gesichter und vielleicht eine warme Ecke zum Schlafen. Stattdessen mussten wir einsehen, dass wir nicht bleiben konnten, da wir ganz einfach auf der falschen Seite standen.

In der zweiten Nacht schlichen wir uns hinaus und rissen mit unseren bloßen Händen das Gras unter dem Zaun weg und beseitigten so viel Erde wie möglich. Zum Glück war es kein Stacheldraht, so dass wir unsere Hände benützen konnten. Wir versuchten, den Drahtzaun von unten hoch zu heben. Nachdem wir eine Weile geschoben und gezogen hatten, kamen wir durch und konnten so schnell wie möglich von diesem Lager weglaufen.

Diese Erfahrung machte uns wirklich Angst. Daher begonnen wir, wieder zum Flugplatz zurückzuwandern. Die Piloten waren froh und erleichtert, dass wir wieder sicher zurückgekommen waren. Aber jetzt gingen die Lebensmittel zu Ende. Die Piloten wussten, dass etwas getan werden musste, um Hunger zu vermeiden. Sie machten sich daran, von den Flugzeugen alles, das tauschbar war, abzumontieren. Flensburg liegt in der Nähe der dänischen Grenze, und die Dänen tauschten sehr bereitwillig mit den Piloten. Besonders gern nahmen sie das Leder von den Flugzeugsitzen, und sie gaben uns dafür Gemüse und Fisch. Während wir im Flughafen waren, beobachteten wir Güterzüge mit Kohlen, die vom Westen kamen. Wir dachten, dass diese Güterzüge vom Ruhrgebiet kommen müssten. Sie fuhren weiter zum Hafen von Flensburg, wo die Kohlen auf Schiffe verladen wurden. Wir konnten den Bestimmungsort der Kohlen nicht ausfindig machen, aber wir beobachteten, dass die leeren Güterwaggons auf dem Rückweg im Bahnhof von Flensburg hielten. Wir dachten, dass dies eine ausgezeichnete Gelegenheit sei, zurück nach Westfalen zu fahren. Die Piloten dachten nicht, dass dies eine gute Idee sei, da sie sich für uns verantwortlich fühlten. Aber sie konnten auch sehr gut verstehen, dass dies für uns eine Möglichkeit war, nach Hause zu kommen. Wir versuchten, mit den Arbeitern im Güterbahnhof zu verhandeln, indem wir ihnen klar machten, dass wir auf den leeren Güterwaggons nach Westfalen fahren wollten, aber sie wollten bezahlt werden. Das war für uns unmöglich, da wir das bisschen, das wir noch hatten, im Lager verloren hatten, sogar unsere Wehrmachtsdecken. Aber die Piloten kamen uns auch hier wieder zu Hilfe und bezahlten die Arbeiter. Dann war es an der Zeit, uns von den Piloten zu verabschieden, und wir wünschten uns gegenseitig viel Glück.

Als wir dann endlich in einem Güterwaggon waren, hatten wir nichts zu tun, als zu beobachten, durch welche Städte und Dörfer der Güterzug fuhr. Wir bemerkten, dass er nur in den größeren Städten hielt, aber durch Bahnhöfe der kleineren Städte und Dörfer sehr langsam fuhr. Wir achteten nicht auf den Kohlenstaub, den der Wind um uns herum wirbelte. Wir setzten uns sogar in den schwarzen Staub. Wir waren auf unserem Weg nach Hause, und allein das war uns wichtig. Als wir die Waggons bestiegen, versuchten wir den Kohlenstaub mit unseren Händen vom Boden wegzuwischen, bevor wir uns setzten, was uns aber nicht gelang. Wir mussten uns eingestehen, dass man einen Kohlenwaggon ohne Dach nicht sauber machen kann, da der Wind den Kohlenstaub durch jede Ritze im Waggon herumwirbelte. Wir konnten nichts tun, als uns dem Wind und dem Kohlenstaub preiszugeben.

Die Straße der Gebirgsjäger

Da der Güterzug sehr langsam in die Städte rollte und seine Geschwindigkeit vor einem Bahnhof sogar noch stärker drosselte, sprang eine nach der anderen meiner Freundinnen vom Waggon, wenn der Zug an ihrem Heimatort vorbeifuhr. Das war sehr erfolgreich. Ich war die letzte, da ich einen weiteren Weg hatte. Ich musste warten, bis der Zug langsam in Herne einfuhr. Dort wohnten meine Mutter, Großmutter und meine kleine Schwester.

Ich sprang kurz vor dem Bahnhof von Herne, einer kleinen Stadt in der Nähe von Recklinghausen, in Westfalen, vom Zug. Es ging sehr gut. Ich war zu Hause, und nichts und niemand konnte mich jetzt daran hindern. In ungefähr einer Stunde würde ich an die Haustüre meiner Großmutter klopfen. Meine Mutter und meine jüngere Schwester wohnten bei Großmutter, da das Haus unserer Familie bombardiert worden war. Bald würde ich bei ihnen sein, und dieses Mal für immer.

So ging ich eines Abends im September um 22 Uhr die Hauptstraße in Herne entlang und schaute aus wie ein Kaminkehrer, aber es machte mir überhaupt nichts aus. Ich dachte, ich würde die erste Person, die mir begegnet, umarmen. Zu meiner Überraschung gab es keine erste Person und auch keine zweite. Ich dachte, die würden alle schön gemütlich in ihren Häusern sitzen. Und genau das würde ich auch bald tun. Ich kam an der Trambahn-Haltestelle an, aber es wartete keine einzige Person. Nun war ich wirklich verblüfft und fragte mich jetzt, warum ich niemanden getroffen habe und niemand auf die Trambahn wartete, die sicherlich bald kommen müsste. Ich schaute die Straße auf und ab, die vollkommen leer war. Ich wusste, dass Leute in den Häusern waren, denn ich konnte Licht durch die Fenster sehen, als plötzlich ein junger Mann über die Straße raste und mir zurief: ‚Was in aller Welt tun Sie hier?' Überrascht rief ich zurück: ‚Was meinen Sie wohl, ich warte auf die Tram.'

Die Straße der Gebirgsjäger

Nun war er bei mir angekommen und sprudelte hervor: ‚Da kommt keine Tram, wissen Sie nicht, dass wir Ausgangssperre haben? Wenn die Engländer kommen, kann es sein, dass sie uns erschießen. Kommen Sie schnell, ich wohne mit meiner Mutter auf der anderen Seite der Straße.'

Ich hatte natürlich keine Ahnung, dass Herne oder eine andere Stadt, besetzt war. Ich tat, was er mir sagte und rannte mit ihm in das Haus auf der anderen Straßenseite. Das ging alles so schnell, ich hatte keine Zeit zum Nachdenken. Als nächstes empfing mich eine freundliche Dame und zeigte mir sofort das Badezimmer. Ich muss schön ausgeschaut haben! Nachdem ich mich gewaschen hatte, lieh mir die Dame saubere Kleidung, die allerdings viel zu groß war, da ich klein und sehr mager war. Aber ich war sehr froh, dass ich diese Kleider borgen konnte. Nachdem ich etwas gegessen hatte, fühlte ich mich sehr wohl und schlief auf dem Wohnzimmersofa ein. Es ist unnötig zu sagen, dass ich auf diesem Sofa besser geschlafen hatte als in den ganzen Jahren davor. Am nächsten Tag zog ich meine eigene schäbige Kleidung wieder an, welche die nette Dame so gut wie möglich gereinigt hatte. Nachdem wir uns herzlich voneinander verabschiedet hatten, war ich wieder auf der Straße, aber dieses Mal herrschte reges Leben, auch an der Trambahn-Haltestelle. Ich brauchte nur einige Minuten zu warten, bis eine kam und mich nach Erkenschwick, der kleinen Stadt, in der meine Großmutter wohnte, brachte. Von der Haltestelle musste ich nur ein paar Minuten zu Fuß gehen, bis ich an die Türe des Hauses meiner Großmutter klopften konnte. Aber es öffnete niemand. Ich dachte mir, dass meine Großmutter wahrscheinlich für einen Bauern nähte oder Kleidung ausbesserte, um Lebensmittel zu bekommen. Da sie Näherin war, wurde sie oft von Bauern gebeten, Ausbesserungen vorzunehmen. Aber ich hatte keine Ahnung, wo meine Mutter mit meiner Schwester sein könnte. Ich setzte mich auf die Betontreppe vor der Haustüre, wie ich es früher als kleines Mädchen so oft getan hatte. Ich überlegte mir, dass ich in meinem

Leben nicht sehr weit gekommen war. Ich sitze immer noch auf der Betontreppe vor dem Haus meiner Großmutter!

Ich musste nicht lange warten, bevor eine Dame und ein kleines Mädchen in meine Richtung kamen. Sie zogen ein Handwägelchen. Es waren meine Mutter und meine Schwester. Sie kamen aus dem Wald, wo sie Holz gesammelt hatten. Meine Mutter konnte ihren Augen kaum trauen. Nachdem sie von mir seit Monaten nichts gehört hatte, saß ich nun auf der Betontreppe. Und als ob sie sich selber davon überzeugen wollte, umarmte sie mich und sagte immer wieder: ‚Es ist unsere Hanne, es ist unsere Hanne!'. Es war ein Heimkommen, das ich mein Leben lang nicht vergessen werde."

Als Hanne mir die Geschichte vom Güterzug erzählte, der immer mit Kohlen an die Ostsee fuhr und dann leer zurückkam, wusste ich, warum Deutschland nach dem Krieg einen großen Mangel an Kohlen hatte!

Nachwort

Am 8. Juni 1942 erhielt Schorsch das Verwundetenabzeichen und am 16. September 1942 die Ostmedaille.

Nachdem er seine Ausbildung an der Fachhochschule für Hoch- und Tiefbauingenieurwesen abgeschlossen hatte, arbeitete er als Ingenieur für das Bayerische Landesamt und war bis zu seinem Ruhestand für die Wasserversorgung von Nürnberg und den Landkreis verantwortlich.

Schorsch ist am 14. November 1994 gestorben.

Toni wurde mit den folgenden Medaillen ausgezeichnet: Am 1. Juni 1942 erhielt er das E.K. 2. Klasse, am 9. August 1942 die Ostmedaille, am 1. Juni 1942 das Verwundetenabzeichen, Schwarz. Am 1. September 1944 bekam er das Infanterie-Sturmabzeichen Silber (für Infanterie-Aktion) und am 18. August 1945 das Lapplandschild (für seinen Dienst in Lappland).

Alle Medaillen, die Toni bekam, verschenkte er. Er wollte sie nicht. Das einzige, das er je wollte, war zu Hause sein. Bis zu seinem Ruhestand arbeitete er für die Baufirma Heilitt u. Wörner (ehemalig: Heilmann u. Littmann) als Polier.

Toni war ein Künstler in seinem Beruf. Eine Gartenmauer wurde zu einem wahren Kunstwerk. Beton war etwas, das zu Figuren und Bildern geformt werden konnte, von denen vier in meinem Haus hängen. Toni ist am 21. Februar 2001 gestorben.

Dann war da noch unser Cousin Sepp, der vor dem 2. Weltkrieg in der Löwenbrauerei das Brauen lernte. Als er nach dem Krieg zurückkam, ging er auf die Fachhochschule und wurde

Braumeister. Er arbeitete bis zu seinem Ruhestand bei Löwenbräu, in München.

Am 9. August 1942 bekam Sepp die Ostmedaille, am 16. Juni 1943 das Verwundetenabzeichen in Schwarz und am 10. August 1944 das Verwundetenabzeichen in Silber.

Sepp ist am 28. April 1991, kurz vor seinem 70. Geburtstag, gestorben.

Die Nachkommen der drei Soldaten leben auch heute noch in Ismaning.

Die Straße der Gebirgsjäger

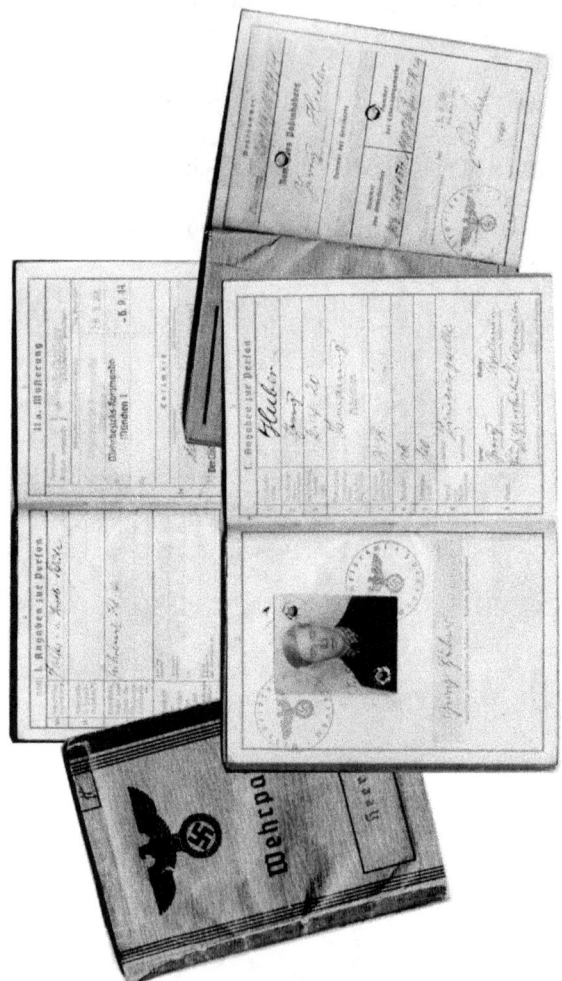

Wehrpass von Schorsch

Die Straße der Gebirgsjäger

Tonis Wehrpass

Die Straße der Gebirgsjäger

*Thomas Diehm, der Enkel von Cousin Sepp,
als Bundeswehrsoldat, 1998*

Die Straße der Gebirgsjäger

Sepp und Thomas, die Enkel von Sepp, in Südtirol

www.ingramcontent.com/pod-product-compliance
Lightning Source LLC
Chambersburg PA
CBHW062005220426
43662CB00010B/1234